加賀のつるし手まり

舞い梅Ⅰ・ねじり梅・舞い梅Ⅱ/作り方　40,41ページ

お正月

羽根まり・椿・梅・水仙
/作り方　38・39ページ

お目出度い鶴亀、松竹梅のてまりと冬の花を添えて、
縁起の良いお正月のお飾りです。

制作／北川喜代枝

鶴亀/作り方　37ページ

松竹梅/作り方　38ページ

椿/作り方　39ページ

梅/作り方　38ページ

水仙/作り方　39ページ

祝典

お祝いの席を寿《ことほ》ぐ格調高いてまりです。
1 三羽鶴・2 篭目に向かい鶴/作り方　76ページ

1菊に麻の葉・2桜/作り方　80・76ページ
制作／1 前田範子・2 酒井禮子

麻の葉てまり

麻の葉は多面体てまりを代表する模様です。球面を三角に刻んで無限に創作が広がります。

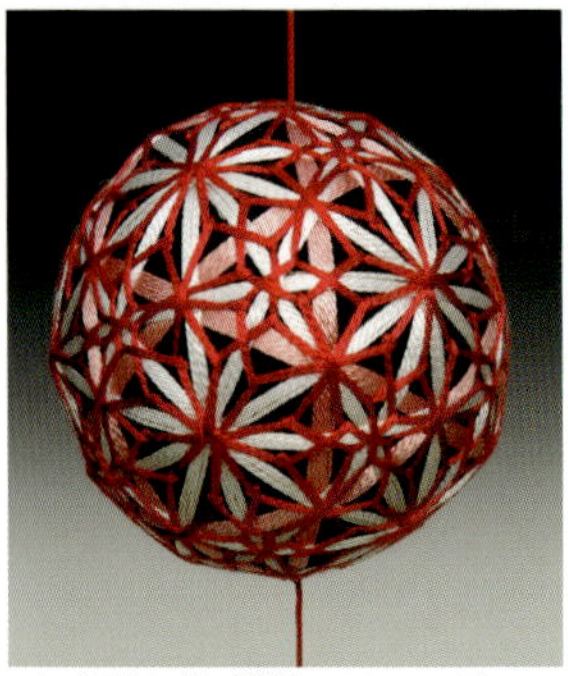

七宝麻の葉/解説　82ページ

三色麻の葉/解説　82ページ

制作／竹内貞子・大田とし子・遠藤和子・木舟房子・安藤絹枝・村本 都・横山晏子

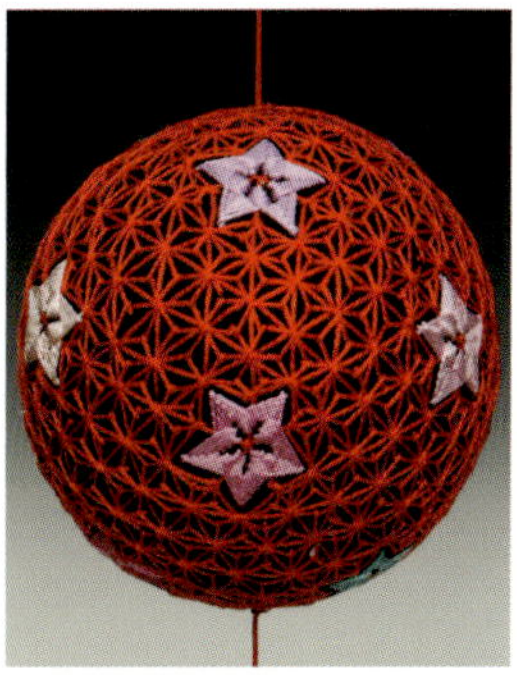

小紋麻の葉/作り方　58ページ

全面麻の葉/作り方　58ページ

亀甲に麻の葉/作り方　59ページ

麻の葉のようにすくすくと育つことを願って、赤ちゃんの誕生祝いの吊り飾りです。

制作／酒井禮子

お花畑

桜/作り方　52ページ

朝顔/作り方　52ページ

桔梗/作り方　53ページ

椿/作り方　53ページ

制作／田中洋子・和田喜美子・中尾静子・松本延子・前川道子・久保田綾子・丸岡絹枝・田中 都

牡丹と折り椿

1 折り椿・2 姫椿・3 八重牡丹・4 牡丹/作り方　60・61ページ

春の花

四季の移り変わりの中で、折々に咲く花に関心をよせ、愛でる
日本人にとって、最も好むデザインは花模様です。

1 さくら草・2 やまぶき・3 桃の花/作り方　78,80ページ
制作／2 佐々木美代子

華の吊るし飾り

七宝まり/作り方　49ページ

制作／丸田幸子

花篭

糸てまりと布てまりの楽しい吊り飾りは、お正月や雛祭りを華やかに彩ってくれます。

篭いっぱいに摘んだ花は、芳しい香りで、心豊かに満たしてくれることでしょう。

制作/
福村栄子
佐々木美代子
前田範子
石橋嬉子
藤条美恵子
高木みつ子
有岡みき子
三辺理音子
古川節子
小林千恵子
桃井美紀子
深谷千枝子
勝島さわい
澤村京子
三井玲子

日本の花の象徴桜の柱飾りは、赤糸で巻いて華やかさを出しました。

花は桜

桜つなぎ/作り方　50ページ

制作／丸田幸子

根付けや携帯電話のストラップにと、作りだめた可愛いてまり姫のパレードです。

小さい麻の葉てまりが、リズミカルに動いてマーチを演奏してくれます。

麻の葉行進曲

ミニ麻の葉/作り方　59ページ

制作／石崎尚子

姫てまり行列

制作／岩崎千穂子

くずし麻の葉

糸を組んだ麻の葉は配色で考えるパズル遊びです。

1くずし麻の葉Ⅰ・2三色くずし麻の葉・3くずし麻の葉Ⅱ/作り方　66,67ページ
4ねじり麻の葉/解説　85ページ

制作／1 宇野清美

紫陽花

七色に変化する紫陽花の花はピンクとブルーの
グラデーション使いで色鮮やかに咲かせました。

1 山あじさい・2 あじさいⅠ/作り方　70,71ページ
3 あじさいⅡ/解説　85ページ

制作／2 鳥谷部可也子

大文字草

花と篭目は糸を組み、巻きました。
丸い篭編みの面白さは手作りの醍醐味を満喫させれくれます。

1 二面篭目に大文字草・3 花重ね大文字草・5 全面篭目に大文字草/作り方　64,65ページ
2 大文字草・4 二色大文字草・6 薄雪草・7 白山小桜/解説　84ページ

制作／2 阿部嘉世・4 中西アイ子

舞千鳥

数多い千羽の小鳥との由来から名付けられた千鳥は
可憐な姿が図案化され古典模様となって親しまれてきました。

1 舞千鳥Ⅱ・2 舞千鳥Ⅰ・3 組み千鳥・4 色分け千鳥・5 群れ千鳥に牡丹
/作り方　68,69,70,71ページ
6 赤色の舞千鳥・7 群れ千鳥・8 組み千鳥に菊/解説　83,85 ページ

制作／1 丸田幸子・2 前田範子・4 吉田 操・6 石橋嬉子

群れ千鳥に牡丹Ⅰ
制作／阿部嘉世

うさぎの雛飾り

うさぎ雛(女雛)

橘/解説　82ページ

桜の花/作り方 43ページ

桃の節句は女の子の幸せを願って雛人形が飾られます。
可愛いうさぎの内裏雛に桃や菜の花で美しく吊りましょう。

うさぎ雛(男雛)/作り方　42ページ

菜の花

橘の花/作り方 43ページ

桜 /解説　82ページ

花薬玉

古いつまみ細工の薬玉を参考に作りました。薄絹を手染めして3～5cm四方に切った絹地を沢山用意し花を作ります。

制作／坂井松江(93歳)

雛祭り

制作／阿部嘉世・大野寿美子

端午の節句

武者人形/
作り方　44 ページ

鯉のぼり/作り方　44ページ

菖蒲と這い子人形/作り方 45ページ

男の子の健やかな成長を願って、鯉のぼりや武者人形が飾られます。鯉のぼりは鯉が滝を登って竜になるという伝説から、立身出世を祈って揚げられます。

制作／吉田 操・宇野清美

しょうじょう寺のポン太

祭囃子が聞こえてきます。
輪になって踊る狸たちのお月見です。

ポン太/作り方　48ページ
月/解説　48ページ
制作／松下良子

サッカーボール・フィーバノバ
/作り方　45ページ

金魚/作り方　41ページ

金魚

子供の日

かえると金魚を泳がせたユーモラスな吊り飾りは子供部屋を楽しくします。

制作／前田範子

制作／宇野清美

七夕のお針箱

農家だった祖母が、「今日は雨でひと休み」と
言いながら縫い物をしていました。
指にくるくると木綿の端布を巻き付け、
両端を千鳥掛けで止めた指貫を作っている横で、
私もまねて作った懐かしい思い出があります。
笹飾りの5色の短冊は織女星伝説をあやかり裁縫の
上達やその他の祈願を書いて吊るします。

ひとつ鱗/作り方　49ページ

鱗合わせ/作り方　49ページ

青海波/作り方　49ページ

メリークリスマス

サンタクロースの贈り物を
心待ちにするクリスマス。
ツリーとはひと味違った吊り飾りで
楽しんでください。

ひいらぎ/作り方　48ページ

リース/作り方　48ページ

制作／松下良子

篭毬クラフト

セパタクローと花編みセパタクローは18本巻きの同じ篭目です。(23ページ左下のセパタクロー)

1 篭毬(6本巻き)・2 篭毬(10本巻き)／作り方 86ページ

左・篭毬セパタクロー(18本巻き)／作り方 87ページ

左・花編みセパタクロー(18本巻き)／作り方 87ページ

てまりとは趣が変わるアジアンボールは
東洋風インテリアを演出します。

1 花組篭目・2 冬桜/解説　83ページ

セパタクロー

セパ=蹴る（マレー語）タクロー=ボール（タイ語）東南アジア地方の蹴まり（足でボールを蹴る競技）であるセパタクローは、木の皮で編んだボールです。

一九九四年に広島で開催されたアジア競技大会で、セパタクローを使った試合が行われ、日本でも知られるようになりました。

優しい光が篭目のシルエットを写し出します。
心温まる篭毬の明かりです。

ランプシェード/作り方　87ページ

毘沙門亀甲

六角を連ねた模様は色糸のつながりを探って
多面体の世界へ誘《いざな》ってくれます。

1色分け毘沙門亀甲・2 毘沙門亀甲に椿・4 三つ巴毘沙門亀甲/作り方　72,73ページ
3 三色毘沙門亀甲に菊・5 重ね毘沙門亀甲/解説　84ページ

巴繋ぎ

回転する無限の動きを表す巴は、
コロコロと転がりたいてまりの
習性を込めた模様です。

1 三つ巴篭目・2 乙の三つ巴繋ぎ・3 Zの三つ巴繋ぎ
・4六色三つ巴繋ぎ・5 六色Zの三つ巴繋ぎ/作り方　74,75ページ
6 Zの三つ巴繋ぎV・7 Vの三つ巴繋ぎ/解説　85ページ

花干網

浜辺の情景に描かれる伝統模様の干網《ほしあみ》をヒントに
千鳥掛けの花をかがりました。
応用範囲の多い糸掛け手法です。

1 花干網Ⅰ・2 桜花干網/作り方　78,79ページ
3花干網Ⅱ/解説　85ページ

虹色の毬衣

美しい色糸を選ぶ優雅なひと時。
てまり糸の美しい玉虫色の光沢が栄えて
虹のアーチを紡ぎます。

2 虹色の毬衣 (鱗模様)・4 (市松模様)・5 (波紋) /作り方　62,63ページ
1 虹色の毬衣（変わり鱗）・3（石だたみ）/解説　83ページ

制作／1 福村栄子・2 大野寿美子・4 吉田 操

制作／岩崎千穂子・松本京子・寺本悦子・守友恵美子・広瀬美和子・山田銂子・小幡脩美

万華鏡

星のまたたき/作り方　56ページ

星重ね/作り方　57ページ

ミラーボール/作り方　57ページ

筒の中で広がる色のファンタジーをゆらゆら揺らぐ吊りさげてまりで表現してみました。

藍色てまり

心和む藍色てまりの吊り飾りは、伝統模様を集めました。

花笹/解説　82ページ

橘/作り方　54ページ

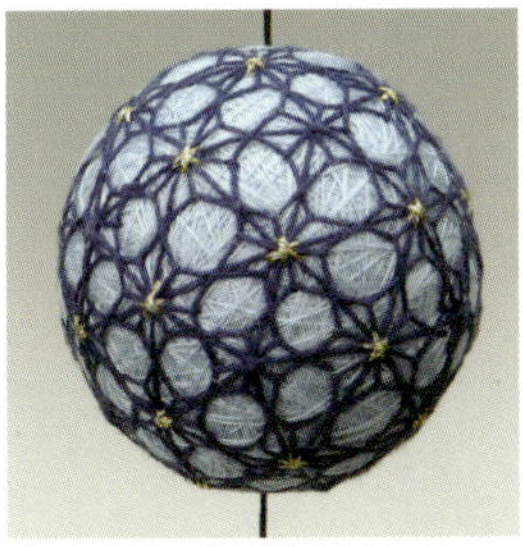

飛び麻の葉/作り方　55ページ

梅/作り方　55ページ

おもだかに菊/解説　82ページ

制作／桝野文代・松代トキ子・松崎昭子・鳥谷部可也子・小寺弘子・宮本美智江

四つ菊/作り方　46ページ

六つ菊/作り方　47ページ

十二菊/作り方　47ページ

二つ菊/作り方　46ページ

重陽

制作／新田治子

九月九日は菊の節句。菊を飾って実りの秋をお祝いします。初歩の上掛け千鳥の菊を大きさや数を変えて吊しにしました。一筋の吊り飾りから作ってみましょう。

制作／高木叶子・中本ミノエ
林 和子 ・ 杉森数子 ・ 高畠継子
織田清子・橋本一枝・高瀬和子
高岡フミ・新崎成子

四季の花

四季の花てまりとちりめんのお花を繋ぎました。
季節ごとに一筋ずつ飾ることも出来ます。

制作／北川喜代枝

桜/解説　51ページ

桜

あやめ/作り方　51ページ

朝顔

秋桜/解説　51ページ

椿

ひまわり/解説　51ページ

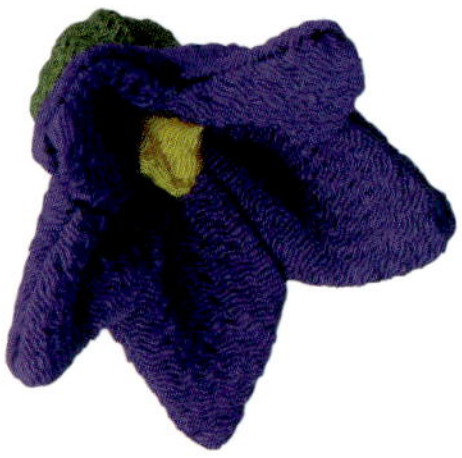

桔梗

椿/解説　51ページ

てまり作りの基礎

材料

〈てまりの芯〉

土台まりの芯になるものです。身近にあるものを利用して、てまり作りを楽しみましょう。

◆古綿…固くなったものはほぐしておく。

◆古着…細かく切って丸めやすくする。

◆新聞紙…手で揉んで柔らかくして使う。

◆細かいもみがら…ビニール袋に入れるか、ティッシュペーパーで包む。

その他、ビニール袋、荷造り用パッキングなども使えます。

〈地巻き糸〉

まりの模様に合わせて、色を決めます。

〈地割り糸・柱糸〉

ラメ糸を使う場合が多いですが、配色に合わせて色糸を使ったり、地割り糸を目立たせたくないときは地巻き糸と同色の糸を使います。しつけ糸などで地割りをしておいてかがったあとにはずす場合もあります。

◆ラメ糸…金や銀のラメ糸は地巻き糸となじんで球面でずれにくく、どんなかがり糸とも調和する。

細いラメ糸（No.2）・（No.12）…地割り糸をかがり埋めて模様を作るときに使います

太いラメ糸（No.4）・（No.14）…地割り糸も模様の一部になるときに使います。

〈かがり糸〉

てまりかがりに使う糸は刺繍糸や絹糸、木綿糸など何でも使えますが、てまり専用の糸は甘撚りで、1本取りでも2本取りでも使える最適の太さで、一番使いやすいでしょう。細い糸は初心者の方にはきれいに並べるのが難しく、手数がかかります。

◆京てまり糸…てまり専用の糸。堅牢染めで退色しにくく、絹糸のような光沢と風合いが特徴。1本取りか2本取りで使用。

◆草木染風木綿糸…てまり専用の木綿糸。堅牢染めで素朴な風合いが特徴。1本取りか2本取りで使用。

ほかに5番刺繍糸、25番刺繍糸なども使います。

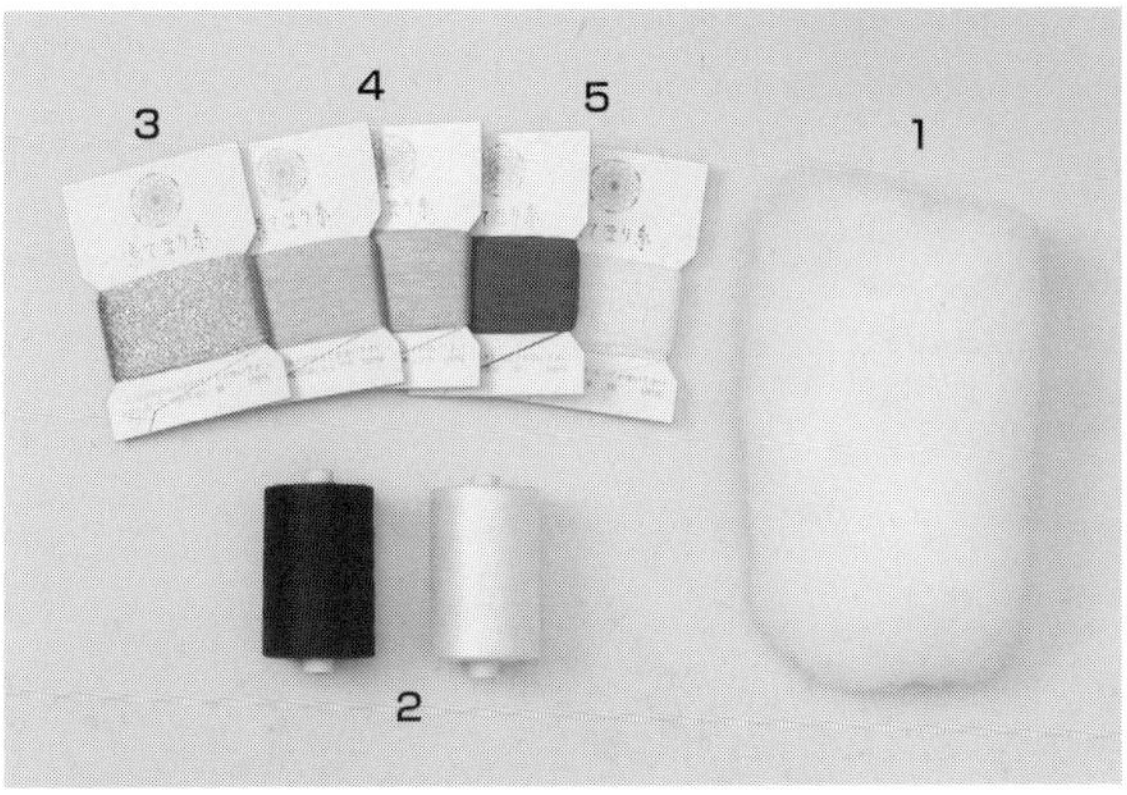

◆材　料
1.合繊綿　2.地巻き糸　3.ラメ糸
4.京てまり糸　5.草木染風木綿糸

用具

◆かがり針…てまり針、ふとん針など。

◆待ち針…色つきのものを何種類か用意する。

◆ハサミ…小さな糸切りバサミなど。

その他、巻き尺、サインペンなども用意します。

◆用　具
1.ハサミ　2.てまり針
3.巻き尺　4.待ち針

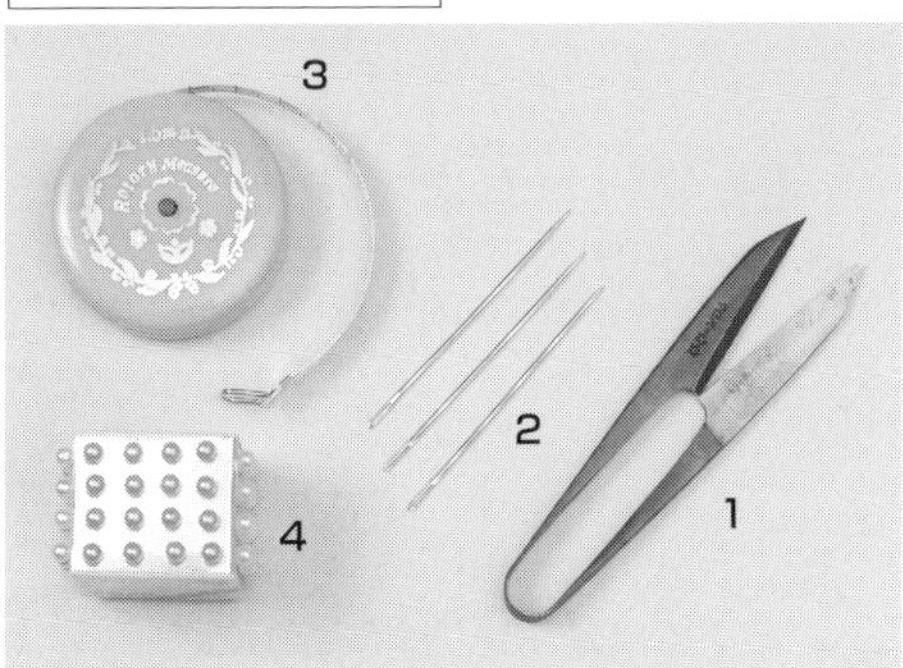

土台まりの作り方

土台まり作りは、てまり作りの基礎になるものです。丁寧に作るよう心がけましょう。

■作る順序

1. 芯になるものを丸める。
2. 太めの糸で芯がまとまるように粗く巻く。
3. 巻き尺で円周を計りながら形作ってゆく。小さいときは芯を足し、大きいときは芯を抜く。
4. 新しい綿でくるむ。
5. 上巻き用の地巻き糸で、丸くなめらかになるように手で形を整えながら巻く。
6. 巻き終わりは、地巻き糸を数か所で止めて、ほどけないようにする。
7. ところどころ返し針をして糸を引っぱり気味にして糸を切る。

糸の掛け方

てまりは球面に地割りや補助線を掛け、さらにかがり糸を掛けて模様を作ります。基本になるかがり方は千鳥掛けです。

掛け方の種類

◇**千鳥掛け**（千鳥かがり）
応用範囲が広く、様々な模様を作ることができます。

■**平掛け**

▼**三角**
（三角かがり）

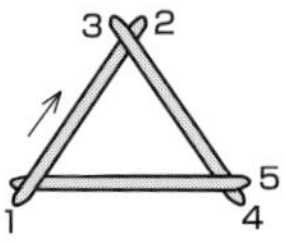

3
2
5
1
4

▼**四角**
（三角かがり）

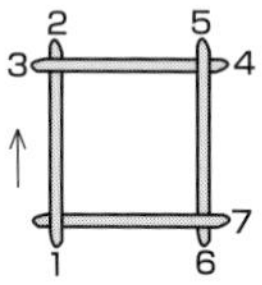

2
5
3
4
7
1
6

五角・六角
（五角・六角かがり）
菱形（菱かがり）

▼**笹掛け**
（紡錘型かがり）

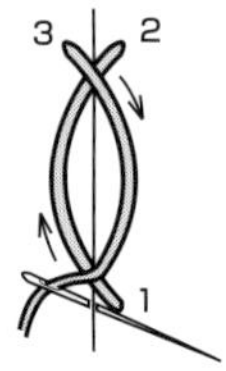

3
2
1

■**上掛け**（上掛け千鳥かがり）
■**下掛け**（下掛け千鳥かがり）
■**笹掛け**
■**線掛け**（麻の葉かがり）
■**一針掛け**

▼**星掛け**
（星かがり）

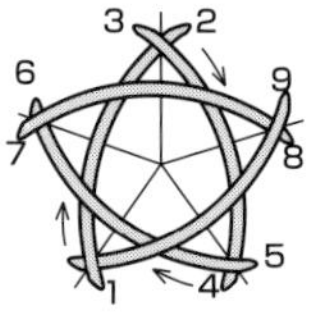

3
2
6
9
8
5
1
4

▼**おもだか**
（三つ羽根亀甲かがり）

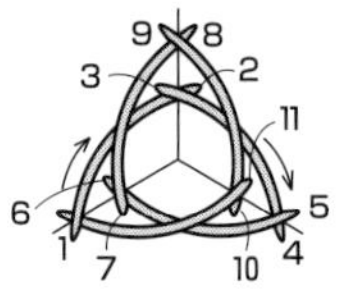

9
8
3
2
11
6
5
1
7
10
4

◇**巻き掛け**
地巻き糸をすくわずに球面に糸を巻きつけてゆきます。

◇**松葉掛け**
松葉のように、放射状に糸をかけてゆきます。

▼**巻き掛け**
（巻きかがり）

かがり始め

▼**松葉掛け**
（松葉かがり）

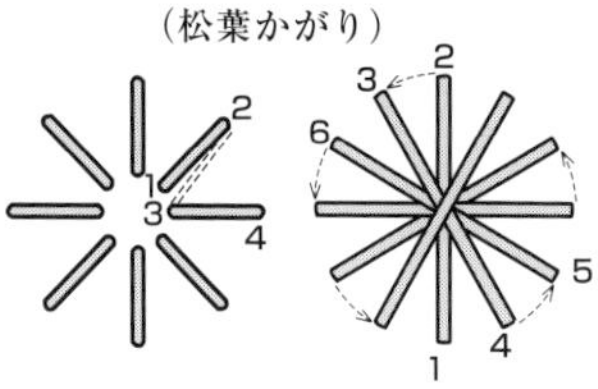

2
1
3
4
3
2
6
5
1
4

千鳥掛け

〈千鳥掛けの針運び〉

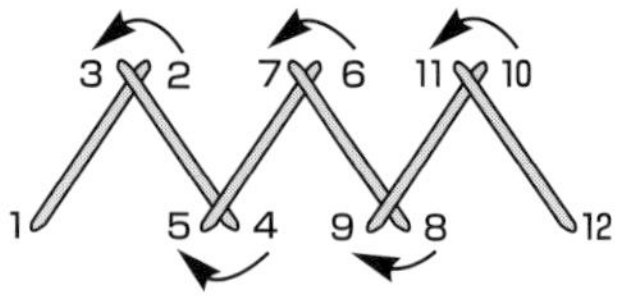

3
2
7
6
11
10
1
5
4
9
8
12

〈かがり終わりの糸の重なり〉
かがり終わりの糸を、かがり始めの糸の下にくぐらせる

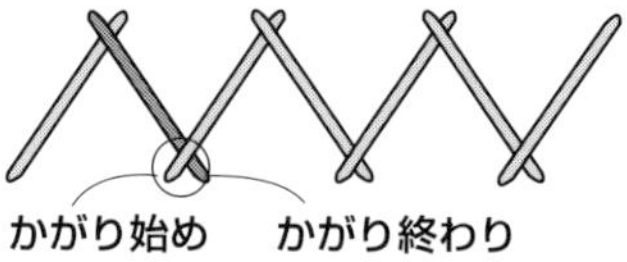

かがり始め
かがり終わり

かがり始めとかがり終わり

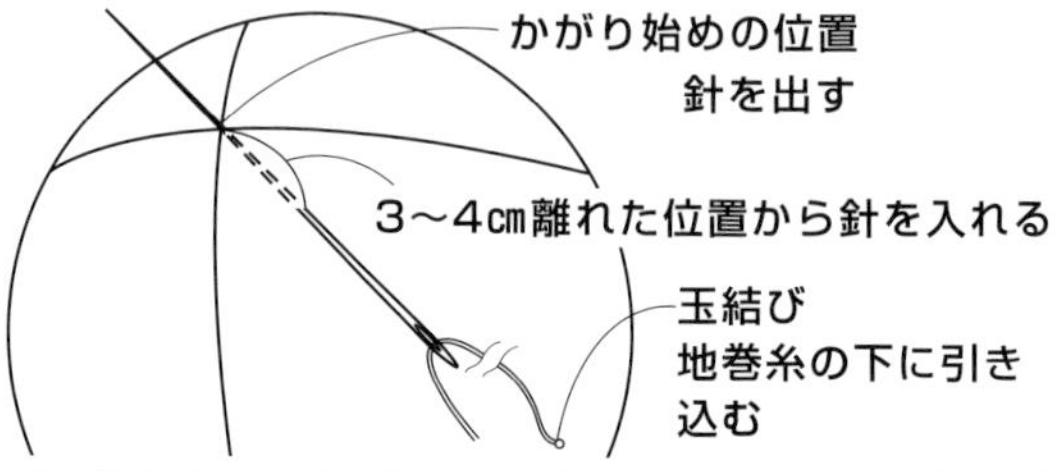

かがり始めの位置
針を出す
3〜4㎝離れた位置から針を入れる
玉結び
地巻糸の下に引き込む

かがり終わりは、かがった糸の下に小さく出して返し針をし、2〜3㎝離れた位置に糸を引き出して切る

かがり方のコツ

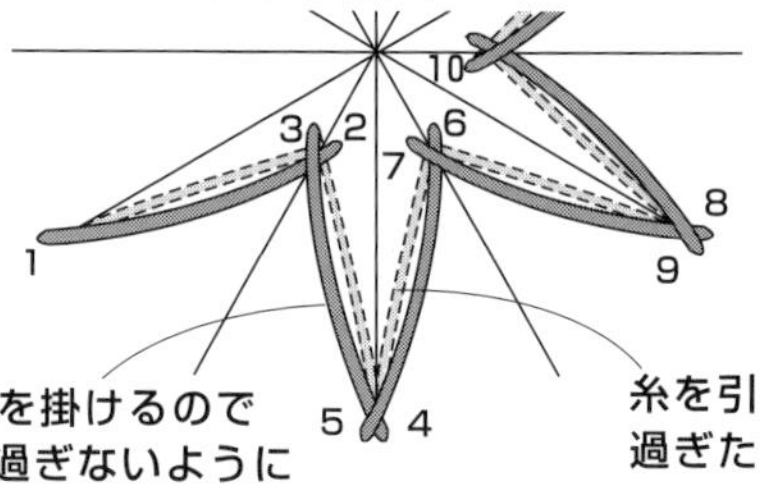

10
3
2
6
7
1
8
9
5
4

球面に糸を掛けるので糸を引き過ぎないように球面に沿わせるようにする

糸を引っ張り過ぎた例

◆かがり方＝上掛け

地割り

てまりの球面を三角形に分割して糸を掛け、これを基に模様をかがります。

単純等分は地割りの基本になるもので、赤道を等分し、北極と南極をつなぎます。

単純等分

▼**8等分**

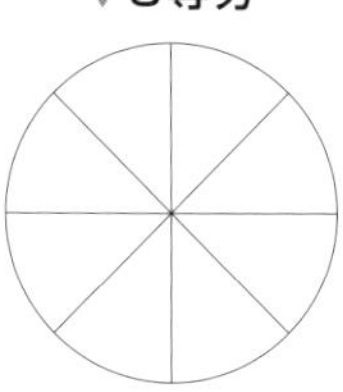

▼**4等分**

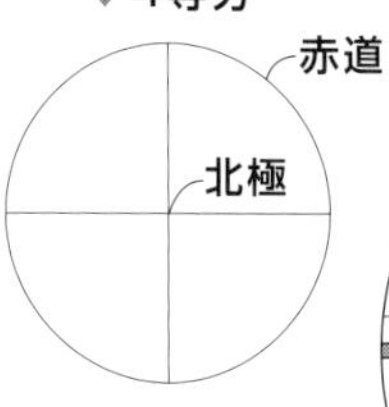

赤道
北極

▼**10等分**

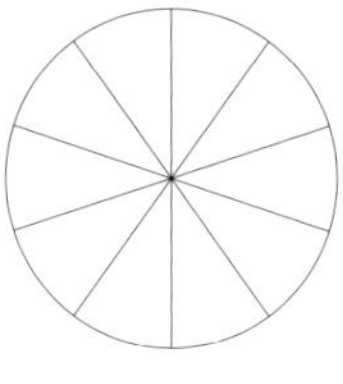

▼**6等分**

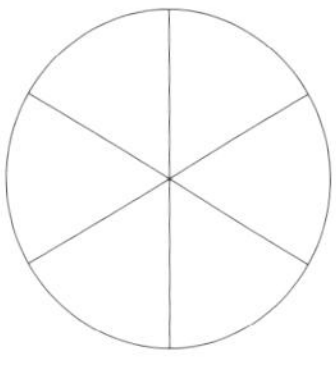

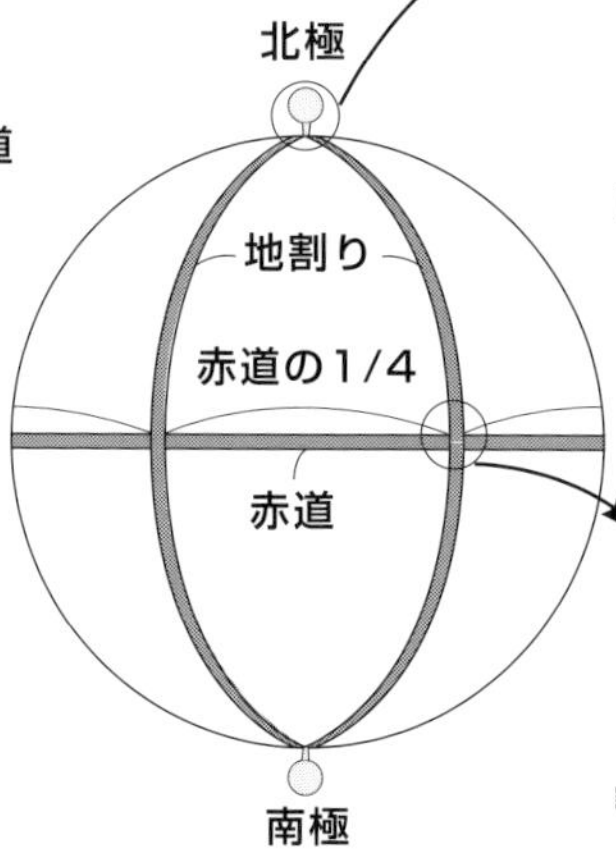

北極
地割り
赤道の1/4
赤道
南極

▲4等分の地割り

〈北極の掛け方〉

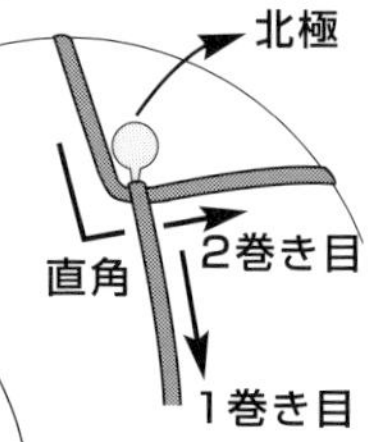

北極
直角
2巻き目
1巻き目

〈赤道の掛け方〉

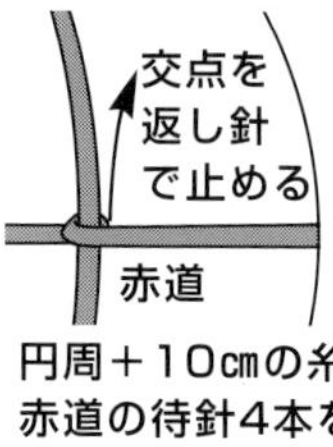

交点を返し針で止める
赤道

円周＋10㎝の糸で赤道の待針4本を通り、1巻きする

組み合わせ等分

8等分の組み合わせ

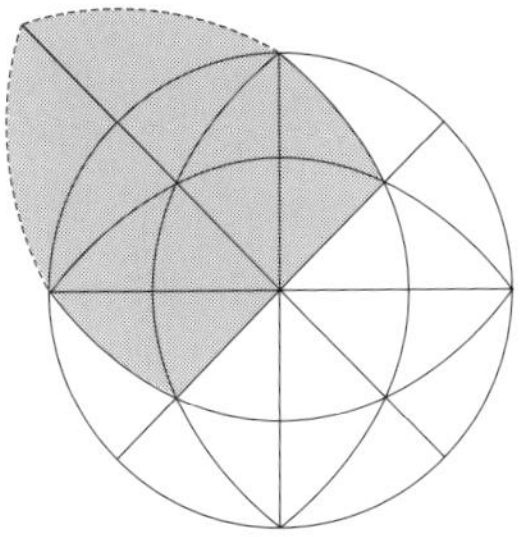

▲大きな三角
（球全体で三角4個）

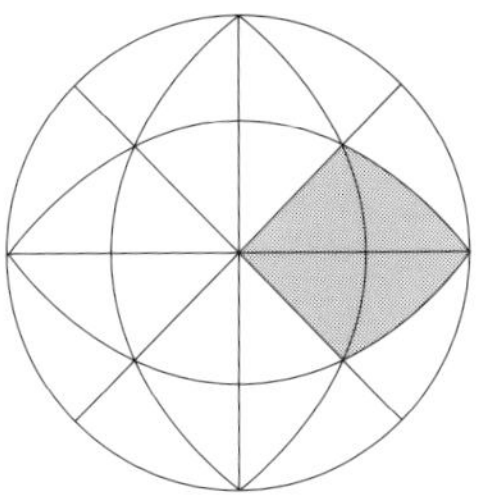

▲菱形4等分
（球全体で菱形12個）

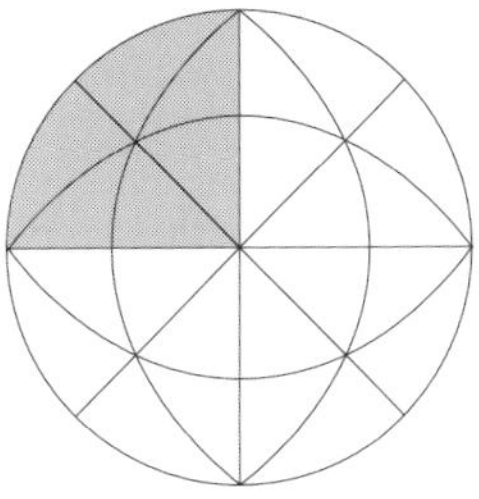

▲三角6等分
（球全体で三角8個）

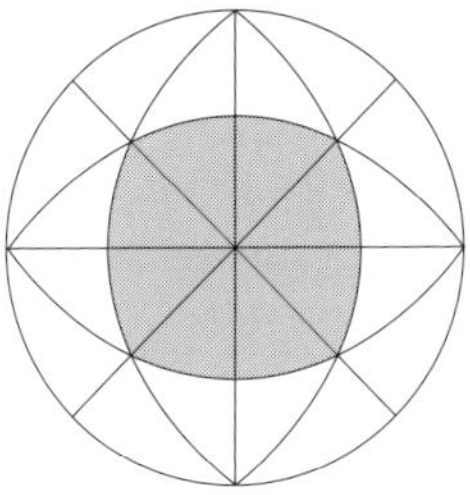

▲四角8等分
（球全体で四角6個）

10等分の組み合わせ

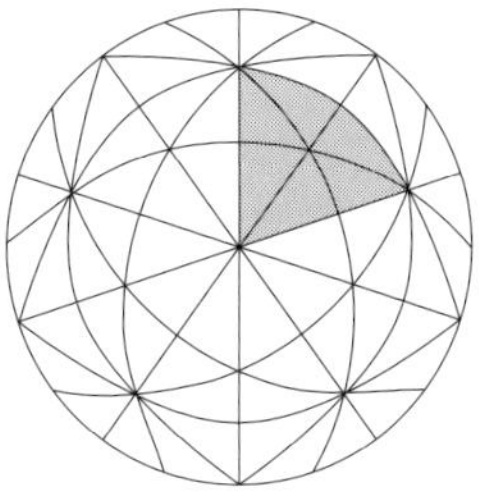

▲三角6等分
（球全体で三角20個）

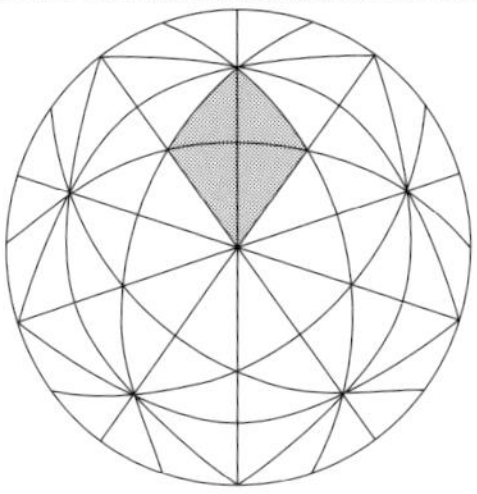

▲菱形4等分
（球全体で菱形30個）

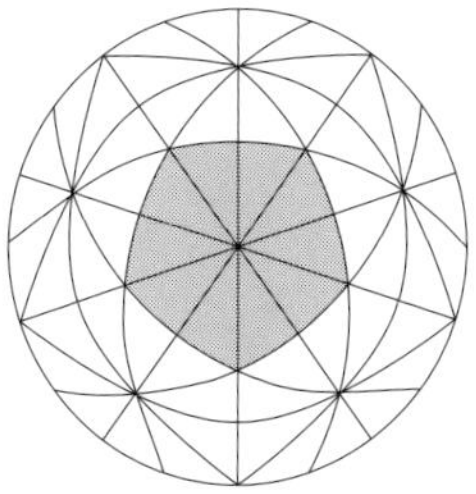

▲五角10等分
（球全体で五角12個）

10等分の組み合わせからできる多面体

多面体＝五角と六角の多面体　小三角5個でできる五角
小三角6個でできる六角

三角20個を基にした多面体	3等分	6等分	9等分	12等分	15等分
	32面体	122面体	272面体	482面体	752面体
三角60個を基にした多面体	2等分	3等分	4等分	5等分	6等分
	42面体	92面体	162面体	252面体	362面体

▼122面体（三角の1/6）
五角12個と六角110個

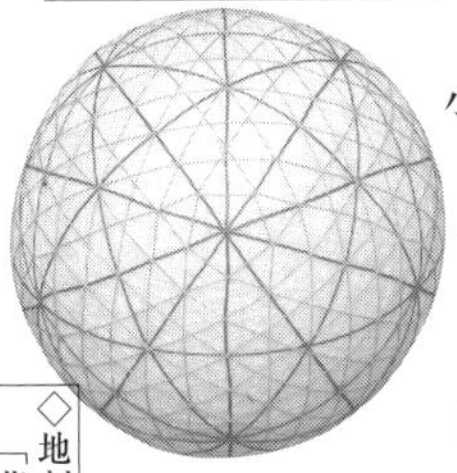

三角20個を基にした多面体

小三角6個が集まってできた大きい三角（球全体で20個＝三角20個）

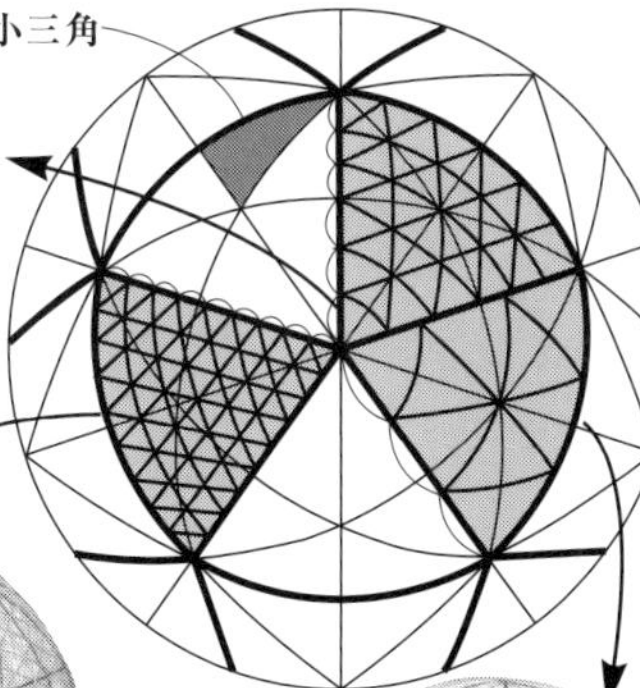

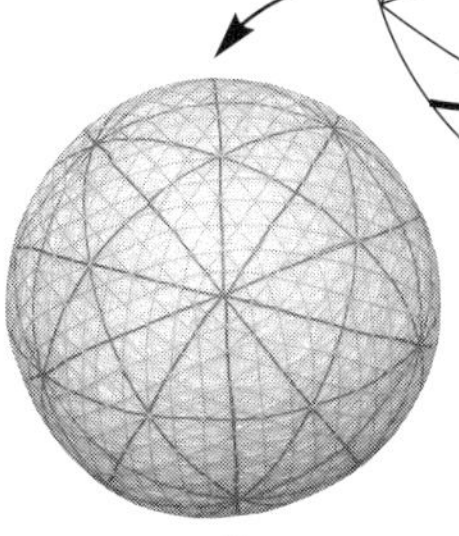

▲272面体（三角の1/9）
五角12個と六角260個

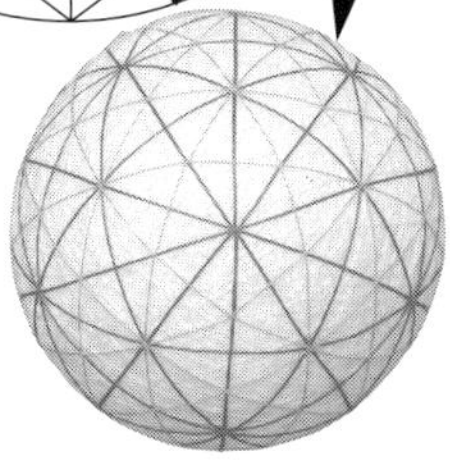

▲32面体（三角の1/3）
五角12個と六角20個

三角60個を基にした多面体

小三角2個が集まってできた大きい三角（球全体で60個＝三角60個）

▼162面体（三角の1/4）
五角12個と六角150個

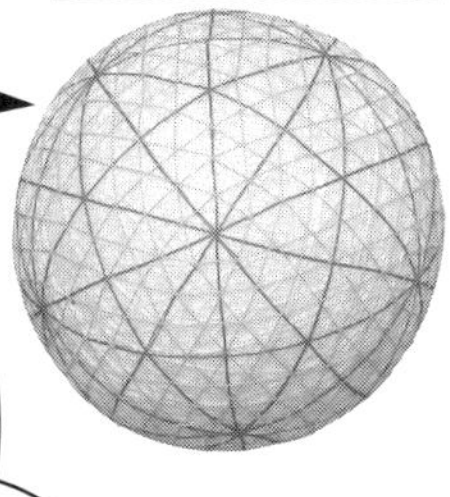

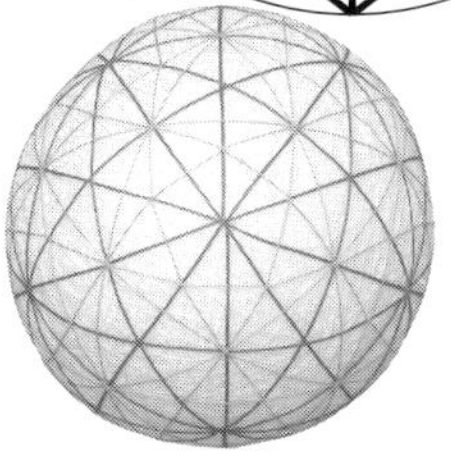

▲42面体（三角の1/2）
五角12個と六角30個

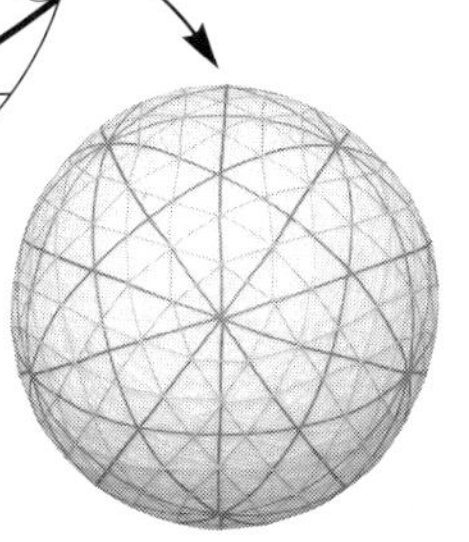

▲92面体（三角の1/3）
五角12個と六角80個

◇地割り、糸の掛け方は「加賀花てまり」「花てまり入門」を参照して下さい。

つるし手まり

てまりに房を付けたり、連ねて吊るす配置を考えたりするのも手作りを楽しむ奥行きが広がります。

遊び道具でなくなったてまりは、吊るしたり、秋田地方のように房を付けて豪華にしたり、輪にたくさん吊るしたり工夫して飾られるようになりました。

福岡県柳川の下げもんや、伊豆稲取のお細工物の吊るし飾りは、雛巡り旅行で賑わっております。贈り物や室内インテリアとして、吊り下げ飾りのてまり作りをお楽しみください。

材料と用具

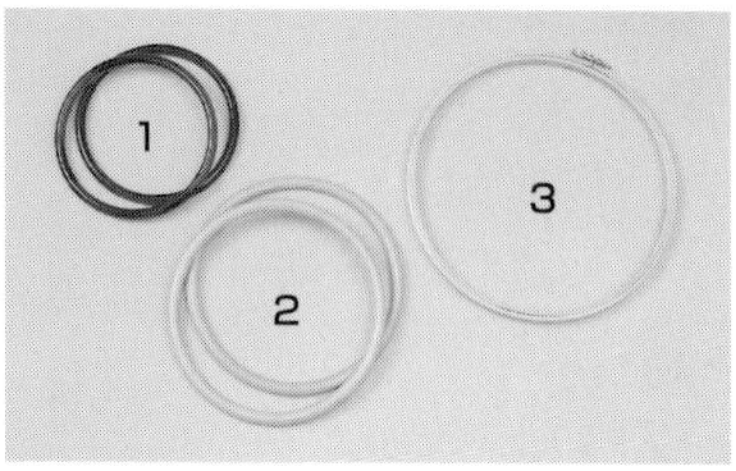

◆吊り飾りの輪
1.袋物の持ち手
2.竹の輪
3.刺繍枠
（金具をはずして使う）

◆紐
（まりをつないだり、飾り結びをする）
1.まりをつなぐ細い紐
2.打ち紐（細）
3.打ち紐（太）
4.打ち紐（中）

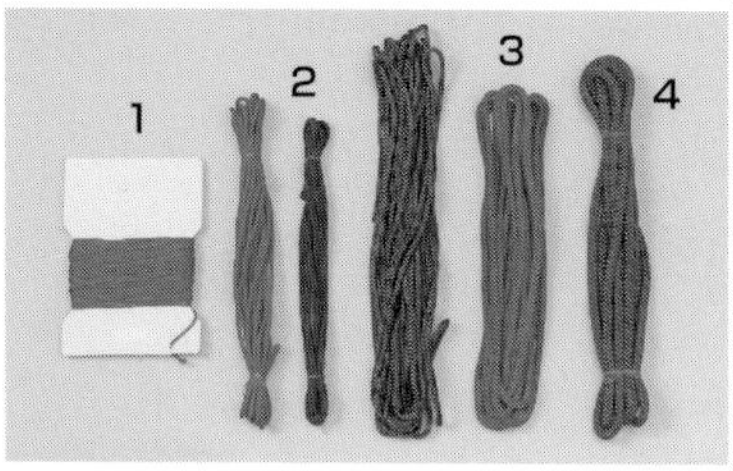

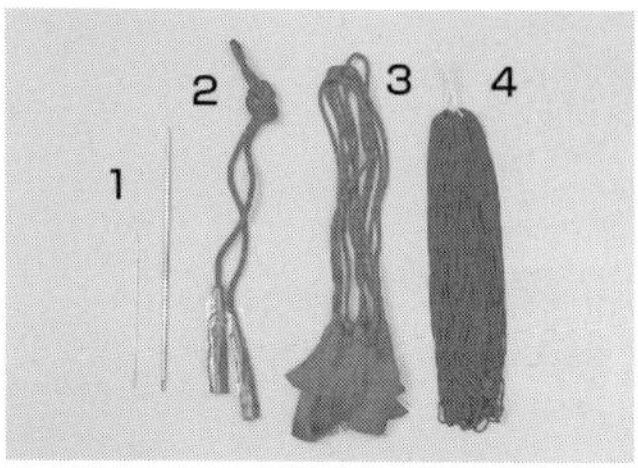

◆飾り房・創り房
1.針
（ぬいぐるみ針、畳針など長さのあるもので、まりに紐を通す）
2.両房中
3.両房大
4.リリヤーン（房用）

◆その他
1.鈴
ウッドビーズ
陶ビーズ
（飾り用）
2.縮緬バイアステープ
（輪をくるんだり巻いたりする）
3.両面接着テープ
（輪に布を巻くときに使う））
4.絹手縫い糸

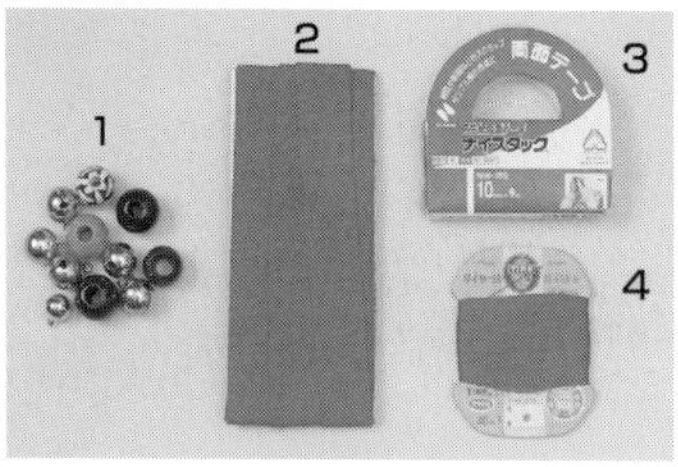

【てまりの吊り下げ方】

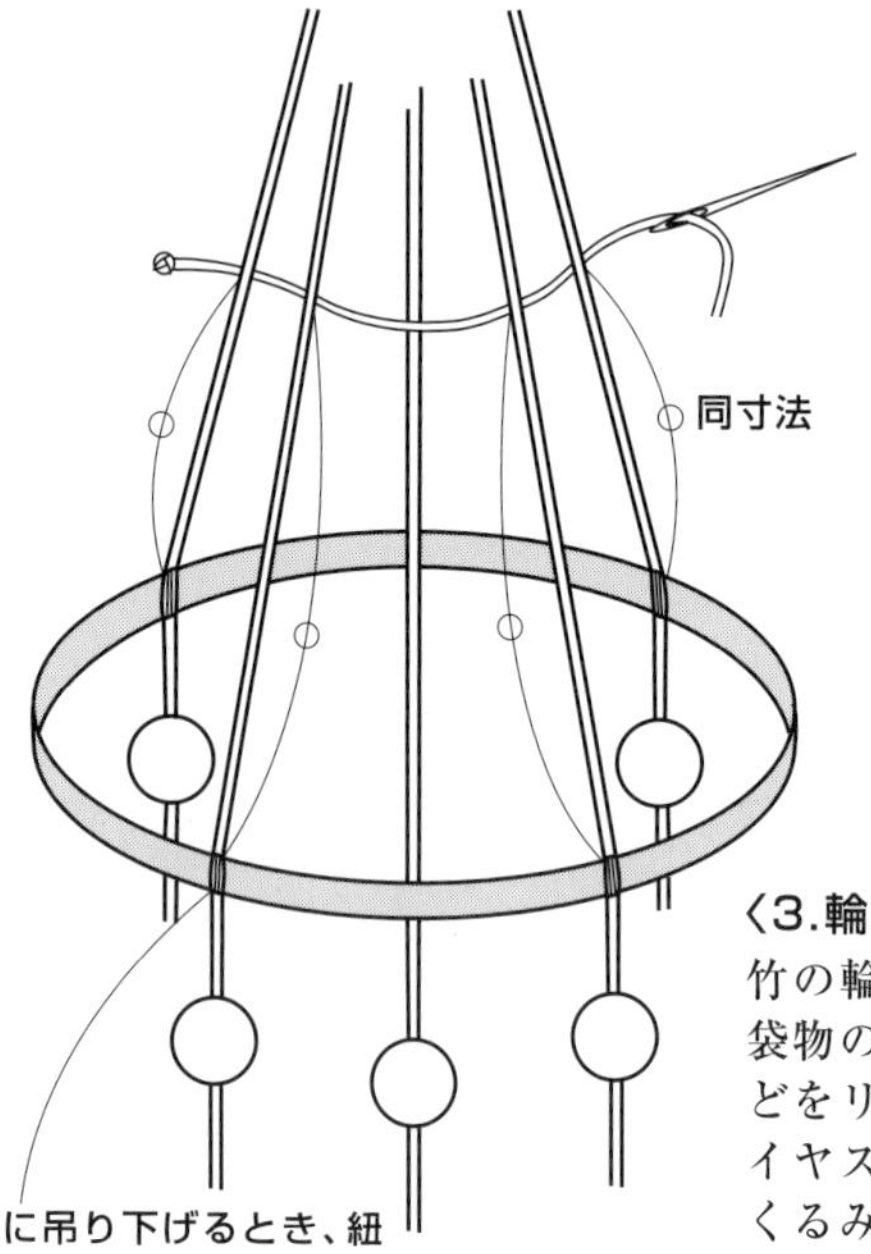
輪に吊り下げるとき、紐を輪に2〜3回巻き付けて、裏にボンドをつけ、ひと結びして締める

〈3.輪を作る〉
竹の輪、刺繍枠、袋物の持ち手などをリボンやバイヤステープでくるみます。

〈1.まりを作る〉
吊り下げにするまりは、ぬいぐるみ用の合繊綿を丸めて柔らかめに糸を巻いて作ります。合繊綿は吊るす紐を通しやすく、たくさん連ねてもあまり重くなりません。

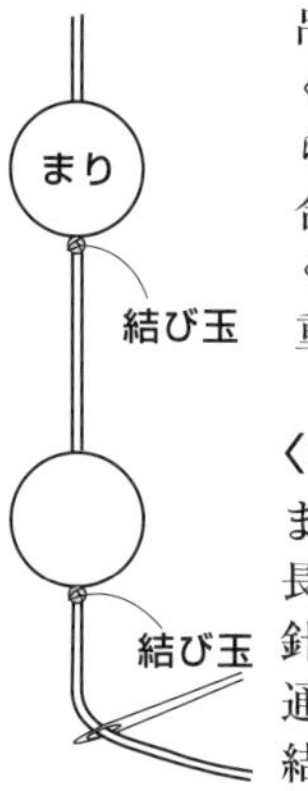

〈2.糸を通す〉
まりに吊り紐を通すときは、長くて太いぬいぐるみ針か畳針を使います。まりの中心を通して動かないように下部に結び玉を作って止めます。バランスをみながら紐の長さを決めます。

〈4.吊り下げ紐を作る〉
輪の上部の紐の同寸法に針で糸を通し、中央の紐も入れて引き締めます。糸をぐるぐると巻き、針で縫って中央の紐も固定します。束ねた紐は縄に撚るか三つ編みにして、太い1本の紐にします。輪にして吊り下げ部を作り、つなぎ目はウッドビーズや縮緬でくるんで隠します。

針で糸を通し引き締める

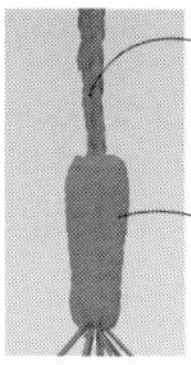
縮緬でくるむ

縮緬でくるむ方法

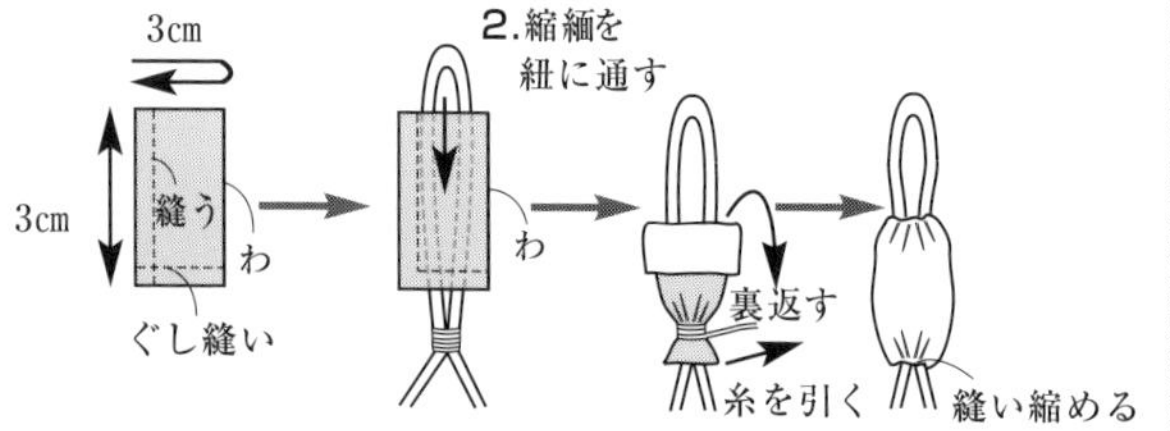

1.縮緬（3×3）cmを輪に縫い、一方を縫い縮めるようにぐし縫いする

3.糸を引き縮め、中の紐も返し針で縫って固定し布を裏返す

4.下部を内側に折って縫い縮める

【吊り下げ方】の寸法は参考です。まりの重さや大きさなど、バランスをみながら自分なりに工夫をしてみましょう。

お正月

鶴亀

24等分

カラー口絵2ページ

◆材料
土台まり／円周30㎝　紺地巻き糸
地割り糸／細金ラメ糸
かがり糸／京てまり糸1本取り…白(532)、黒(2)、赤(23)、緑（35・516)、黄（39)

◆作り方

1 細金ラメ糸で24等分の地割りをします。

2 【鶴】白で24本の柱を掛けて、極の中心から円形に1㎝までかがります。

3 極と赤道の1/2から上掛け千鳥の花を7段、19本の地割りにかがります。

4 尾の部分は地割り糸3本分短かめにし、7段目は黒でかがります。首を斜めにかがり埋め、目や口ばし、足をかがります。

5 【亀】金ラメ糸で六角の地割り線を入れて、赤で六角にかがります。

6 金糸1段で縁取りをして、角に赤で頭と足をかがります。緑で松葉掛けの松を入れます。

（北川喜代枝）

【菊結び】

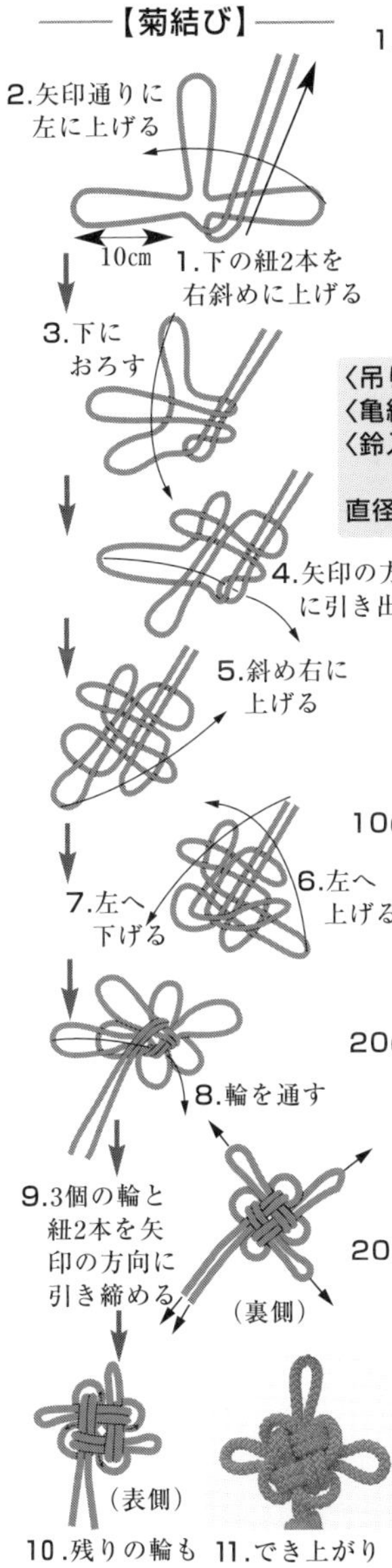

2.矢印通りに左に上げる
10㎝
1.下の紐2本を右斜めに上げる
3.下におろす
4.矢印の方向に引き出す
5.斜め右に上げる
6.左へ上げる
7.左へ下げる
8.輪を通す
9.3個の輪と紐2本を矢印の方向に引き締める
（裏側）
（表側）
10.残りの輪も引き締めて形を整える
11.でき上がり

〈菊結び〉幅0.5㎝の赤打ち紐／100㎝
リリヤーン／赤2束

【亀】

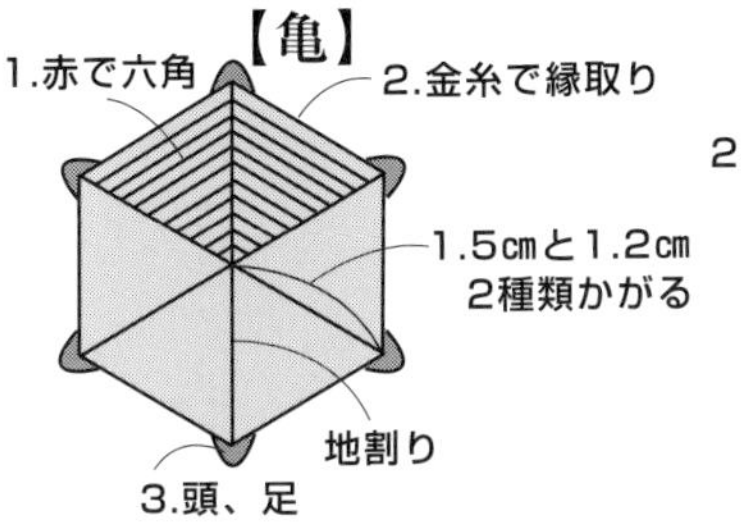

1.赤で六角
2.金糸で縁取り
1.5㎝と1.2㎝2種類かがる
地割り
3.頭、足

〈吊り紐〉幅0.1㎝の赤細紐／130㎝×4本
〈亀結びの花〉幅0.3㎝の赤打ち紐／65㎝×6本
〈鈴入りの亀結び〉幅0.3㎝の赤打ち紐／65㎝×3本
幅0.3㎝の黄・白打ち紐／各々65㎝×3本ずつ
直径1㎝の鈴3個　リリヤーン／赤3束

【鶴】

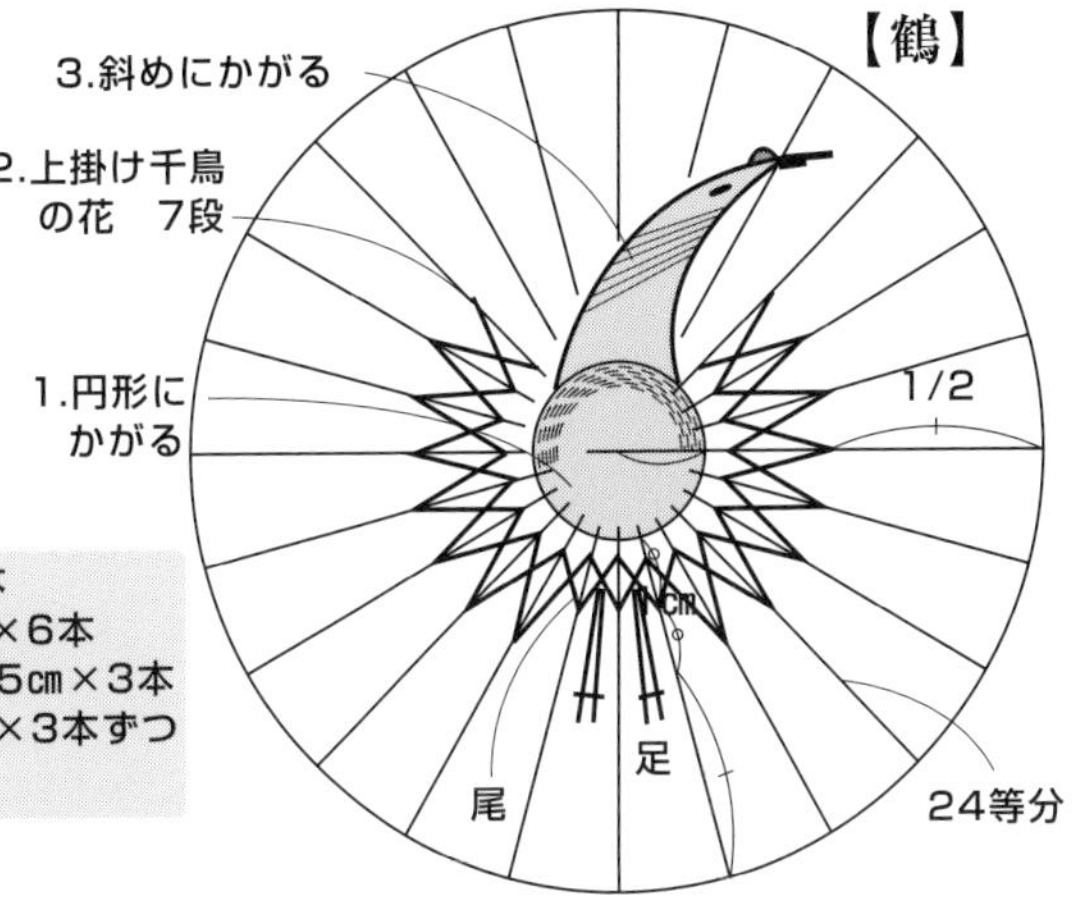

3.斜めにかがる
2.上掛け千鳥の花　7段
1.円形にかがる
1/2
1㎝
尾
足
24等分

【吊り下げ方】

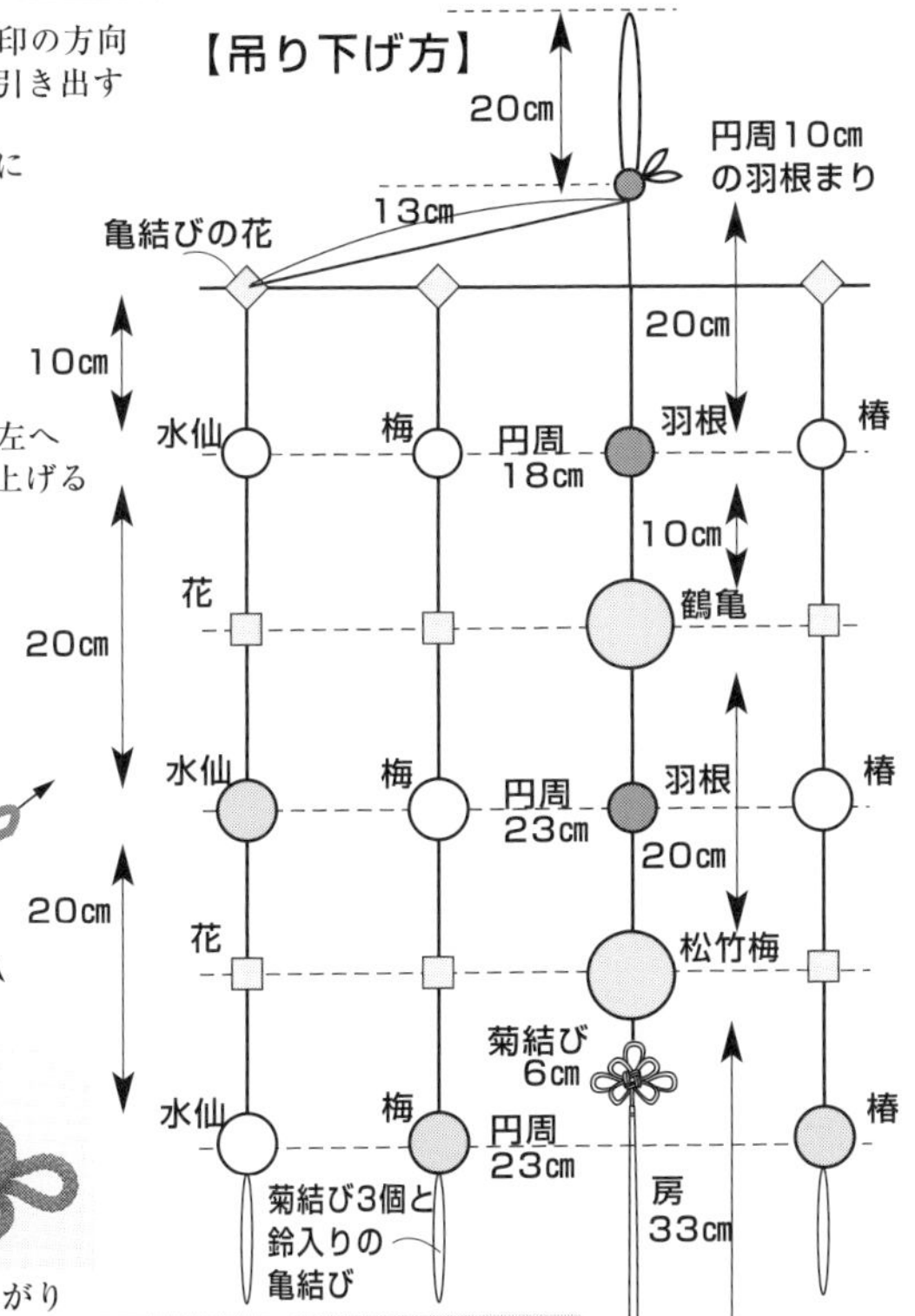

20㎝
円周10㎝の羽根まり
13㎝
亀結びの花
10㎝
20㎝
水仙
梅
円周18㎝
羽根
椿
10㎝
花
鶴亀
20㎝
水仙
梅
円周23㎝
羽根
椿
20㎝
20㎝
花
松竹梅
菊結び6㎝
水仙
梅
円周23㎝
椿
菊結び3個と鈴入りの亀結び
房33㎝

〈菊結び3個〉幅0.3㎝の赤打ち紐／150㎝×3本

【亀結びの花】

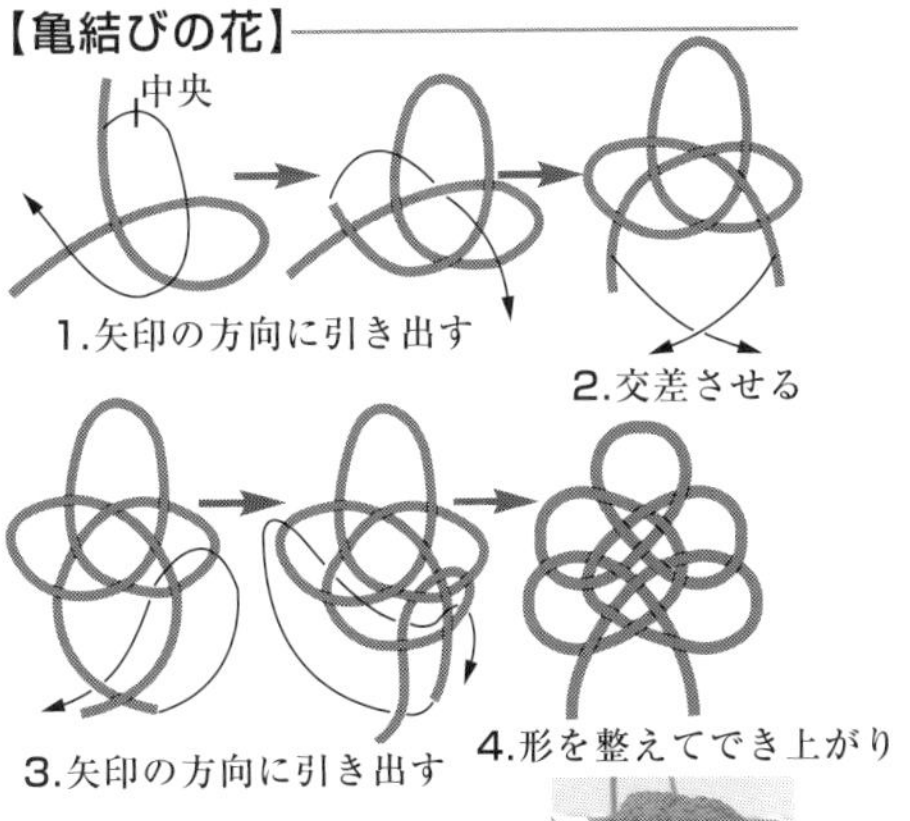

中央
1.矢印の方向に引き出す
2.交差させる
3.矢印の方向に引き出す
4.形を整えてでき上がり

【菊結び3個と鈴入りの亀結び】

〈鈴入りの亀結び〉
1. 赤紐で亀結びをする。
2. 白と黄の紐を赤に添わして通す。
3. 直径1㎝の鈴を入れ、紐を丸みをつけて引き締める。
4. 紐端を短く切って差し込み、糸で縫い止める。
5. 3個つないだ菊結びの紐の下部を鈴に刺し込んで、縫い止める。

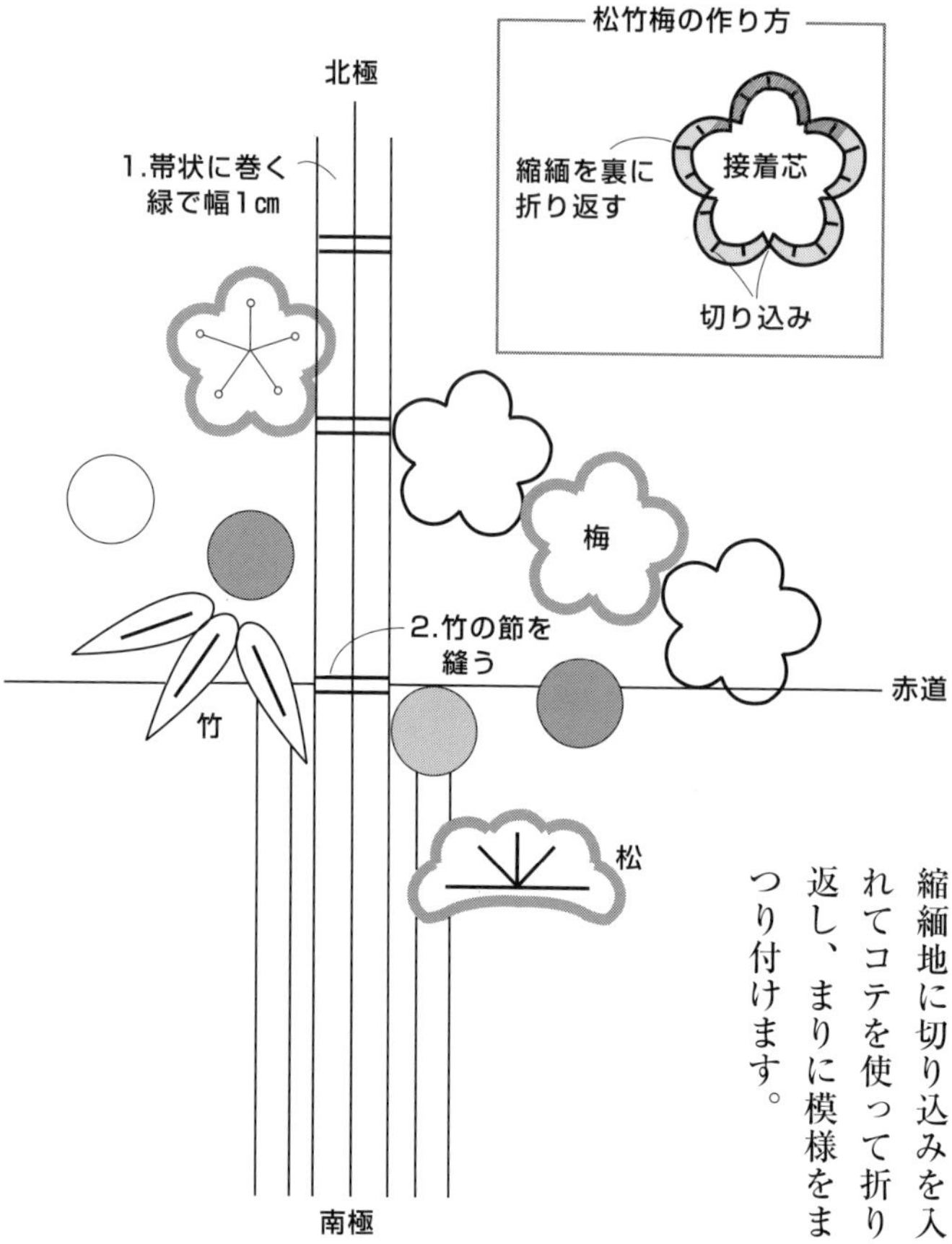

松竹梅の作り方
縮緬を裏に折り返す
接着芯
切り込み
北極
1.帯状に巻く 緑で幅1cm
梅
2.竹の節を縫う
赤道
竹
松
南極

松竹梅

4等分

◆材料
土台まり／円周28cm　黒地巻き糸
地割り糸／しつけ糸
かがり糸／京てまり糸…緑（35）、金糸
縮緬地／赤、白、緑
接着芯

◆作り方

1 しつけ糸で4等分の地割りをします。

2 緑で北極から南極を通して帯を1cm幅に巻き、節状に横に縫って止めます。

3 接着芯に実物大の松竹梅を写して裁ち、縮緬地の裏に接着芯を貼り0.5cmの縫い代をつけて裁ちます。周囲の縮緬地に切り込みを入れてコテを使って折り返し、まりに模様をまつり付けます。

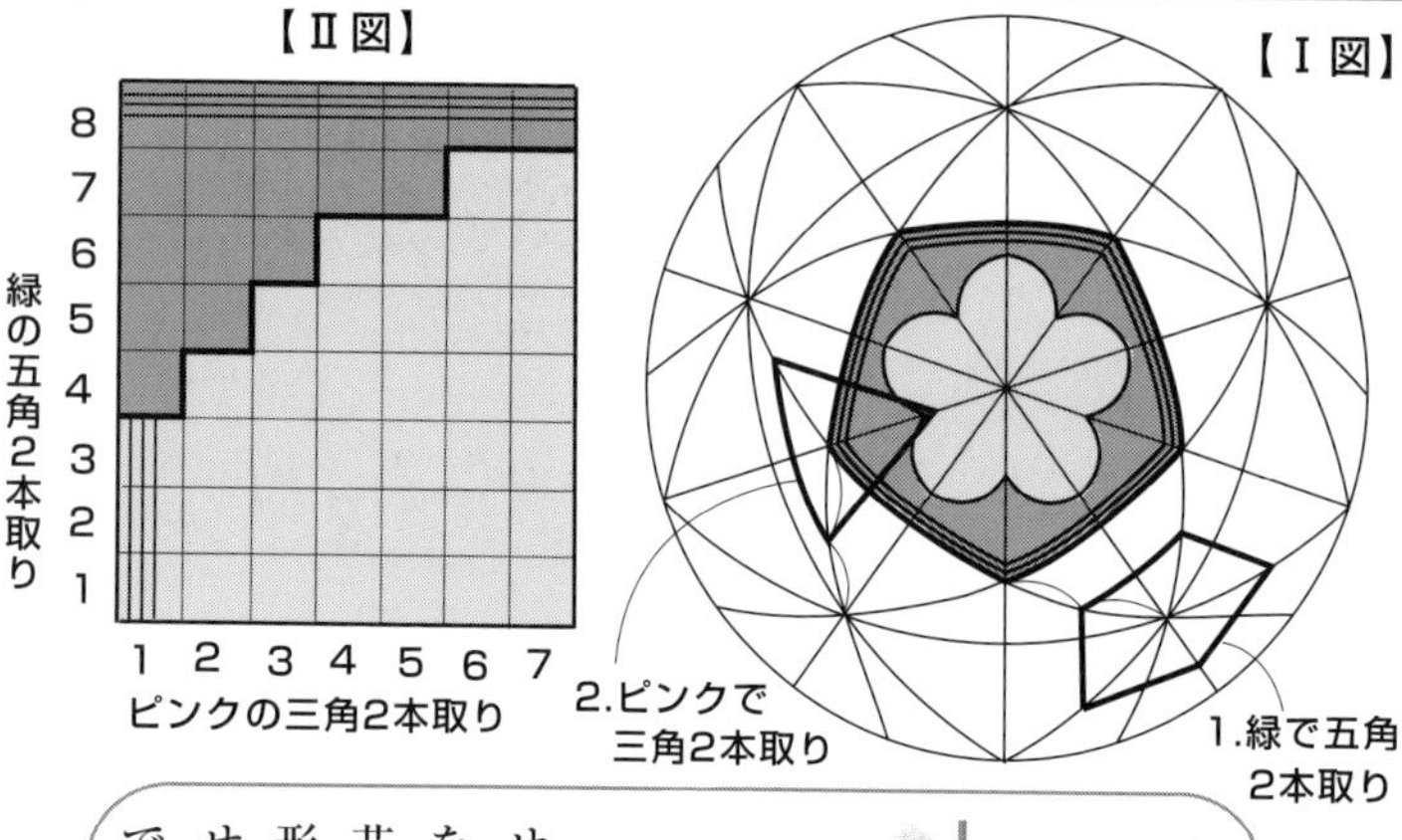

【Ⅱ図】
8
7
6
5
4
3
2
1
緑の五角2本取り
1 2 3 4 5 6 7
ピンクの三角2本取り
【Ⅰ図】
2.ピンクで三角2本取り
1.緑で五角2本取り

梅

10等分の組み合わせ

◆材料
土台まり／円周23cm　白地巻き糸
地割り糸／金ラメ糸（2）
かがり糸／京てまり糸…ピンク（3）、緑（516）

◆作り方

1 金ラメ糸で10等分の組み合わせの地割りをします。

2 五角10等分の長い線の1/2から緑で五角を3段ずつ12か所にかがります。

3 三角6等分の長い線1/2からピンクで三角を1段ずつ20か所にかがります。

4 五角と三角を交互にかがり埋めます（Ⅱ図）。

羽根まり

◆材料
土台まり／円周10cm
黒地巻き糸
地割り糸／細金ラメ糸
かがり糸／金ラメ糸
縮緬地／赤、黄、緑
両面接着芯
フラワー用ワイヤー

細金ラメ糸で8等分の組み合わせをし、金ラメ糸で麻の葉かがりをします。ワイヤーを入れて接着芯で貼り合わせた縮緬地を羽根の形に裁ちます。3色の羽根を合わせて根元にボンドをつけ、目打ちで穴を開けたまりに差し込みます。

かがり方は59ページ「ミニ麻の葉」参照。

縮緬の小花の作り方

椿　**梅**　**水仙**

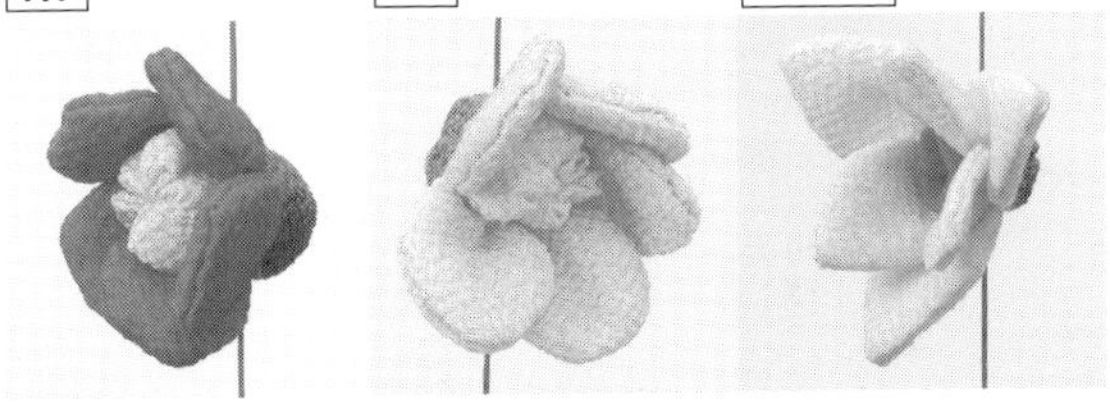

◆材料
縮緬地／赤、白、黄、ピンク、緑
接着芯

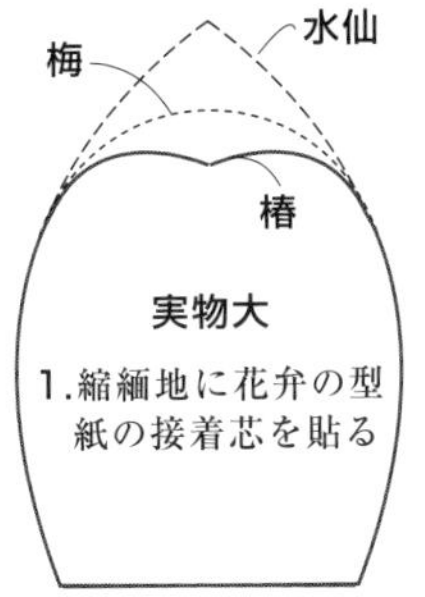

水仙
梅
椿
実物大
1.縮緬地に花弁の型紙の接着芯を貼る

【花びら】
水仙…大3枚、小3枚
梅　…5枚
椿　…5枚

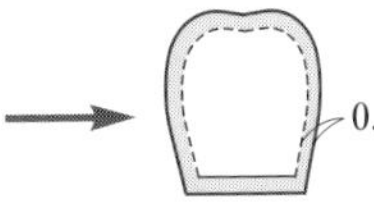

0.5cm

2. 0.5cmの縫い代をつけて裁つ

水仙／花弁を3枚ずつつなげて縫います。花芯を囲んで花弁を3枚ずつ、二重に重ねて縫い目を絞ります。

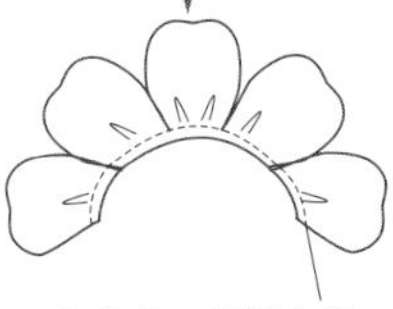

3.花弁の周囲を縫ってつなげて絞る

【花芯】
花芯は折り曲げた上部を5か所縫い引き寄せ、下部は縫い絞ります。

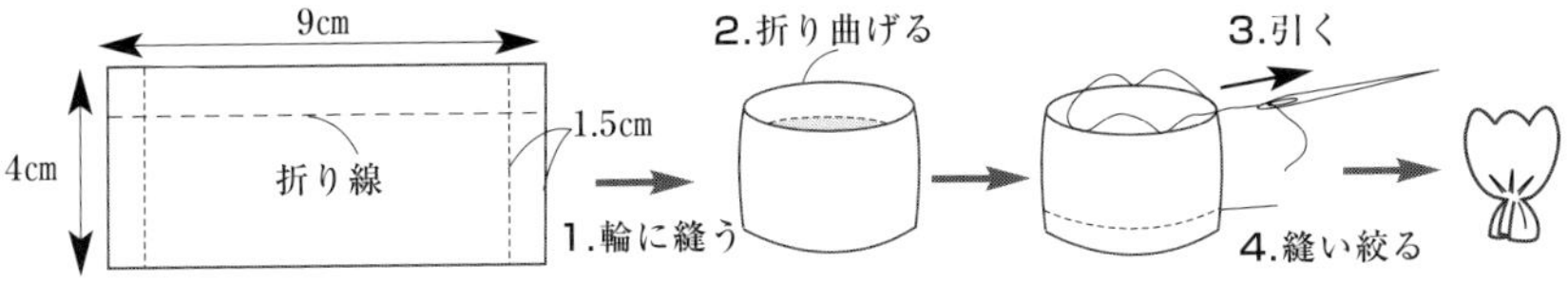

9cm
4cm
1.5cm
折り線
1.輪に縫う
2.折り曲げる
3.引く
4.縫い絞る

【がく】

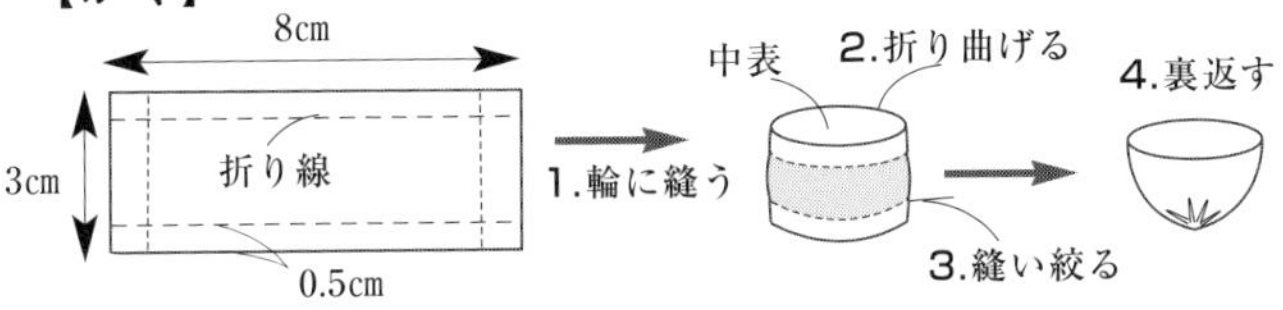

8cm
3cm
折り線
0.5cm
1.輪に縫う
中表
2.折り曲げる
3.縫い絞る
4.裏返す

でき上がり／花弁の中心に花芯を入れてしっかり縫い付け、がくをかぶせて周囲をまつり付けます。

水仙

10等分の組み合わせ

◆材料
土台まり／円周23cm 緑地巻き糸
地割り糸／金ラメ糸（12）
かがり糸／京てまり糸…黄（8）、緑（35）、茶（14）、赤（23）

◆作り方

1 金ラメ糸で10等分の組み合わせの地割りをし、三角中心に1cmの松葉掛けの補助線を入れます。

2 赤で三角の中心に補助線をとって六角の花芯を3段、黄で三角6等分の短い線の1/3をとって三角を1段かがります。

3 長い線上にも同寸の三角を1段かがり、2か所から交互に三角の境までかがります。茶で花弁の縁取りと緑で三角の線上をかがります。

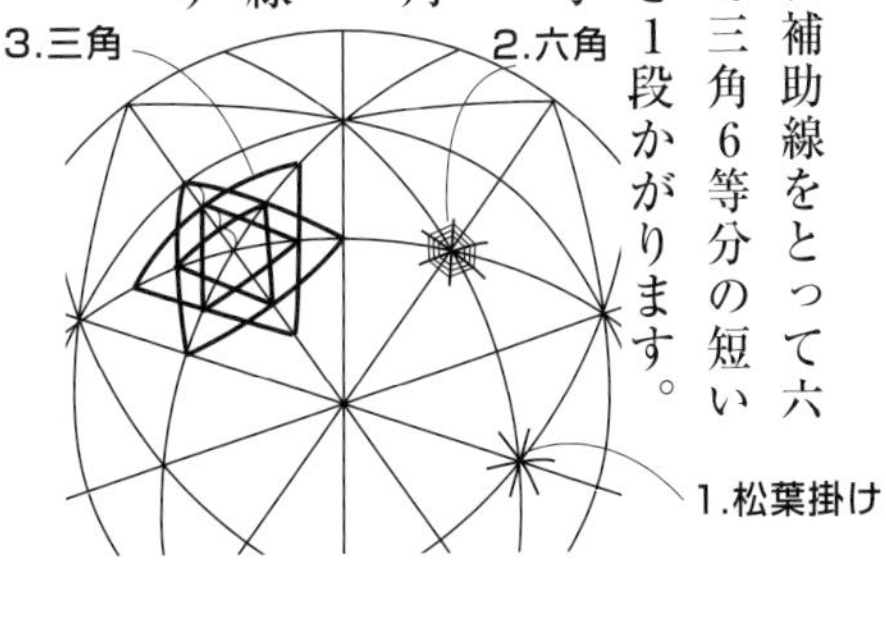

3.三角
2.六角
1.松葉掛け

椿

10等分の組み合わせ

◆材料
土台まり／円周23cm 赤地巻き糸
地割り糸／金ラメ糸（12）
かがり糸／京てまり糸…緑（35）、紫（38）、白（511）、黄（8）

◆作り方

1 金ラメ糸で10等分の組み合わせの地割りをし、菱形4等分の中心を通る補助線を6本入れます。

2 補助線でできた五角の短い線をとって黄で花芯を4段かがります。五角の角と花芯の線に沿って紫で五弁の花の縁取りを入れます。

3 1の補助線でできた三角20か所を緑でかがり埋め、補助線に沿って白と紫で巻きます。

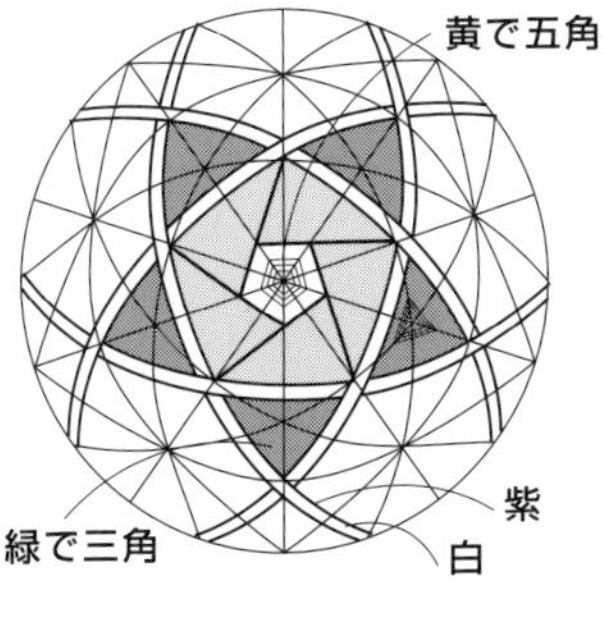

黄で五角
紫
白
緑で三角

ねじ梅つなぎ

カラー口絵1ページ

舞い梅Ⅰ

10等分の組み合わせ

◆材料
土台まり／円周18cm　赤地巻き糸
地割り糸／細金ラメ糸（1）
かがり糸／京てまり糸…白（532）、黒(2)

◆作り方

1 細金ラメ糸で、10等分の組み合わせをします。

2 菱形4等分の1/3幅で、白2本取りで平行に千鳥掛けで1周します。全体の菱形の中に十文字になるようにかがります。

3 平行にかがった内側に1段ずつ交互にかがり埋めます。

4 白の花弁に沿ってねじれ模様になるように黒1本取りで縁取りを入れ、隣り合う花の境目は2本取りでかがります。

【Ⅰ図】

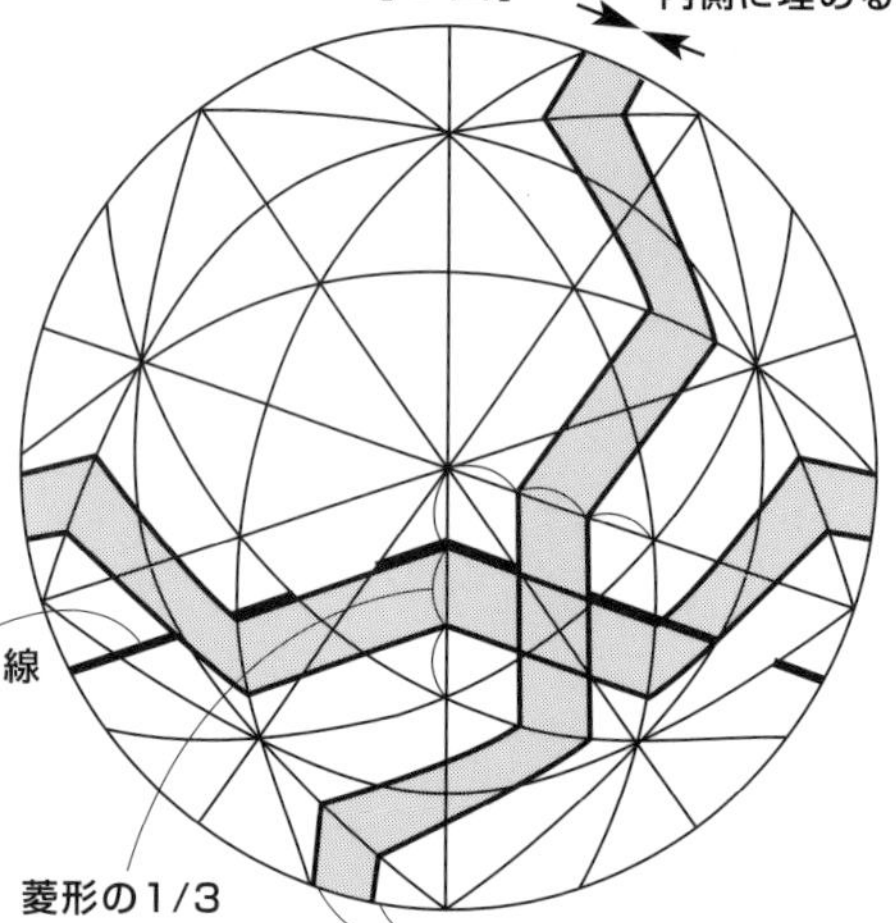
内側に埋める
黒で縁取り線
菱形の1/3
1.白2本取りで平行にかがる

【Ⅱ図】

1.花の境目黒2本取り
2.黒1本取りで縁取り

ねじり梅

10等分の組み合わせ

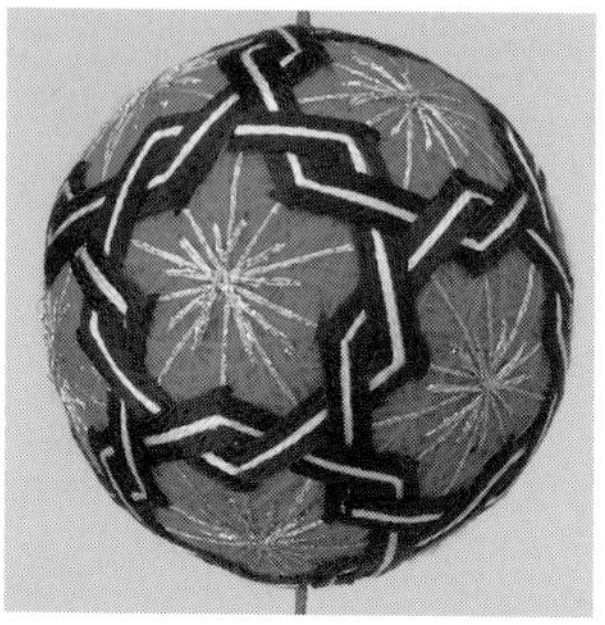

◆材料
土台まり／円周21cm　赤地巻き糸
地割り糸／金ラメ糸（4）
かがり糸／京てまり糸…白（532）、黒（2）、

◆作り方

1 金ラメ糸で10等分の組み合わせをし、五角10等分に黒2段、白2段、黒2段計6段の五角をかがります。

2 角の重なる部分は片側の下をくぐらせてねじり、五角の中心に金ラメ糸で松葉掛けの花芯をかがります。

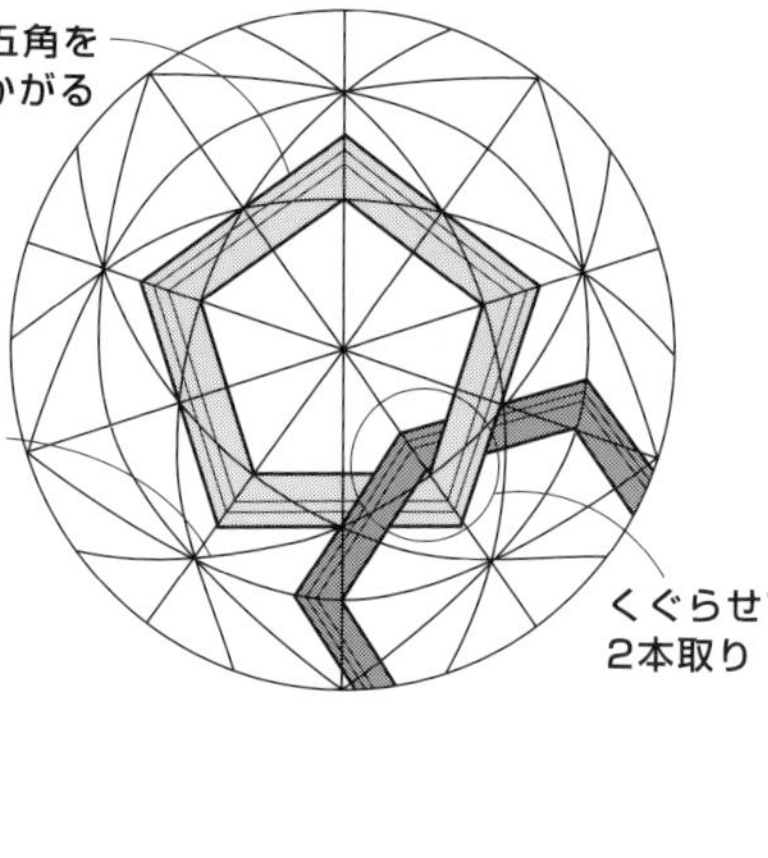
1.五角をかがる
くぐらせてねじる
2本取り

【吊り下げ方】

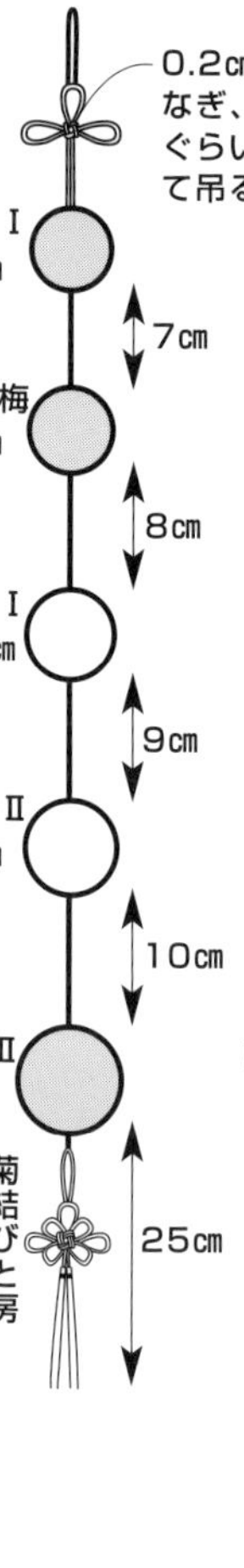
0.2cmの紐を通してつなぎ、余った紐の中央ぐらいで総角結びをして吊るす紐を作る
舞い梅Ⅰ
18cm
7cm
ねじり梅
21cm
8cm
ねじ梅Ⅰ
24.5cm
9cm
ねじ梅Ⅱ
28cm
10cm
舞い梅Ⅱ
31cm
菊結びと房
25cm

幅0.2cmの赤紐／130cm
幅0.5cmの打ち紐／100cm
リリヤーン／赤2束

【菊結びと房】

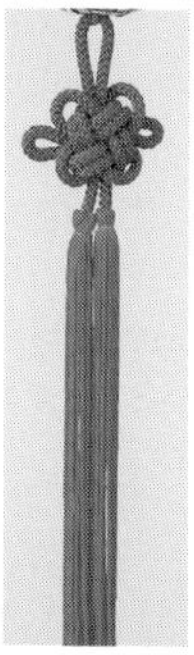

0.5cmの紐で菊結びをして、リリヤーンの房を付け、まりにとじ付ける

「菊結び」37ページ参照。

舞い梅II

10等分の組み合わせ

◆材料
土台まり／円周31cm　赤地巻き糸
地割り糸／金ラメ糸（4）
かがり糸／京てまり糸…白（532）、黒（2）、

◆作り方

1 金ラメ糸で10等分の組み合わせをし、32面体の補助線を入れます。

2 補助線でできた小さな菱形の中に1/3の幅で白で平行にかがり、舞い梅Iと同様に1段ずつ交互にかがり埋めます。

3 黒1本取りで花の縁取りをし、中心に金ラメ糸で松葉掛けをします。小さな六角の中の地割りは、はずします。

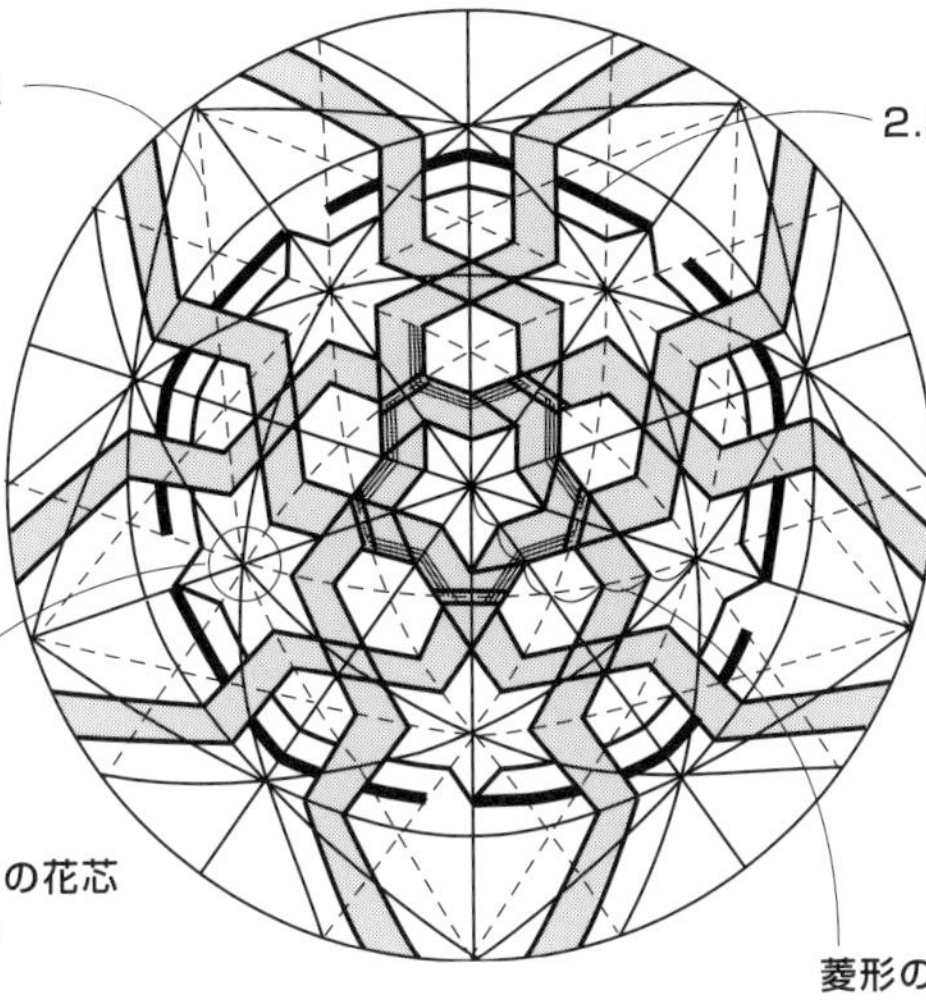

1.補助線
2.黒で縁取り線
3.松葉掛けの花芯
金ラメ糸
菱形の1/3

金　魚

カラー口絵19ページ

◆材料
土台まり／円周15cm　白地巻き糸
地割り糸／金ラメ糸（4）
かがり糸／京てまり糸
2本取り
赤（23）、白、緑
0.8cm動眼　赤フェルト　小ビーズ赤

◆作り方

金ラメ糸で8等分の組み合わせをし、赤2本取りで極と赤道の1/2をとって紡錘掛けを2段かがります。赤と白2段ずつ交互に、地割り線の0.5cm手前までかがります。かがり残した幅1cmを赤と白で巻き埋めます。動眼をボンドで付け、赤ビーズも縫い付けます。尾びれや背びれをフェルトで自由に切り抜き、ノリづけします。

（前田範子）

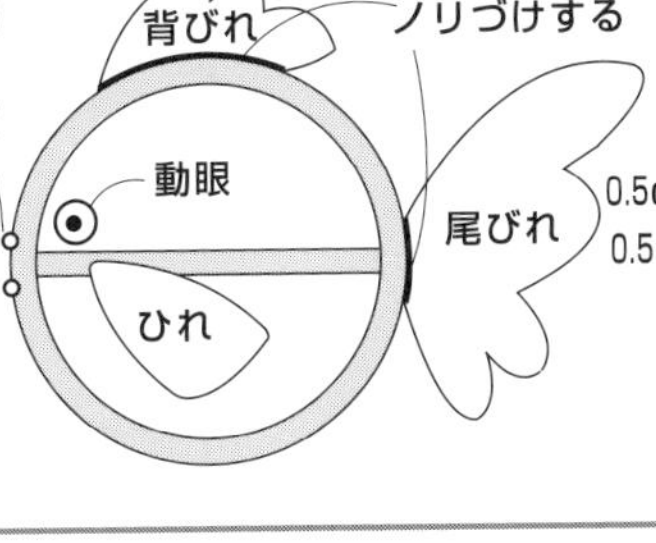

赤ビーズ
背びれ
ノリづけする
動眼
尾びれ
ひれ

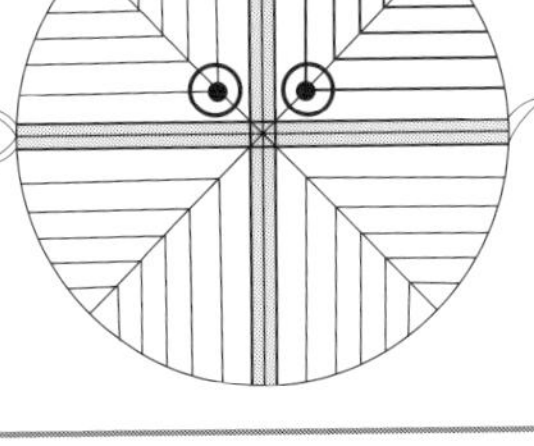

0.5cm
0.5cm

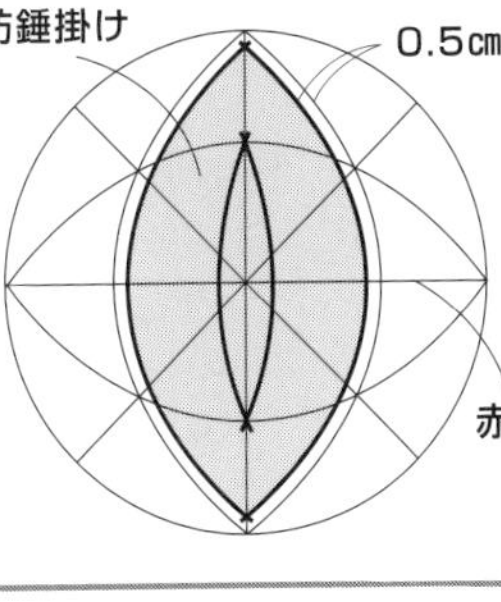

紡錘掛け
0.5cm
赤道
赤道

うさぎの雛飾り

カラー口絵16ページ

うさぎ雛

10等分

◆材料
土台まり／円周28cm　赤・緑地巻き糸
地割り糸／赤・緑地巻き糸
かがり糸／京てまり糸…白（532）、黄（39）、紺（20）、ピンク濃〜淡（518・108・107）、緑（32）、ラメ糸（4）
紐／幅0.1cmの赤、紫各20cm

◆作り方

1 目立たない、地巻き糸と同系色の糸で10等分の地割りをします。極から2.5cmの五角の補助線を入れ、五角の中の三角に袖、胴体をかがる補助線を入れます。

2 白1本取りで三角の胴をかがります。男雛は緑、女雛はピンクで三角にそでをかがり、そで口に重ねの線をかがります。

3 10等分の中心から白1本取りで1cmの五角の顔をかがり、耳、冠、目、口をかがります。冠の紐を丸くノリづけして、あごの下で蝶結びをします。

4 赤道に、金ラメ糸で1cm幅の帯を巻きます。

5 補助線の五角の0.5cm外側から下掛け千鳥を計8段連続掛けします。

6 帯の上をラメ糸で束ねて止めます。

◇連続掛け配色表（男雛）
（2本取り）

黄（39）	…5段
紺（20）	…1段
黄（39）	…1段
紺（20）	…1段
計	8段

◇連続掛け配色表（女雛）
（2本取り）

淡ピンク（107）	…5段
濃ピンク（518）	…1段
淡ピンク（107）	…1段
濃ピンク（518）	…1段
計	8段

【Ⅰ図】

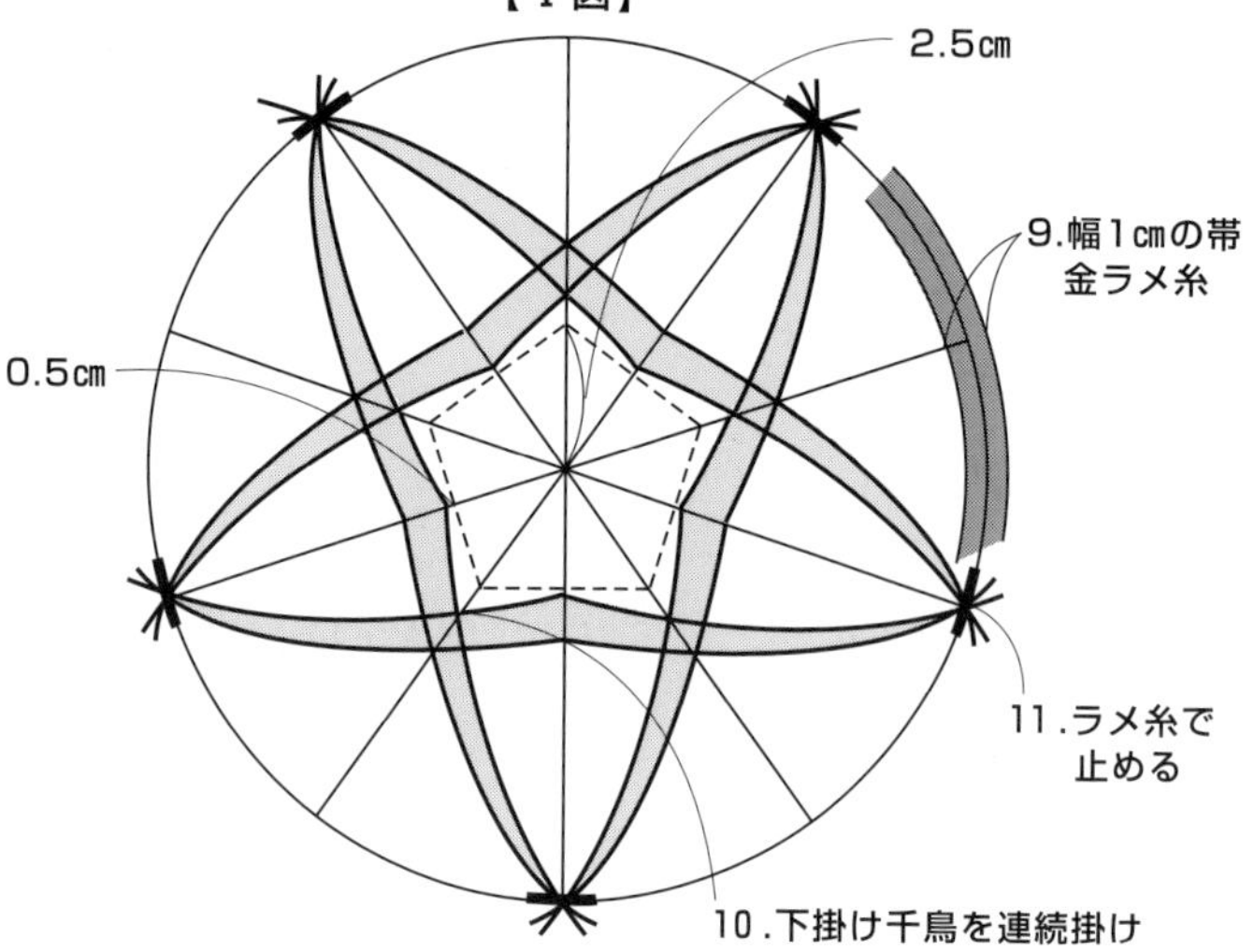
2.5cm
9.幅1cmの帯
金ラメ糸
0.5cm
11.ラメ糸で
止める
10.下掛け千鳥を連続掛け
2本取り

【Ⅱ図】

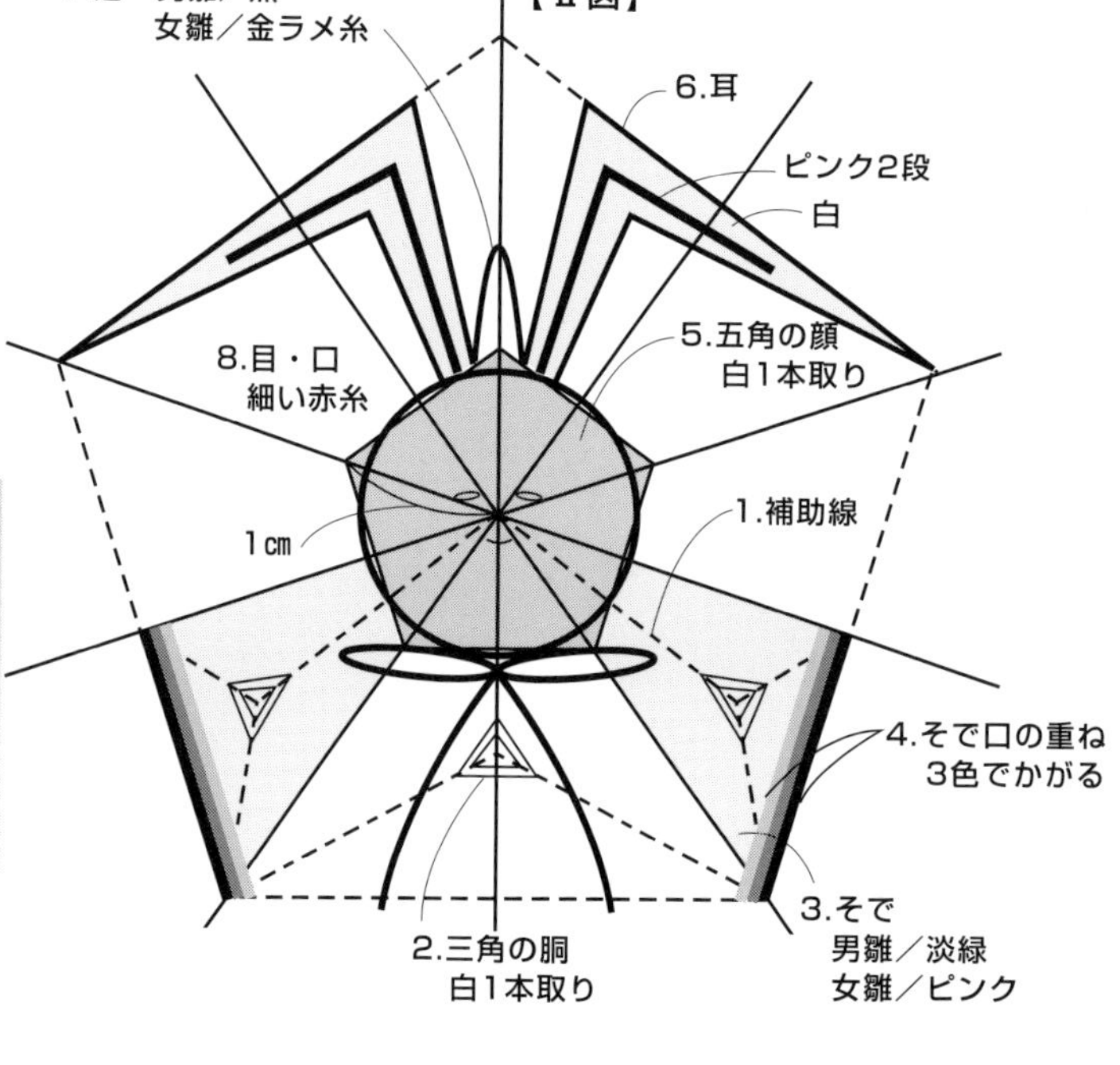
7.冠　男雛／黒
女雛／金ラメ糸
6.耳
ピンク2段
白
8.目・口
細い赤糸
5.五角の顔
白1本取り
1cm
1.補助線
4.そで口の重ね
3色でかがる
3.そで
男雛／淡緑
女雛／ピンク
2.三角の胴
白1本取り

【女雛】

【総角結び】

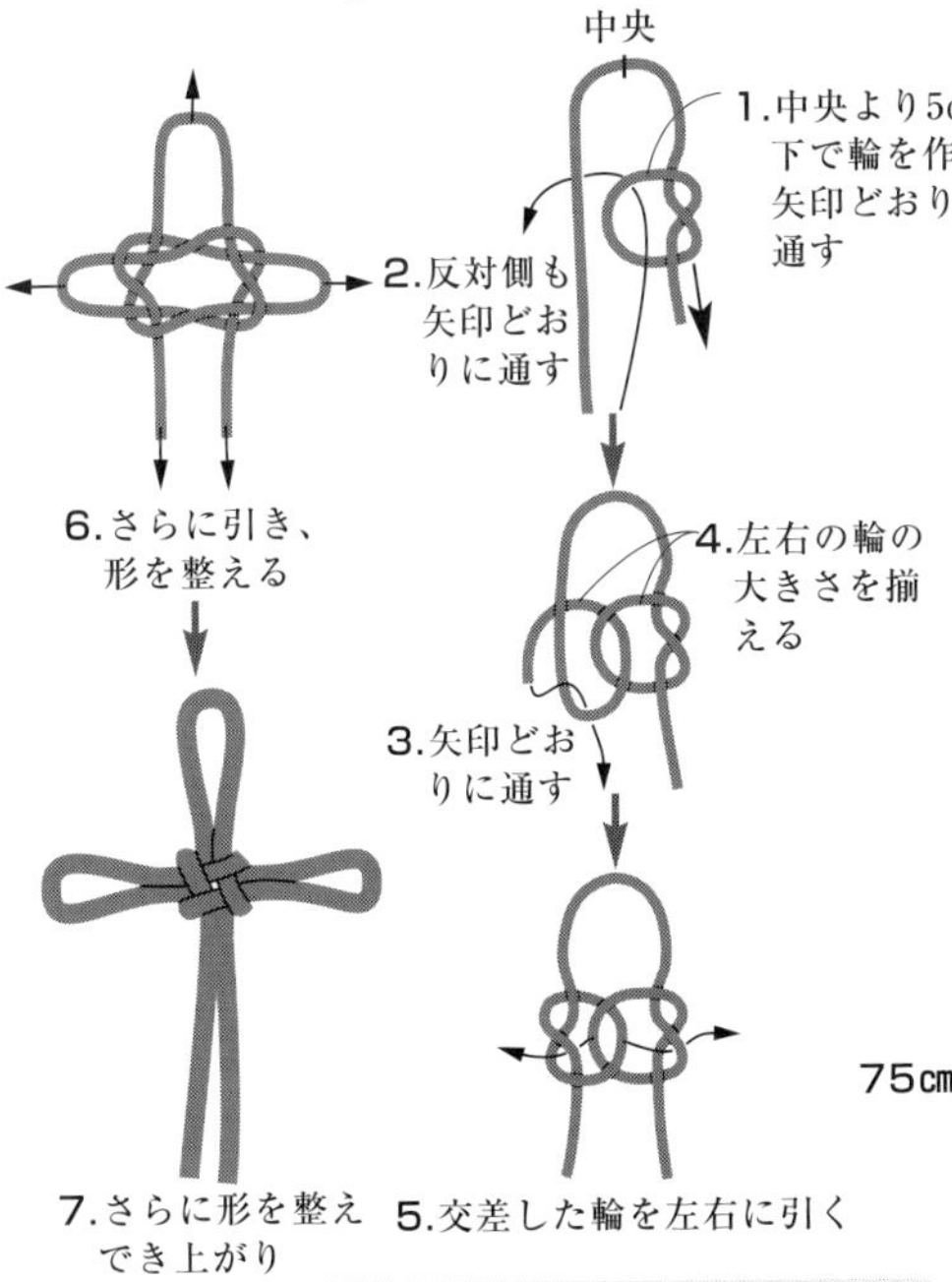
中央
1.中央より5cm下で輪を作り、矢印どおりに通す
2.反対側も矢印どおりに通す
3.矢印どおりに通す
4.左右の輪の大きさを揃える
5.交差した輪を左右に引く
6.さらに引き、形を整える
7.さらに形を整えでき上がり

【吊り下げ方】

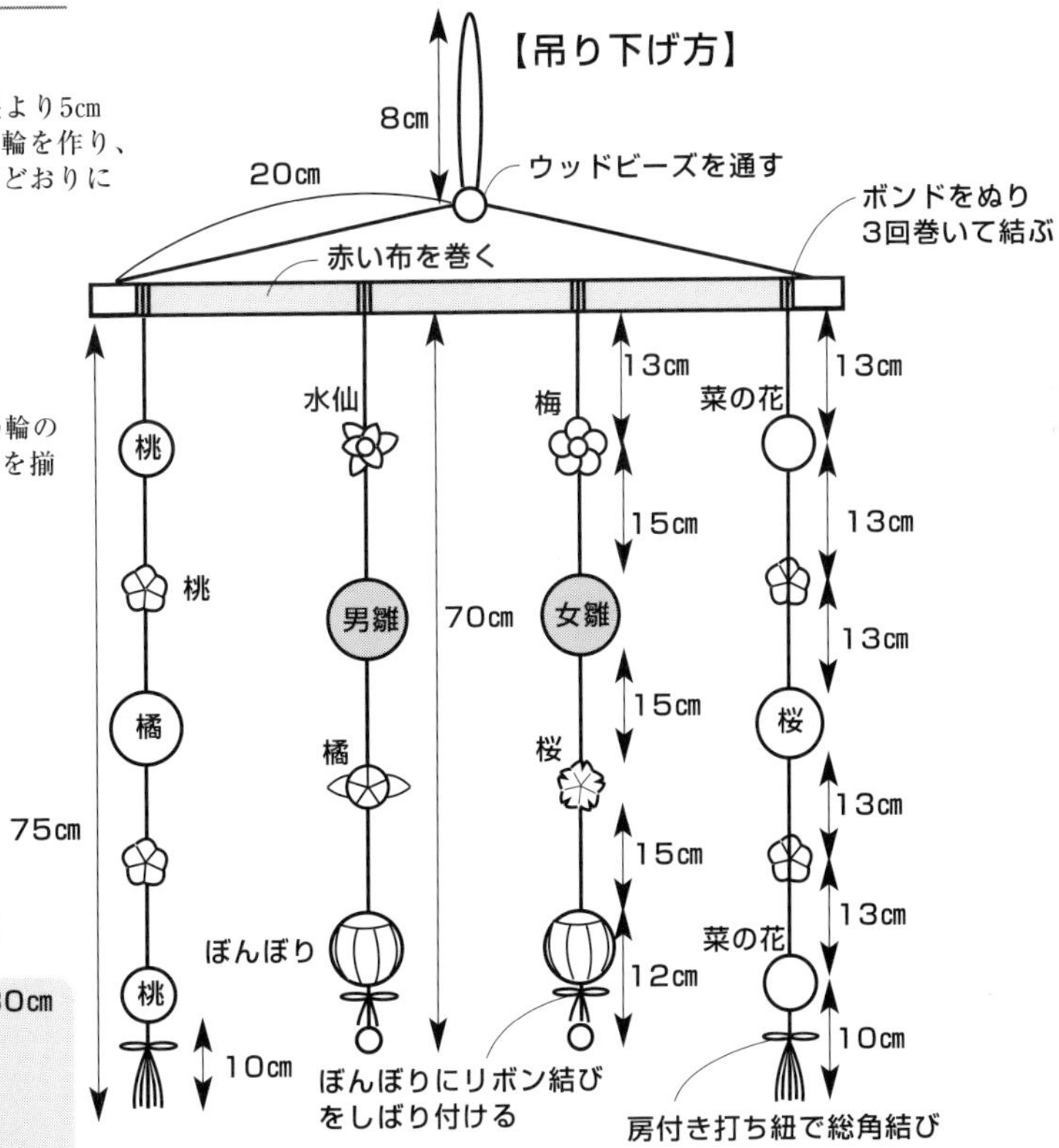
8cm
ウッドビーズを通す
20cm
ボンドをぬり3回巻いて結ぶ
赤い布を巻く
13cm
13cm
水仙
梅
菜の花
桃
桃
70cm
男雛
女雛
13cm
15cm
13cm
橘
橘
桜
桜
15cm
13cm
75cm
15cm
13cm
ぼんぼり
菜の花
桃
12cm
10cm
10cm
10cm
ぼんぼりにリボン結びをしばり付ける
房付き打ち紐で総角結び

吊るし棒／直径1.5cm、長さ30cm
(30×6cmの赤布を巻く)
幅0.1cmの赤紐／85cm×4本
幅0.2cmの赤紐／70cm
ウッドビーズ／直径1.5cm茶
房付き打ち紐／2組

縮緬の小花の作り方

桜

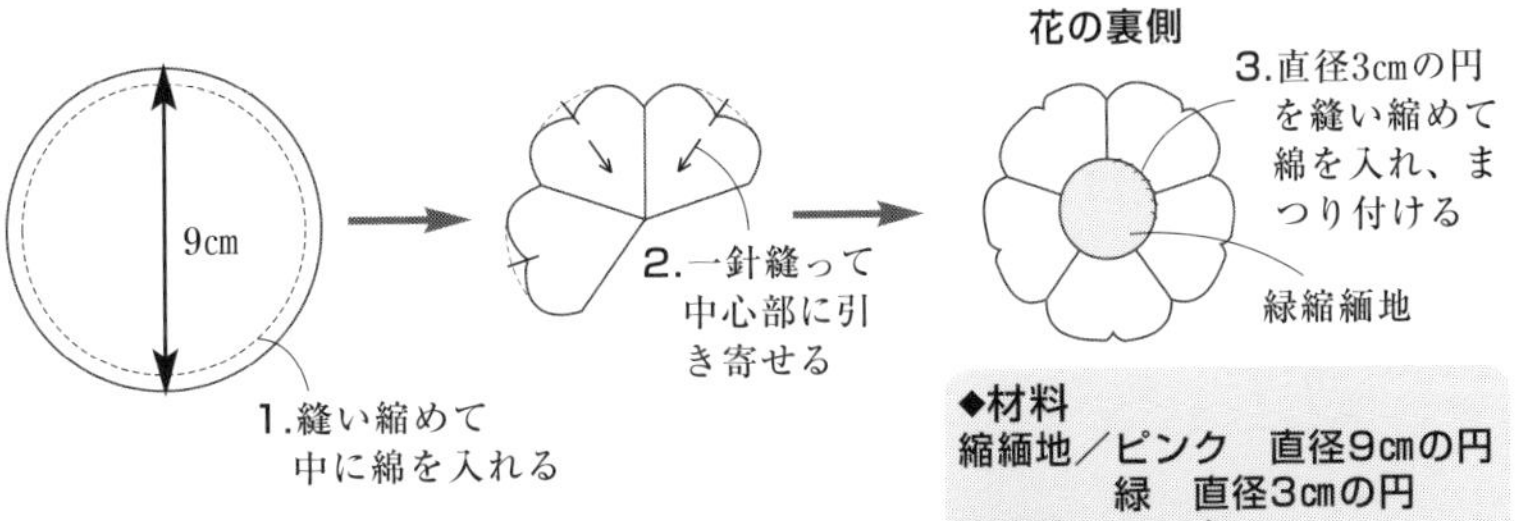
9cm
1.縫い縮めて中に綿を入れる
2.一針縫って中心部に引き寄せる
花の裏側
3.直径3cmの円を縫い縮めて綿を入れ、まつり付ける
緑縮緬地

◆材料
縮緬地／ピンク　直径9cmの円
　　　　緑　直径3cmの円
化繊綿　ラメ糸

橘

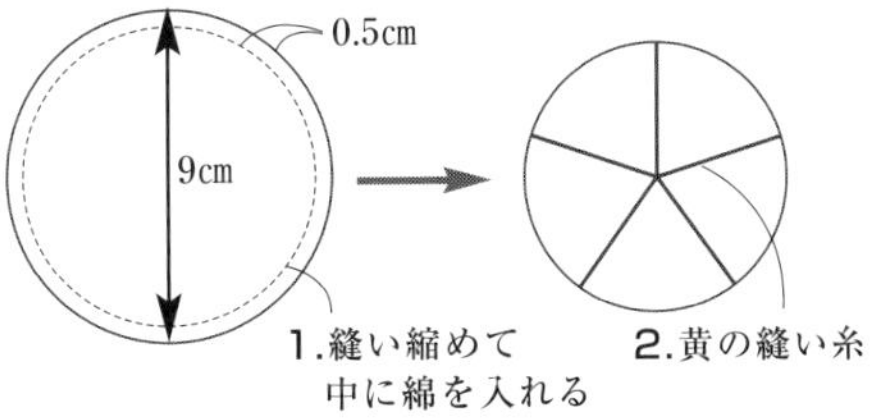
0.5cm
9cm
1.縫い縮めて中に綿を入れる
2.黄の縫い糸

桃

◆材料
縮緬地／ピンク　直径8cmの円
　　　　緑　直径3cmの円
化繊綿　ピンク縫い糸

直径8cmの円の周囲を縫い縮めて綿をつめ、橘2のように縫う。ピンクの縫い糸で引き絞り、裏にがくをまつり付ける。金ラメ糸で花芯をかがる。

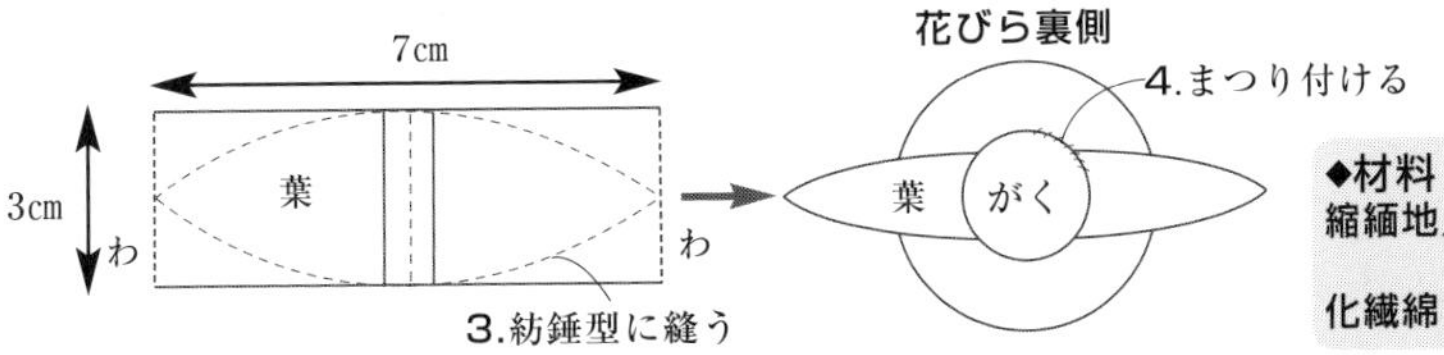
7cm
3cm
葉
わ
わ
3.紡錘型に縫う
花びら裏側
4.まつり付ける
葉
がく

◆材料
縮緬地／白　直径9cmの円
　　　　緑　14×3cm、直径3cmの円
化繊綿　黄縫い糸

端午の節句

カラー口絵18ページ

鯉のぼり

4等分

◆材料
土台まり／円周33cm　白地巻き糸
地割り糸／細金ラメ糸
かがり糸／草木染風木綿糸 … 水色（526）紺（519）、青（514・6・5）、白（532）、赤（22）、ピンク濃～淡（109・108・107）、茶（102）

◆作り方

1 細金ラメ糸で4等分の地割りをします。

2 赤道Aから水色2本取りで中心から頭側へ15巻きします。鯉は1本取りで背はBから青、Cからピンクで1巻きし、腹はBとCから白1巻きします。

3 水色2本取りで、2で巻いた両側へ3巻きずつ、尾側に3巻きします。鯉は1本取りでBから青と白、Cからピンクと白で1巻きします。

4 水色2本取りで頭側、胴、尾側の3か所に3巻きずつ巻きます。

5 鯉はBから青と白、Cからピンクと白を1本取りで1巻きずつ巻き、6回までABCを交互に巻きます。鯉のBCのみ巻き埋め、水色で赤道近くまで巻き埋めます。口、目、うろこ、尾をかがり、赤道に茶で帯を1.5cm幅に巻き、金糸で止めます。（吉田　操）

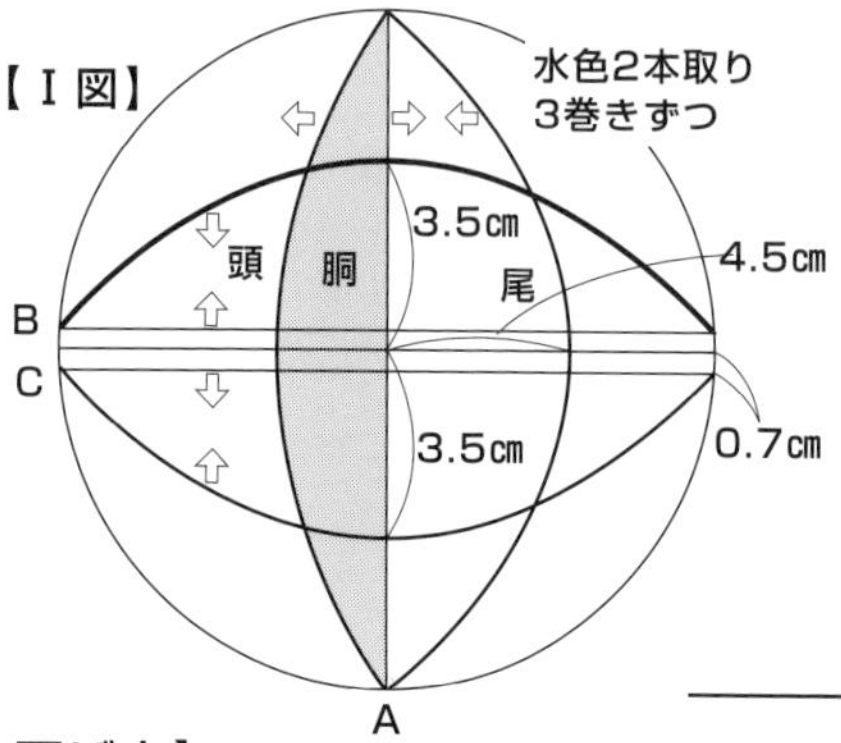
【I図】
水色2本取り
3巻きずつ
頭
胴
尾
3.5cm
4.5cm
3.5cm
0.7cm
B
C
A

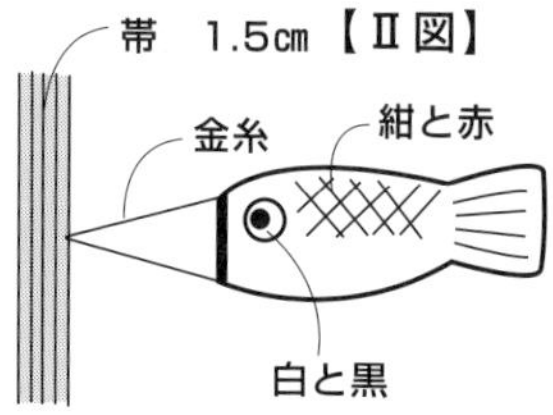
帯　1.5cm【II図】
金糸
紺と赤
白と黒

武者人形

8等分

◆材料
土台まり／円周22cm　黒地巻き糸
地割り糸／細金ラメ糸
かがり糸／草木染風木綿糸1本取り…赤（23）、緑（35）、黄土色（28）、紺（514）、茶（102）、金ラメ糸（4）、打ち紐…赤30cm2本

◆作り方

1 金ラメ糸で8等分の地割りをします。

2 頭部に鉢を茶で松葉掛けをします。

3 つばは金ラメ糸でかがり埋め、縁取りを入れます。吹き返しは黄土色と緑で四角をかがり埋め、縁取りを入れます。

4 しころは赤で2段ずつ0.5cm間隔に縦にかがり、間に青を1段入れ、金ラメ糸と青で返し針で止めながらかがります。

5 鍬形は金ラメ糸のチェーンステッチで周囲から中心に向って埋め、つばの下に赤紐で総角結びをします。

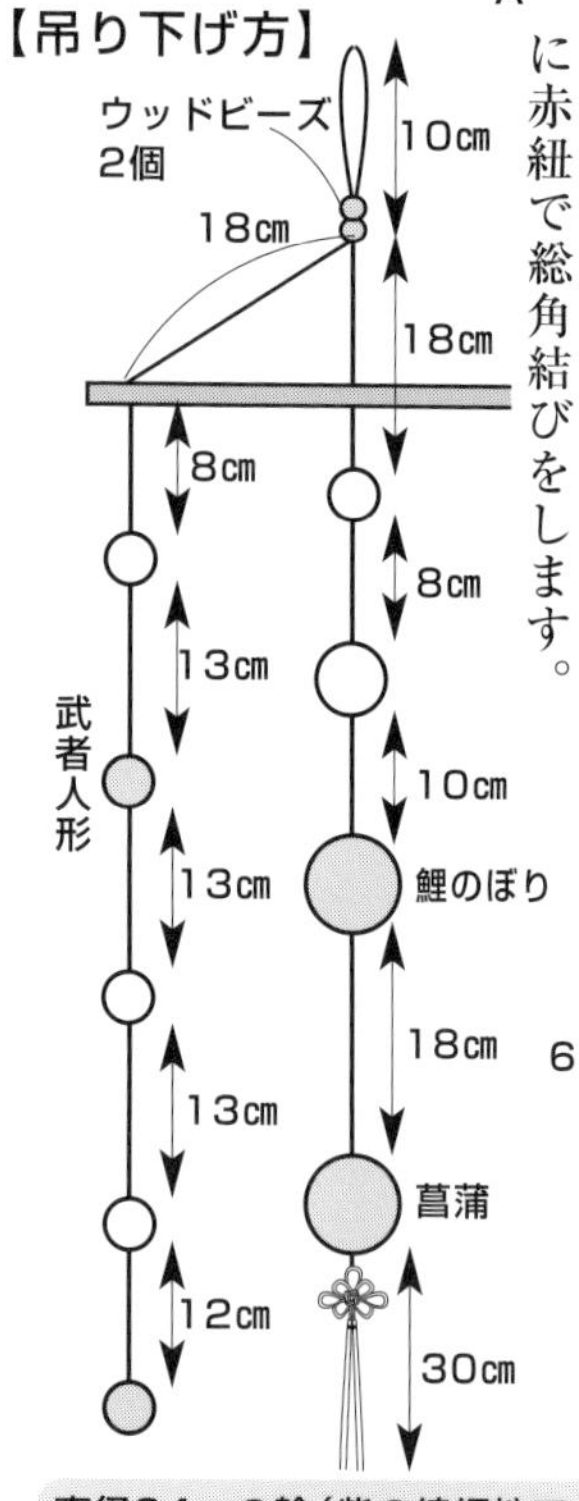
【吊り下げ方】
ウッドビーズ
2個
10cm
18cm
18cm
8cm
8cm
13cm
武者人形
13cm
10cm
鯉のぼり
13cm
18cm
菖蒲
12cm
30cm

直径24cmの輪（紫の縮緬地でくるむ）
幅0.1cmの紫紐／130cm×4本
幅0.2cmの紫紐／110cm
幅0.5cmの紫打ち紐／1m
リリヤーン／白小1束、紫小2束
ウッドビーズ2個

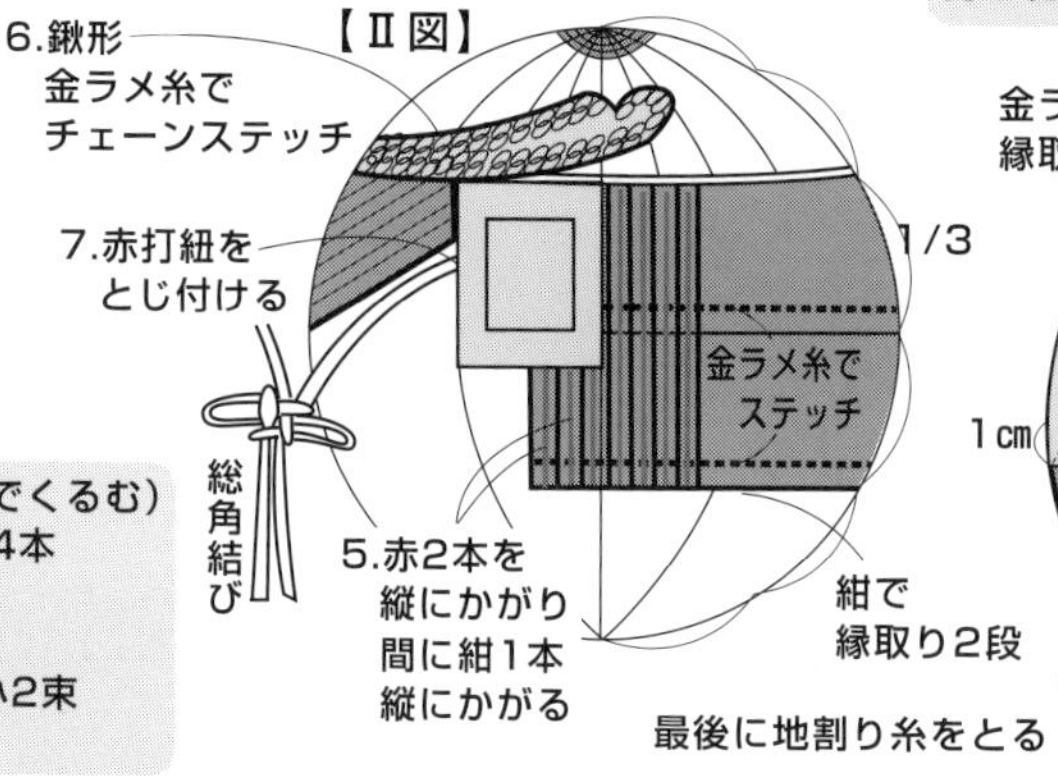
【II図】
6.鍬形
金ラメ糸で
チェーンステッチ
7.赤打紐を
とじ付ける
1/3
金ラメ糸で
ステッチ
総角結び
5.赤2本を
縦にかがり
間に紺1本
縦にかがる
紺で
縁取り2段
最後に地割り糸をとる

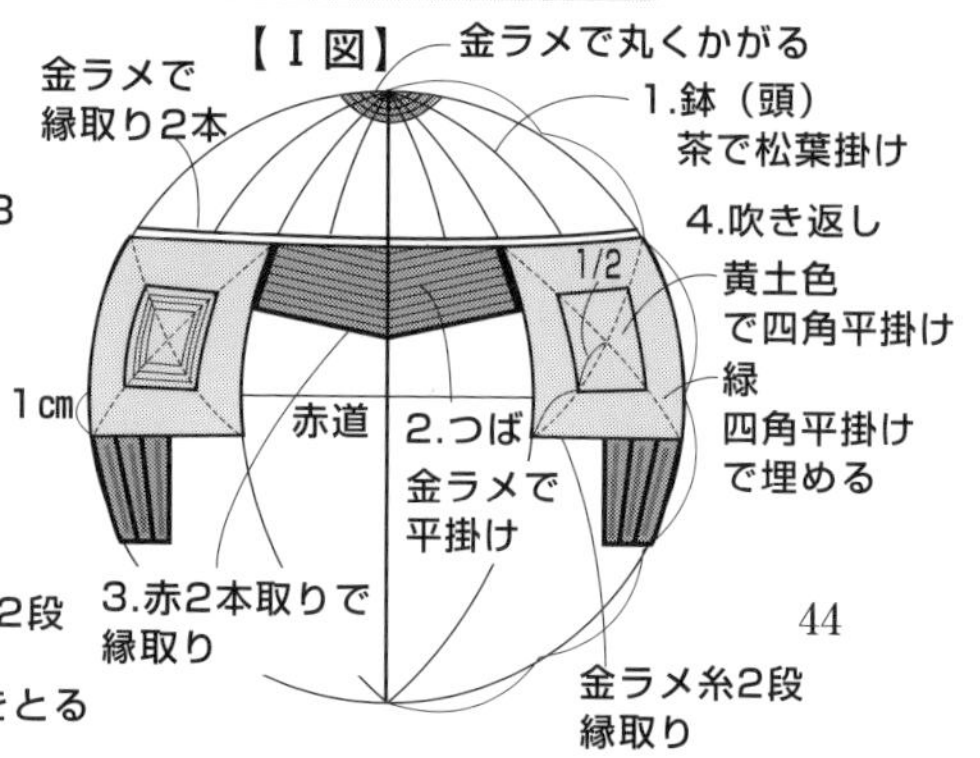
【I図】
金ラメで丸くかがる
金ラメで
縁取り2本
1.鉢（頭）
茶で松葉掛け
4.吹き返し
1/2
黄土色
で四角平掛け
緑
四角平掛け
で埋める
1cm
赤道
2.つば
金ラメで
平掛け
3.赤2本取りで
縁取り
金ラメ糸2段
縁取り

子供の日

カラー口絵19ページ

サッカーボール・フィーバーノバ

8等分の組み合わせ

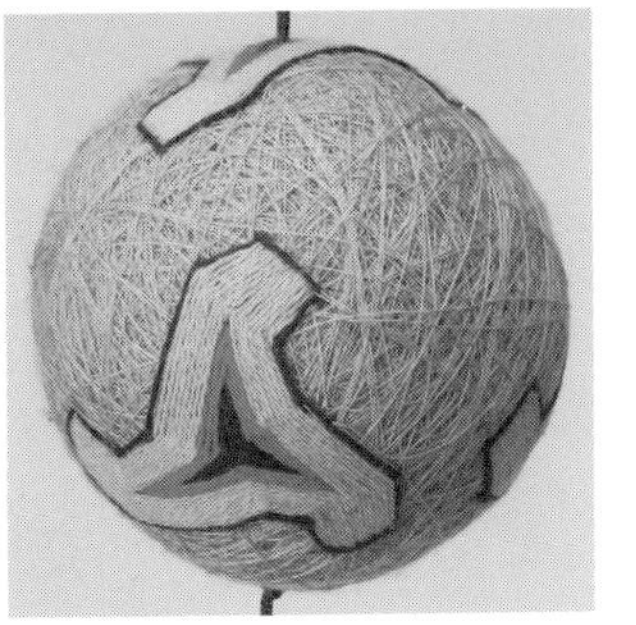

◆材料
土台まり／円周22cm　淡緑地巻き糸
地割り糸／目立たないしつけ糸
かがり糸／草木染風木綿糸…黄（39）、赤（23）、紺（513）

◆作り方

1 目立たない色のしつけ糸で8等分の組み合わせをします。

2 三角6等分4か所に、千鳥の形をしつけ糸でかがります。

3 中心から2本取りで紺3段、赤4段、黄でかがり埋め、紺で縁取りを入れます。

（宇野清美）

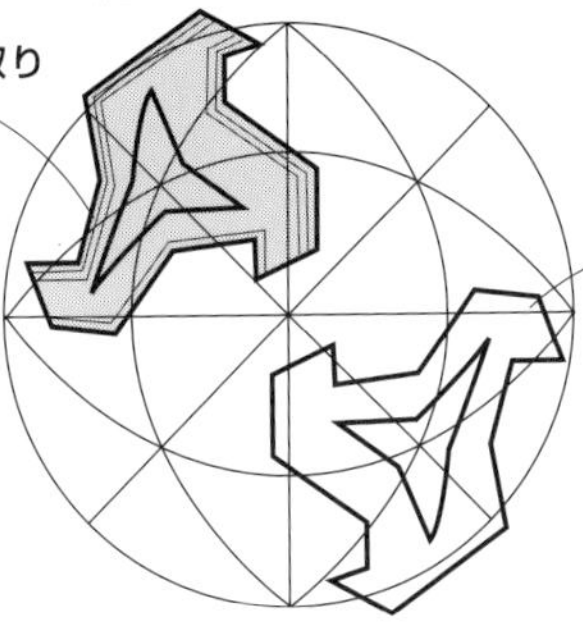
2.紺で縁取り
1.しつけ糸で
千鳥をかがる
三角6等分4か所

【吊り下げ方】

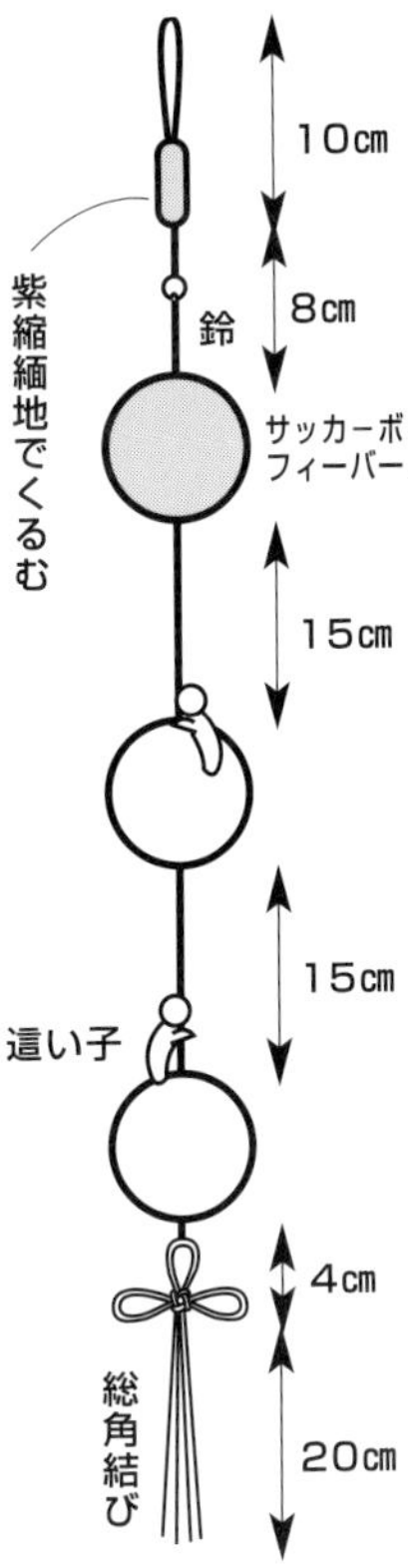
10cm
8cm
紫縮緬地でくるむ
鈴
サッカーボール
フィーバーノバ
15cm
15cm
這い子
4cm
総角結び
20cm

紫の縮緬地
幅0.2cmの紫紐／85cm
幅0.3cmの紫打ち紐／40cm
幅0.3cmのラメ打ち紐／40cm
リリヤーン／白・紫各小1束
鈴／直径1.3cm　1個

「総角結び」43ページ参照。

菖蒲

8等分の組み合わせ

◆材料
土台まり／円周33cm　白地巻き糸
地割り糸／金ラメ糸（12）
かがり糸／草木染風木綿糸 … 緑濃淡（516・515）、紫濃淡（525・16）、ピンク濃～淡（529・105・528・29・520）

◆作り方

1 金ラメ糸で8等分の組み合わせをし、中心から緑1.2cm幅で全体で6か所に巻きます。三角6等分の中心から濃紫（525）で、三角を1cm幅で4か所にかがり、残りの三角4か所は淡紫（16）でかがります。

2 四角6か所をピンク（529）1本取りで0.6cm幅でかがり、1段ずつ交互に埋めます。巻きかがりの縁に濃緑（516）の縞を入れます。

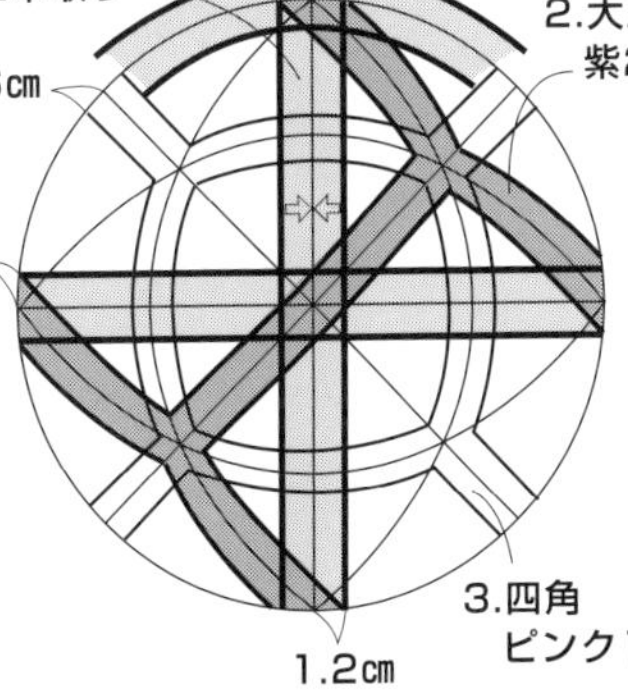
1.緑幅1.2cm
2本取り
2.大三角
紫2本取り
0.6cm
1cm
1.2cm
3.四角
ピンク1本取り

這い子の作り方

◆材料
縮緬地／頭…白（6×6cm）
胴…好みの色布（7×7cm）
腹掛け…赤（7×4cm）
紐／紺（2×10cm）　2枚、
絹縫い糸／頭・胴…白、口・腹掛け…赤、目・髪・紐…黒　細赤紐10cm

【胴】

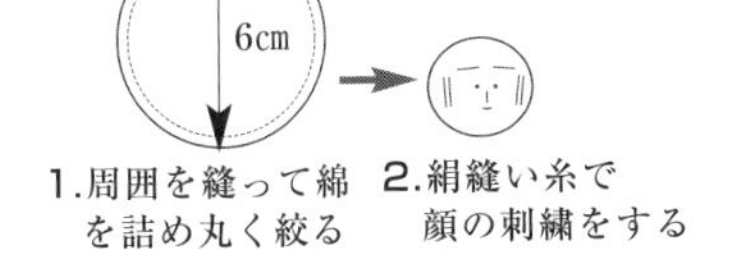
7cm
7cm
0.5cm
1.四隅を縫い合わせて表に返す
2.綿を詰めてまつる

【顔】

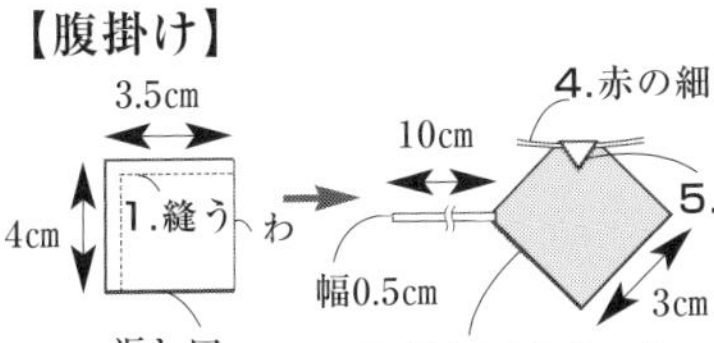
0.5cm
6cm
1.周囲を縫って綿を詰め丸く絞る
2.絹縫い糸で顔の刺繍をする

【腹掛け】

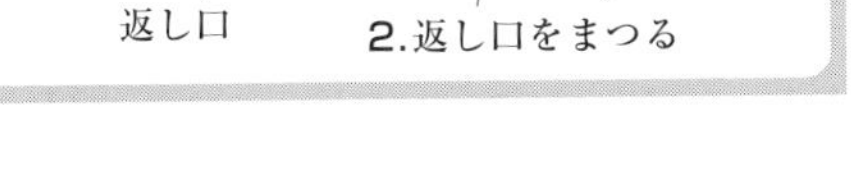
3.5cm
4cm
1.縫う
わ
返し口
10cm
幅0.5cm
4.赤の細紐
5.まつる
3cm
2.返し口をまつる

重陽

カラー口絵30・31ページ

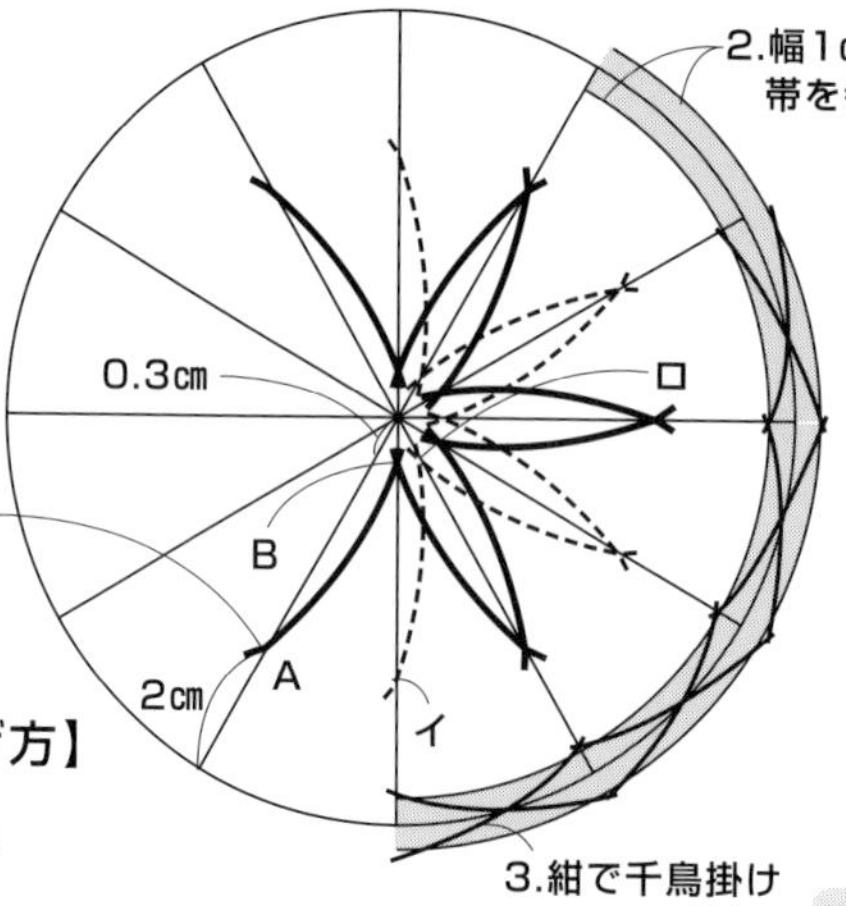

2.幅1cmの帯を巻く
ロ
0.3cm
1.上掛け千鳥の花かがり始め
B
A
2cm
イ
3.紺で千鳥掛け

二つ菊

12等分

◆材料
土台まり／円周21cm　赤地巻き糸
地割り糸／金ラメ糸（4）
かがり糸／草木染風木綿糸…緑（33）、生成（532）、青（6）紺（519）

◇花の配色表
（2本取り）

緑（33）	…1段
白（532）	…1段
青（6）	……1段
青（514）	…1段
紺（519）	…1段
白（532）	…1段
計	6段

◆作り方

1 金ラメ糸で12等分の地割りをします。

2 緑2本取りで赤道から2cmのAと、極から0.3cmBをとって千鳥掛けで1周します。隣の柱イロをとって同様に1周し、上掛け千鳥の菊をかがります。

3 赤道に幅1cmの帯を緑で巻き、紺1本取りで千鳥掛けをします。

（新田治子）

【吊り下げ方】

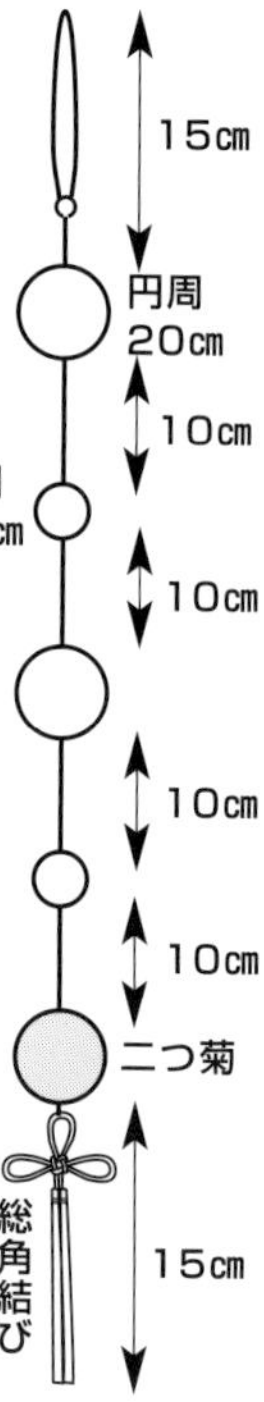

15cm
円周20cm
10cm
円周12cm
10cm
10cm
10cm
二つ菊
総角結び
15cm

幅0.1cmの赤紐／90cm
幅0.25cmの赤打ち紐／30cm
赤リリヤーン／小1束
直径1cmの宝来鈴／1個

「総角結び」43ページ参照。

四つ菊

6等分の組み合わせ

◆作り方

1 金ラメ糸で6等分の組み合わせをし、三角4か所を12等分する補助線を入れます。

2 赤で上掛け千鳥の菊をかがります。

3 花の周囲の六角に沿って緑で連続掛けをします。

（織田清子）

◆材料
土台まり／円周33cm　緑地巻き糸
地割り糸／金ラメ糸（4）
かがり糸／草木染風木綿糸…赤（23）、黄（39）、緑（35）、紫（16）、水色（5）、青（6）

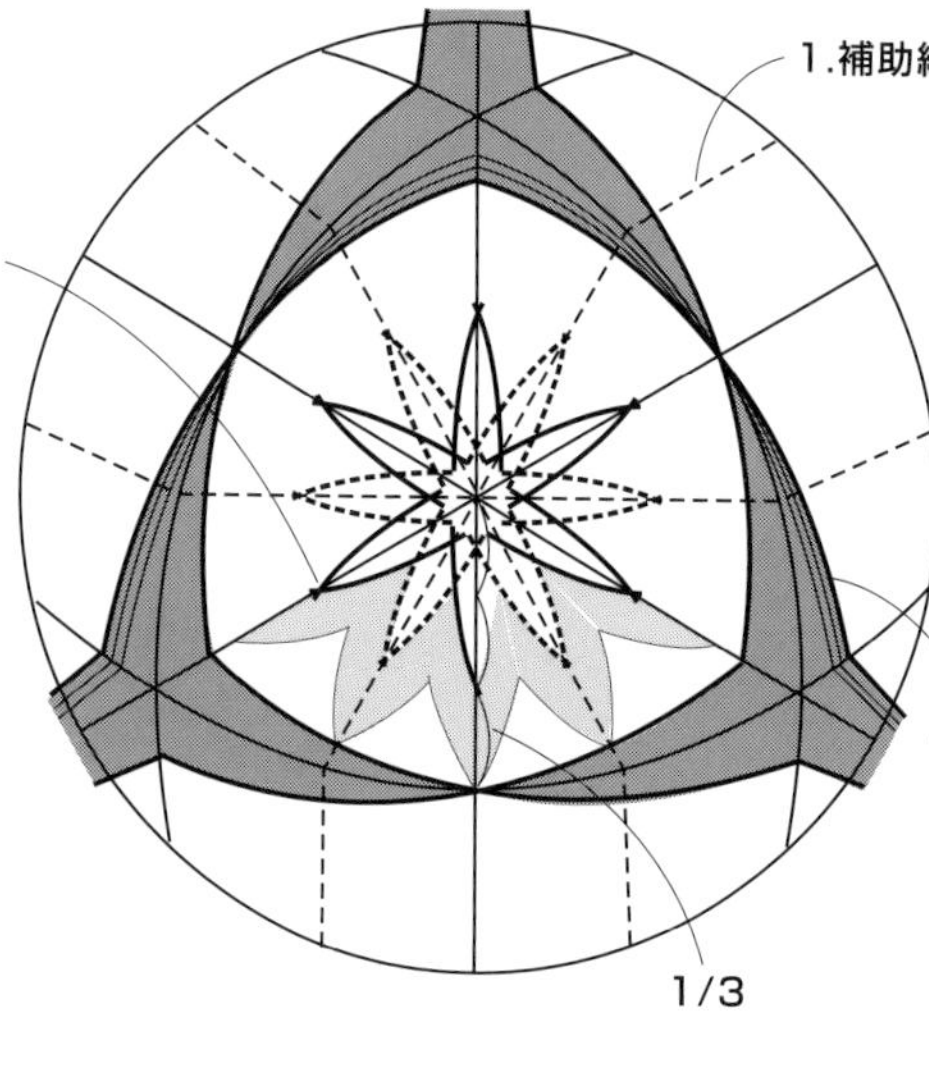

1.補助線
2.上掛け千鳥の花
3.連続掛け　2本取り
青（6）5段
水色（5）4段
青（6）1段
計10段
1/3

◇花の配色表
（2本取り）

赤（23）	…1段
黄（39）	…1段
緑（35）	…1段
黄（39）	…1段
紫（16）	…1段
黄（39）	…3段
計	8段

【吊り下げ方】

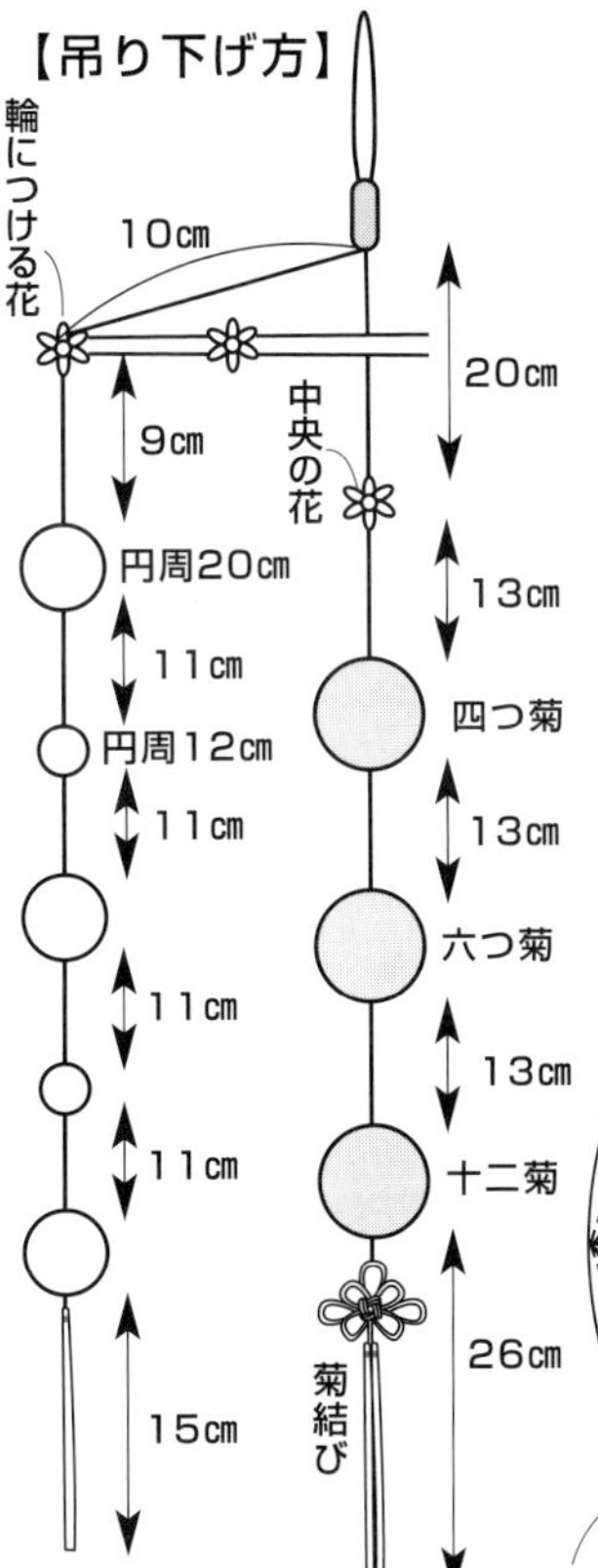

輪につける花
10cm
20cm
中央の花
9cm
円周20cm
13cm
11cm
円周12cm
四つ菊
11cm
13cm
六つ菊
11cm
13cm
11cm
十二菊
26cm
菊結び
15cm

「菊結び」37ページ参照。

直径30cmの輪
幅0.2cmの赤紐／110cm
幅0.1cmの赤紐／130cm×7本
リリヤーン／赤小7束
〈菊結び〉
幅0.5cmの赤打ち紐／100cm
リリヤーン／赤小2束

【中央につける花】(2個)

幅0.25cmの金ラメ打ち紐／30cm×2本
直径1.3cmの宝来鈴2個

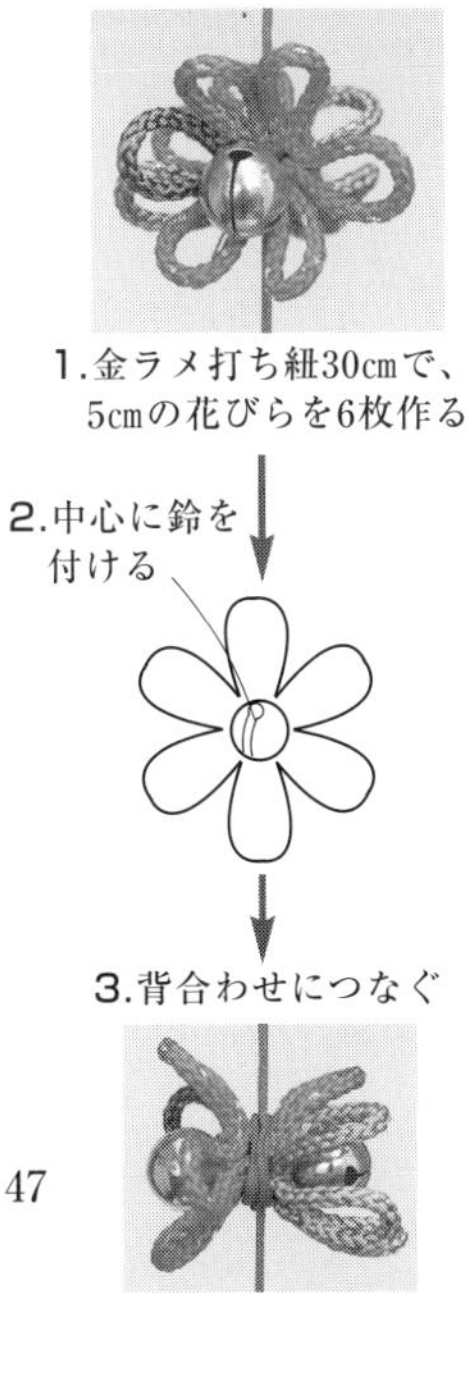

1.金ラメ打ち紐30cmで、5cmの花びらを6枚作る
2.中心に鈴を付ける
3.背合わせにつなぐ

六つ菊

8等分の組み合わせ

◆作り方

1 金ラメ糸で8等分の組み合わせの地割りをし、四角8等分6か所を16等分する補助線を入れます。

2 上掛け千鳥の菊をかがり、四角に沿って連続掛けをします。

（中本ミエノ）

◆材料

土台まり／円周33cm　赤地巻き糸
地割り糸／金ラメ糸（4）
かがり糸／草木染風木綿糸…緑（33）、クリーム（7）、赤（23）、ピンク濃～淡（108・107・520）、水色（5）

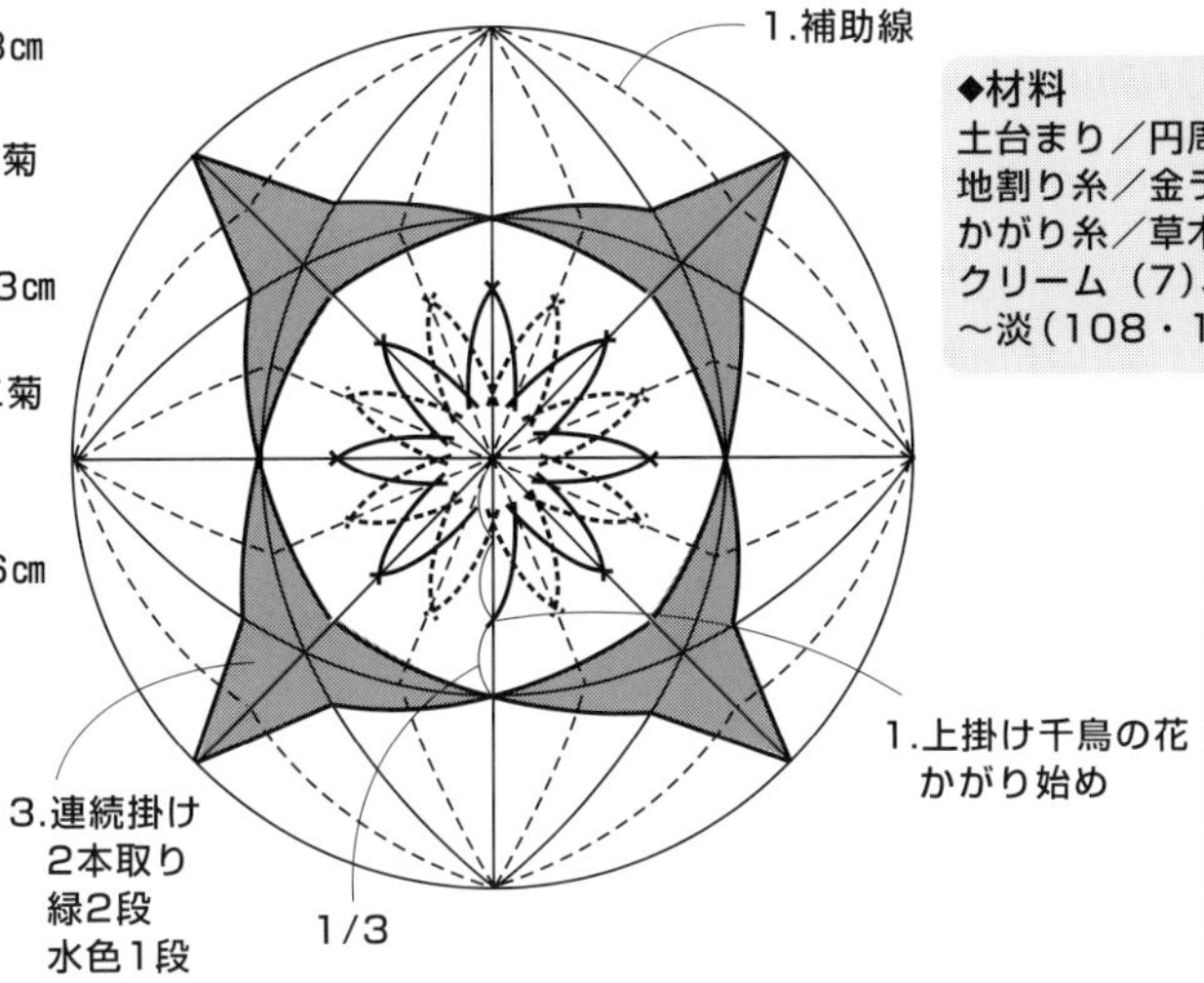

1.補助線
1.上掛け千鳥の花かがり始め
3.連続掛け
2本取り
緑2段
水色1段
1/3

◇花の配色表
(2本取り)

緑（33）………	1段
黄（7）………	1段
赤（23）……	1段
ピンク(108)…	1段
ピンク(107)…	1段
ピンク(520)…	1段
赤(23)……	1段
ピンク(520)…	1段
計	8段

十二菊

10等分の組み合わせ

◆作り方

1 金ラメ糸で10等分の組み合わせの地割りをし、五角10等分12か所を20等分する補助線を入れます。

2 上掛け千鳥の菊をかがり、五角に沿って連続掛けをします。

3 中心に黄でフレンチナッツを入れます。

（橋本一栄）

◆材料

土台まり／円周33cm　濃緑地巻き糸
地割り糸／金ラメ糸（4）
かがり糸／京てまり糸…黄濃淡39・7）、ピンク濃淡（107・11）、緑濃～淡（516・33・32）

【輪につける花】(7個)

幅0.25cmの金ラメ打ち紐／15cm×7本
直径1cmの宝来鈴7個

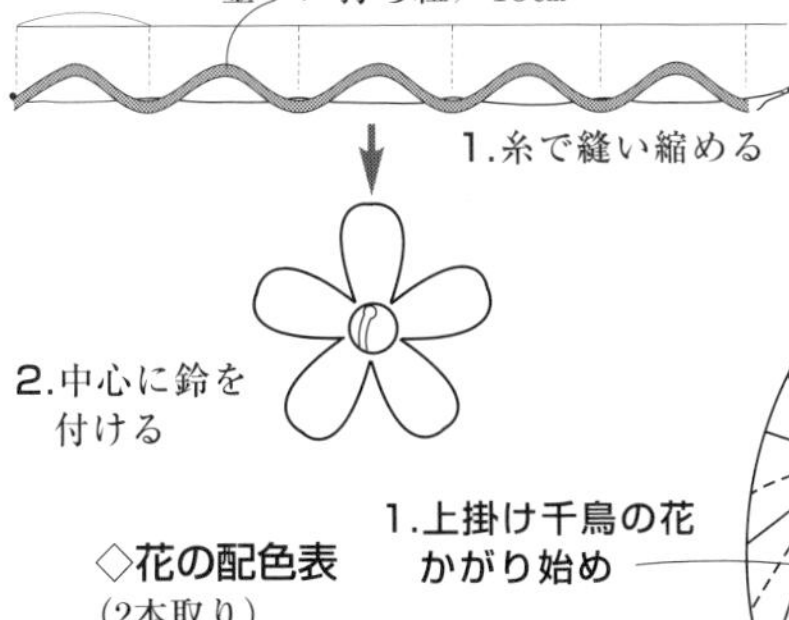

3cm
金ラメ打ち紐／15cm
1.糸で縫い縮める
2.中心に鈴を付ける

◇花の配色表
(2本取り)

緑（32）………	1段
黄（7）………	1段
ピンク（107）…	1段
ピンク（11）…	1段
計	4段

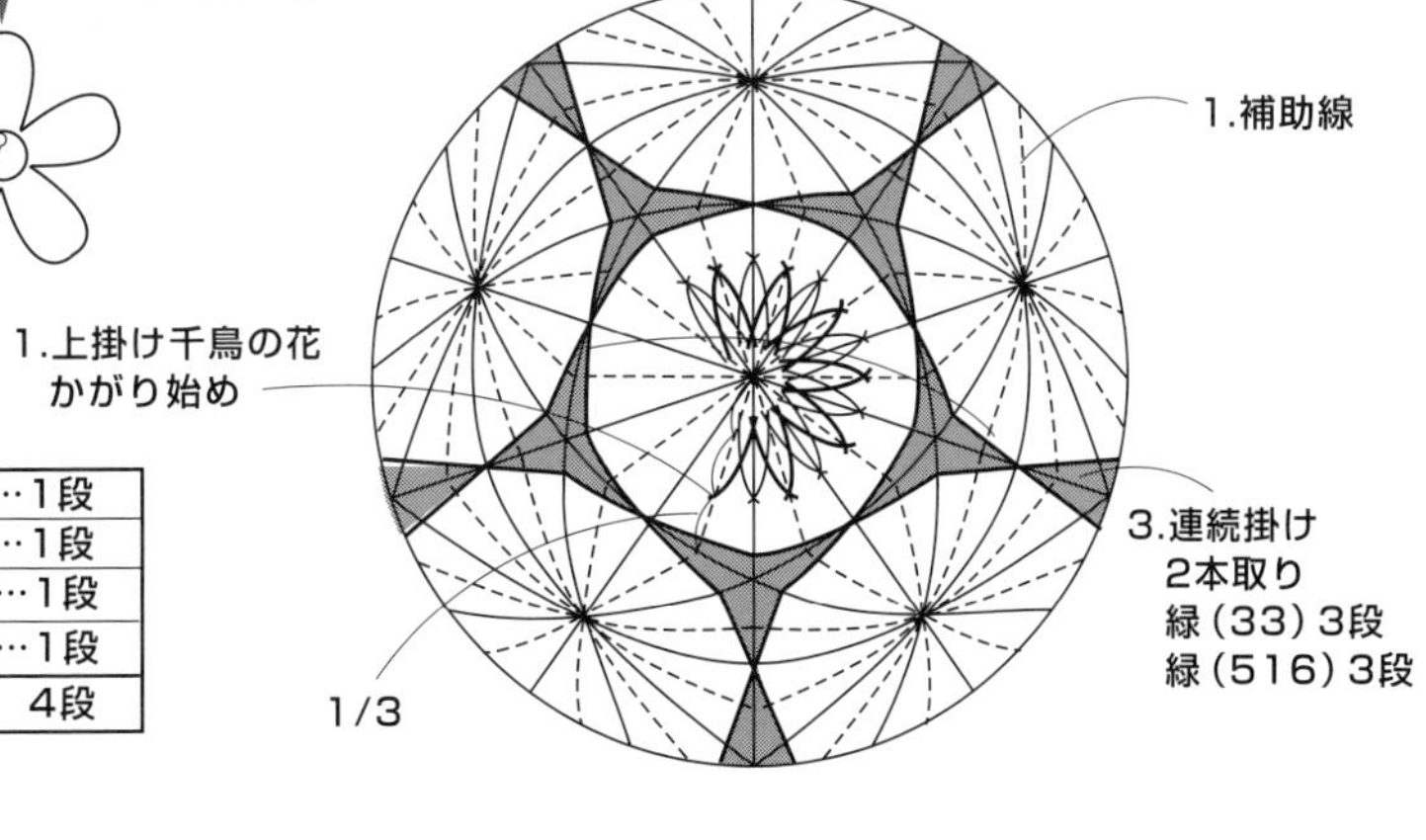

1.補助線
1.上掛け千鳥の花かがり始め
3.連続掛け
2本取り
緑（33）3段
緑（516）3段
1/3

しょうじょう寺のポン太

カラー口絵19ページ

ポン太

土台まり／円周9㎝
黄土・えんじ・青地巻き糸
地割り糸／白しつけ糸
かがり糸／京てまり糸…白（1）、黒（2）、赤（23）
動眼／直径0.8㎝を8組
ウッドビーズ／直径0.3㎝赤

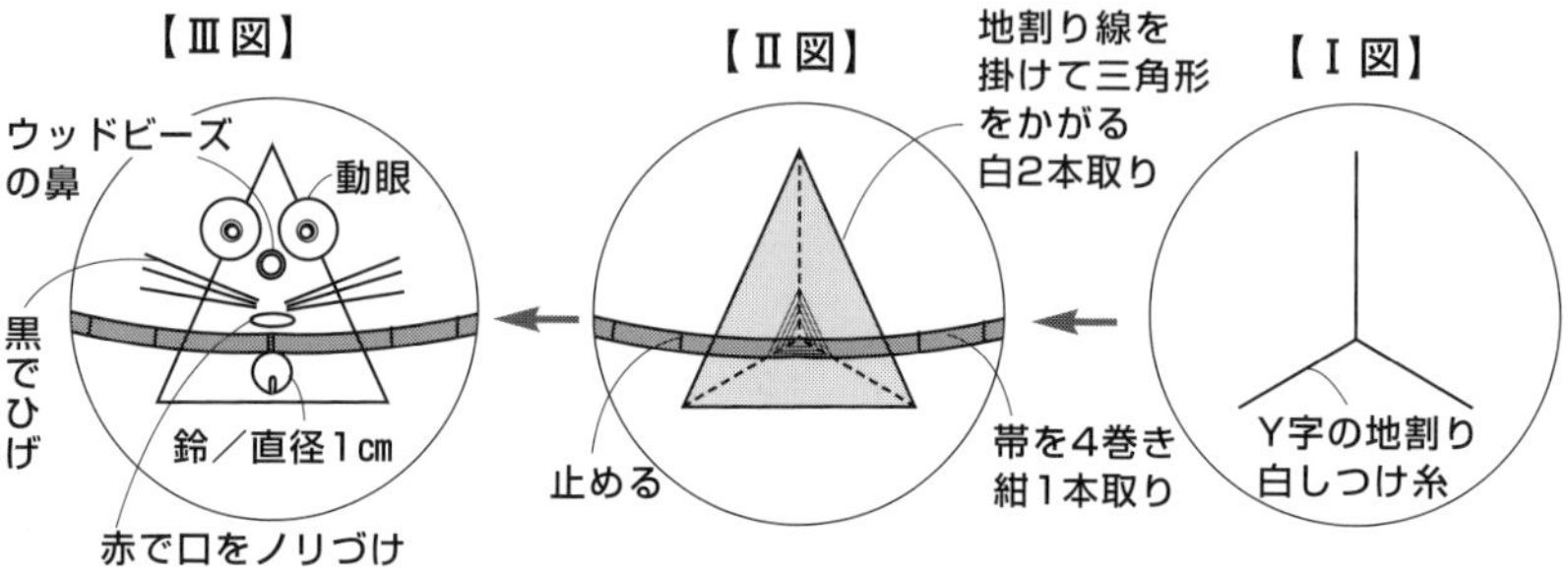

【吊り下げ方】

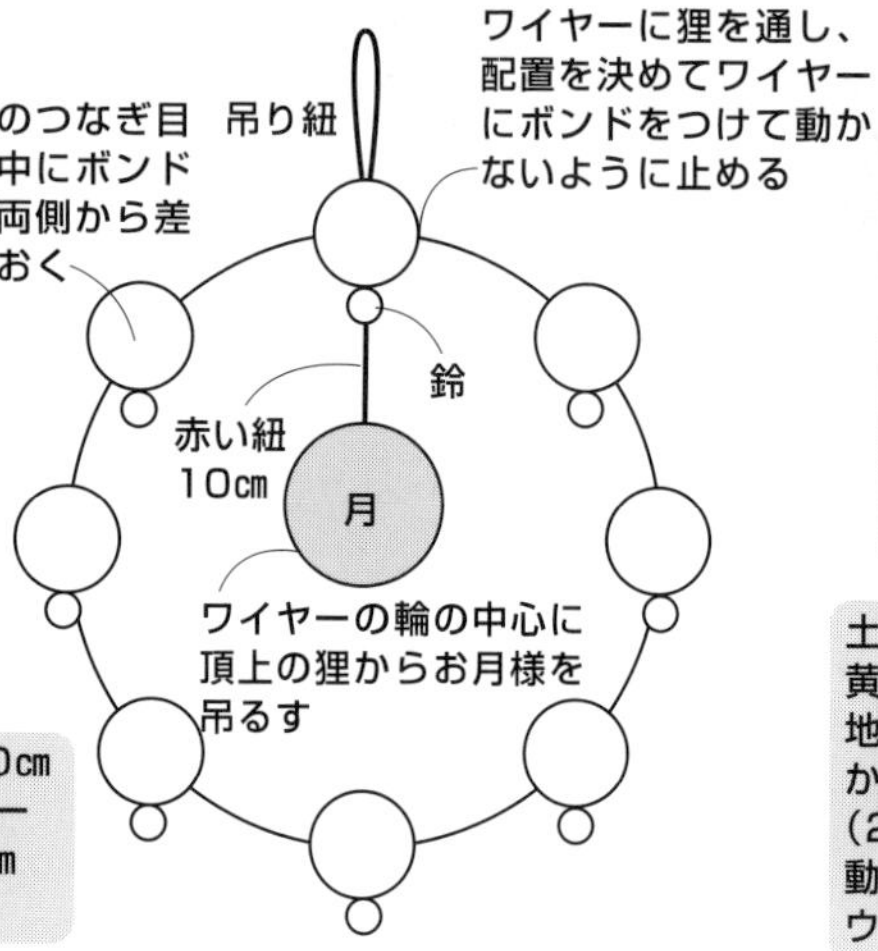
ワイヤーのつなぎ目
はまりの中にボンド
をつけて両側から差
し込んでおく

幅0.1㎝の赤紐30㎝
幅0.1㎝のワイヤー
金色50㎝
鈴8個

月

土台まり／円周18㎝
黄地巻き糸

目立たないしつけ糸（黄）で10等分の地割りをし、金ラメ糸で三角を3等分する線をかがり、小さな三角にします。三角の中にY字を連続してかがる麻の葉模様を作ります。

（松下良子）

メリークリスマス

カラー口絵21ページ

リース

10等分の組み合わせ

土台まり／円周21㎝　黒地巻き糸
地割り糸／目立たないしつけ糸
かがり糸／京てまり糸…緑（35）、赤（22）、白

◆作り方

五角10等分12か所の中心にリースをかがります。地割り線をはずして、ろうそくと炎をかがり、ベルを付けて仕上げます。

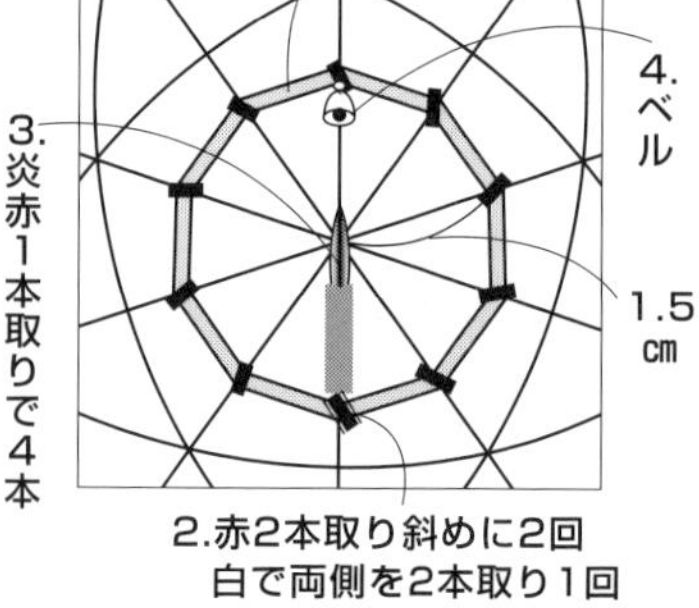
1.緑2本取り2段
十角をかがる

ひいらぎ

10等分の組み合わせ

土台まり／円周21㎝　黒地巻き糸
地割り糸／目立たないしつけ糸
かがり糸／京てまり糸…緑（35）、赤（23）

◆作り方

五角の長い線を4等分して中心の2/4に緑で3段入れ両側をジグザグにかがります。赤でフレンチナッツを入れます。

（松下良子）

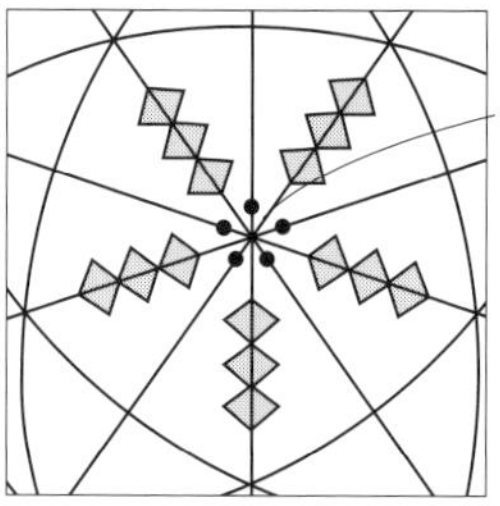
5個

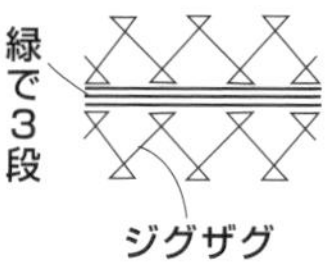

華の吊るし飾り

カラー口絵8ページ

七宝まり

◆材料
和風模様布／2種類
手芸綿　絹縫い糸

【準　備】
6枚の丸い布を
1/4にカット24枚

扇形
直径

直径の寸法
大／11cm
中／9cm
小／8cm

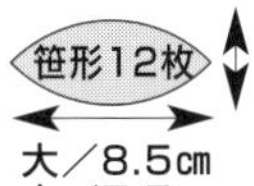
笹形12枚

大／8.5cm
中／7.5cm
小／7cm

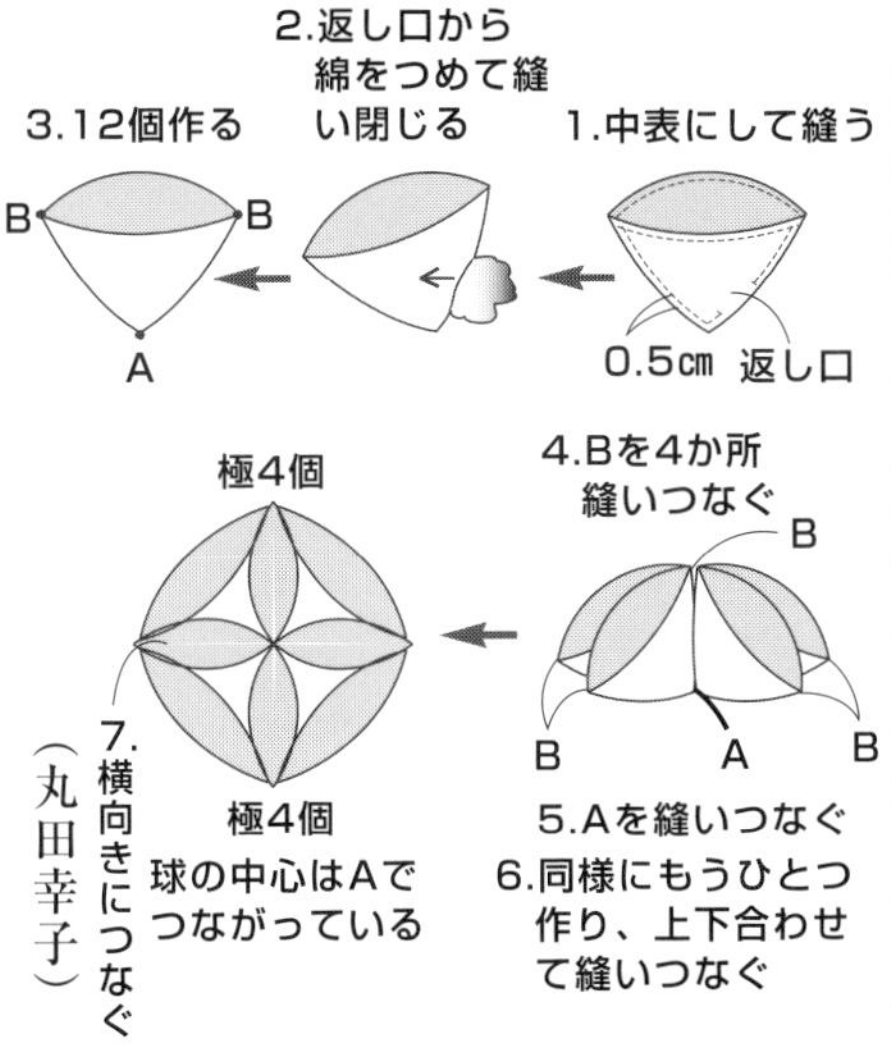
1.中表にして縫う
0.5cm　返し口
2.返し口から
綿をつめて縫い閉じる
3.12個作る
B
B
A
4.Bを4か所
縫いつなぐ
B
B
A
B
5.Aを縫いつなぐ
6.同様にもうひとつ作り、上下合わせて縫いつなぐ
極4個
極4個
7.横向きにつなぐ
球の中心はAでつながっている

（丸田幸子）

七夕のお針箱

カラー口絵20ページ

指貫き

鱗合わせ
ひとつ鱗
青海波

◆材料
土台／目の詰んだ厚地の布…幅1cm
　　　長さ25〜30cm
　　　縮緬地…幅2.5cm、長さ7cm
　　　不織布芯地（薄手）…15cm

◆土台の作り方

1　縮緬地を指の太さの輪に縫って縫い代を割ります。

2　1と同じ太さの筒に縫い代を外側にして通し、その上に1cm土台の布を1.5ミリほどの厚さに巻いてノリで止めます。布がやわらかいときはハガキの厚さくらいの幅1cmの紙を巻き込んで芯にします。

3　縮緬地の両端で土台をくるんで千鳥掛けで止め、幅1cmの不織布の芯地を1〜2巻きしてノリで止めます。巻き尺を当ててサインペンで等分の記しを入れます。

4　模様は絹手縫い糸1本取りで両端を縦に千鳥でかがります。

【土台の作り方】

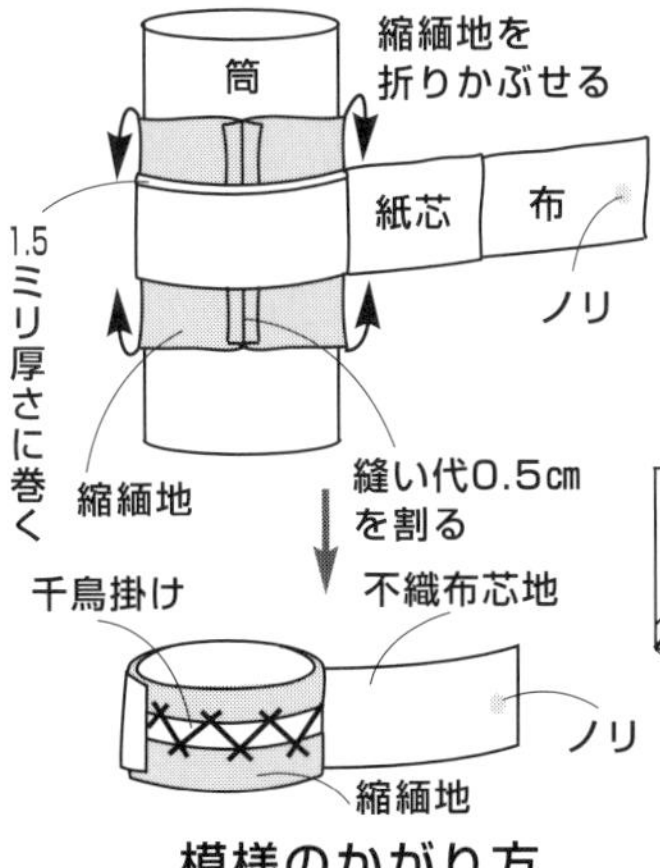
筒
縮緬地を
折りかぶせる
紙芯
布
ノリ
1.5ミリ厚さに巻く
縮緬地
縫い代0.5cm
を割る
千鳥掛け
不織布芯地
ノリ
縮緬地

模様のかがり方

てまりに帯を巻いて両端を千鳥掛けで止めるのと同じ要領でかがり、両端は縦に針を入れてボタンホールステッチの縦千鳥掛けをする。細い絹用縫い針で隙間のあかないように詰めてかがる。

〈ひとつ鱗〉

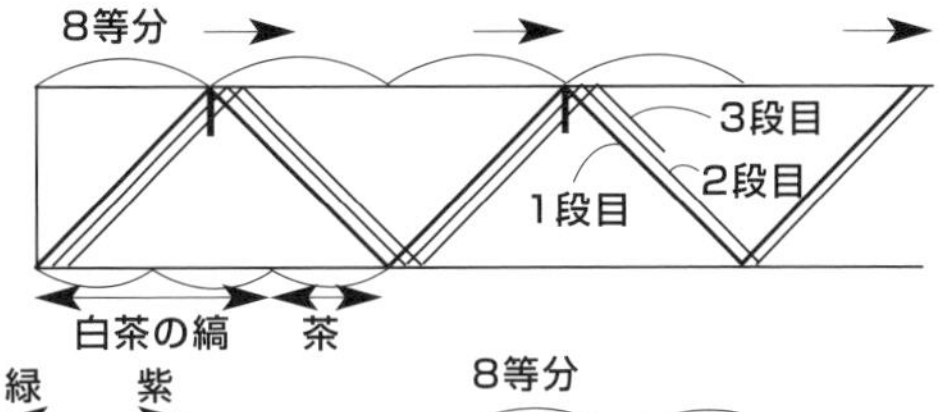
8等分
3段目
2段目
1段目
白茶の縞
茶

◆材料
土台／赤縮緬地で8等分
絹縫い糸…茶、白

〈鱗合わせ〉

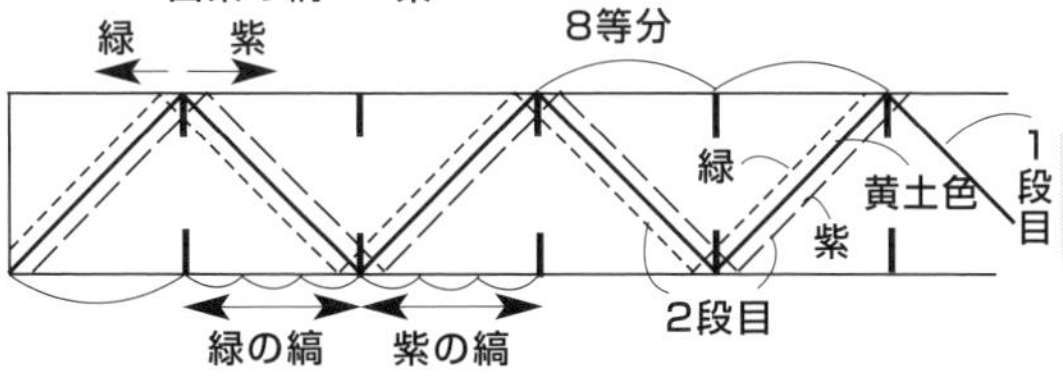
緑
紫
8等分
緑
黄土色
紫
1段目
2段目
緑の縞
紫の縞

◆材料
土台／黄縮緬地で8等分
絹縫い糸…緑、紫、黄土色

〈青　海　波〉

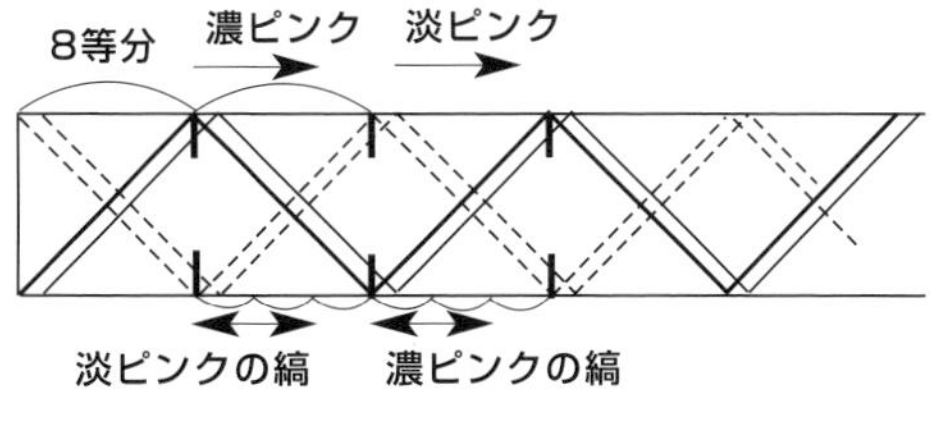
8等分
濃ピンク
淡ピンク
淡ピンクの縞
濃ピンクの縞

◆材料
土台／ピンク縮緬地で8等分
絹縫い糸…ピンク濃淡

桜つなぎ

桜

10等分

カラー口絵10ページ

◆材料
土台まり／円周22・25cm
赤地巻き糸
地割り糸／金ラメ糸（4）
かがり糸／京てまり糸り…ピンク濃～淡（22・23・26・12・25・108・107・11・3）、緑濃淡（534・34）、紫（525）、金ラメ糸（4）

◆作り方

1 金ラメ糸で10等分の地割りをします。

2 赤道から1.3cmの位置Aから、隣の柱の極から1cmを上掛け千鳥で1周します。

3 赤道から1.3cmの位置Bから隣の柱の赤道から2.3cmを下掛け千鳥で1周します。

4 上掛け千鳥と下掛け千鳥を交互に1段ずつ6段かがります。

5 両極の花の中心部に金ラメ糸で松葉掛けの花芯をかがります。

6 赤道に1cmの帯を巻きその上に金ラメ糸の千鳥掛けをして止めます。（丸田幸子）

【吊り下げ方】

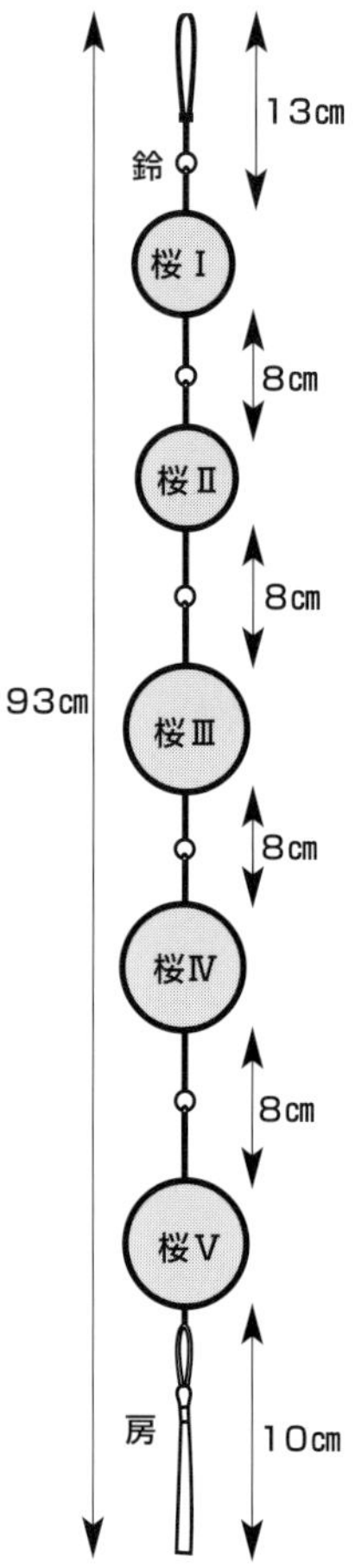
13cm
鈴
桜Ⅰ
8cm
桜Ⅱ
8cm
93cm
桜Ⅲ
8cm
桜Ⅳ
8cm
桜Ⅴ
房
10cm

幅0.2cmの赤紐100cm
房付き紐大
直径1cmの鈴5個

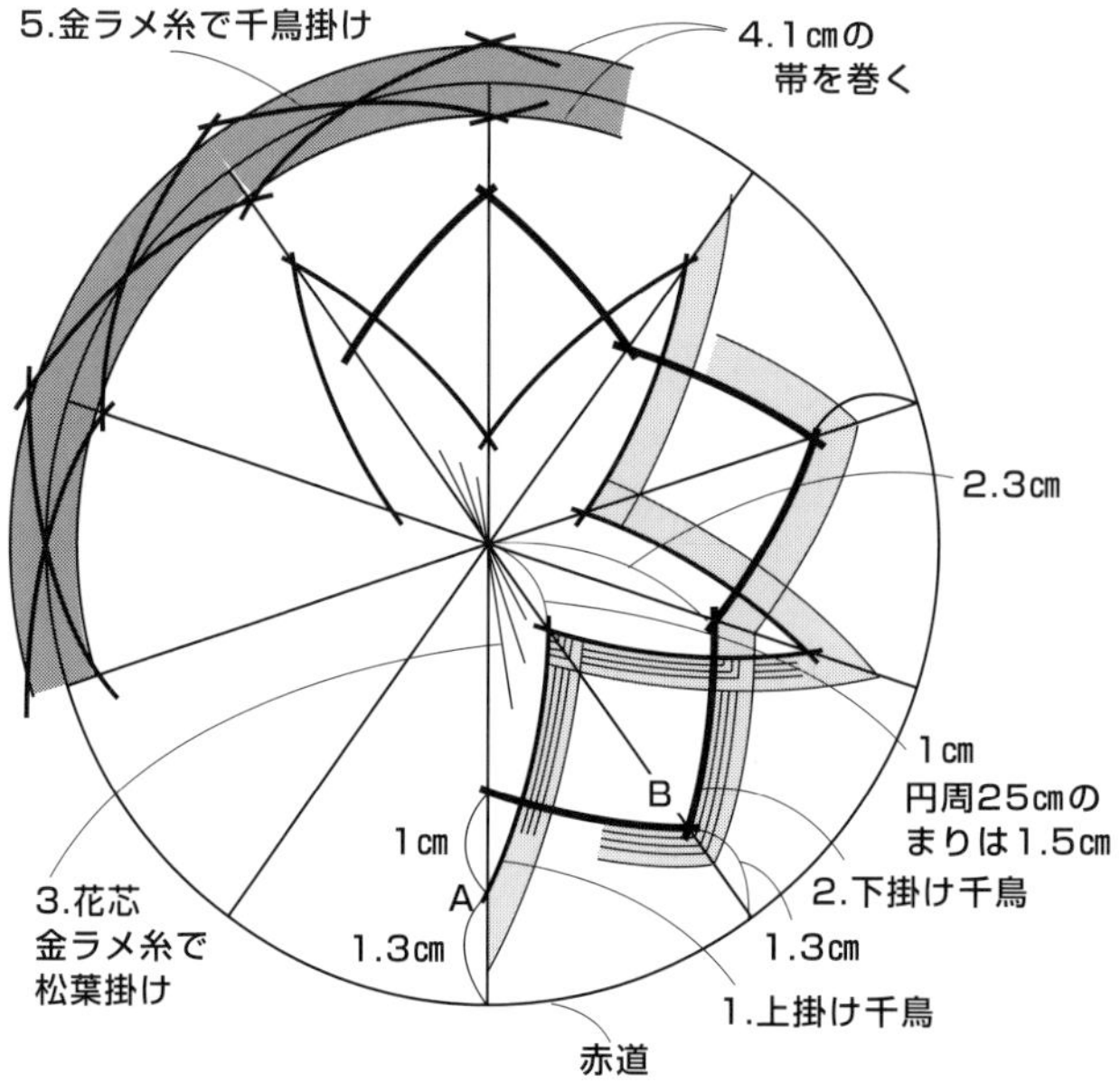
5.金ラメ糸で千鳥掛け
4.1cmの帯を巻く
2.3cm
1cm
円周25cmのまりは1.5cm
B
1cm
A
2.下掛け千鳥
3.花芯
金ラメ糸で
松葉掛け
1.3cm
1.3cm
1.上掛け千鳥
赤道

◇上掛け・下掛け配色表
（2本取り）

桜Ⅰ（円周22cm）

淡ピンク（11）	…2段
淡ピンク（107）	…2段
濃ピンク（23）	…2段
濃ピンク（22）（1本取り）	…1段
計	7段
緑（534）	帯1cm

桜Ⅱ（円周22cm）

中ピンク（108）	…2段
淡ピンク（107）	…2段
淡ピンク（11）	…2段
計	6段
緑（534）	帯1cm

桜Ⅲ（円周25cm）

淡ピンク（3）	…2段
中ピンク（25）	…2段
濃ピンク（26）	…2段
金糸（1本取り）	…1段
計	7段
緑（534）	帯1cm

桜Ⅳ（円周25cm）

中ピンク（25）	…2段
中ピンク（12）	…3段
濃ピンク（26）	…1段
金糸（1本取り）	…1段
計	7段
緑（34）	帯1cm

桜Ⅴ（円周25cm）

濃ピンク（26）	…2段
中ピンク（25）	…2段
淡ピンク（3）	…2段
金糸（1本取り）	…1段
計	7段
紫（524）	帯1cm

四季の花

カラー口絵32ページ

あやめ

6等分

◆材料
土台まり／円周14cm　青地巻き糸
地割り糸／金ラメ糸（12）
かがり糸／京てまり糸…紫（525）、ピンク濃～淡（26・12・25・4・3）、黄（8・7）、

◆作り方

1 金ラメ糸で6等分の地割りをします。

2 紫2本取りで北極と赤道の1/2Aから南極と赤道の1/2Bをとって千鳥掛けの連続掛けでAに戻るまでかがります。

3 濃ピンク（26）で隣の柱イ・ロを千鳥掛けで戻るまでかがります。

4 2と3を交互に極に向かって12段かがります。2は紫で、3はピンク濃色から淡色で10段かがり、11段、12段目は淡黄（7）でかがります。

5 赤道に濃黄（8）で幅0.8cmに帯を巻きます。花の糸が重なっているところは返し針で止めながら巻きます。

（北川喜代枝）

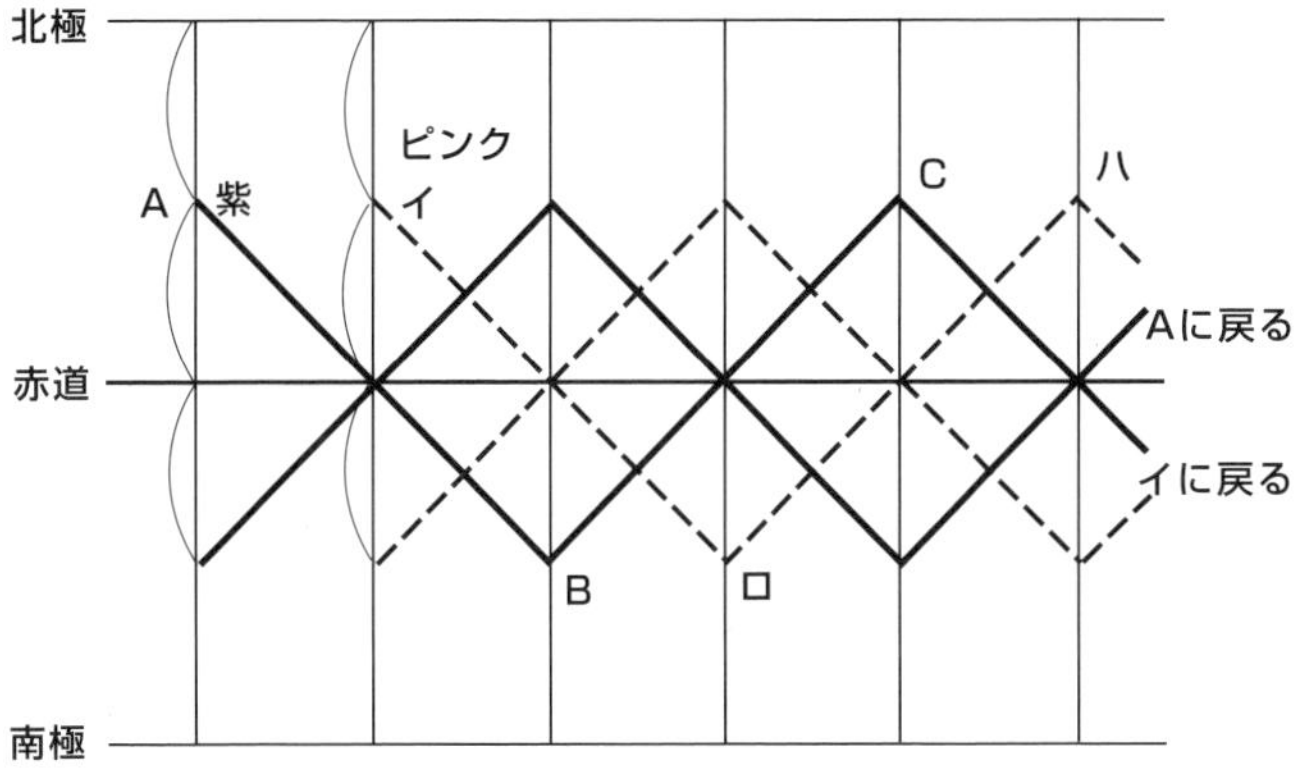
北極
赤道
南極
A
紫
ピンク
イ
C
ハ
Aに戻る
イに戻る
B
ロ

桜―春

10等分

中心から1cmと1.5cm下より白、ピンク、黒で計5段、上下同時に5段かがり、緑で帯を巻きます。

ひまわり―夏

8等分の組み合わせ

中心より1cmの位置より黄で3段一針掛け、茶で花芯をかがり、四角の角に緑で三角をかがります。

秋桜―秋

10等分の組み合わせ

菱形中心を6本巻き、上に千鳥掛けをして隣り合う三角をつなぎます。ピンクで花をかがります。

椿―冬

8等分の組み合わせ

菱形中心を4本巻き、緑2本取りで三角を7段、中心に黄で四角を5段、四角を紺で縁取りします。

縮緬の花

冬／椿　秋／桔梗　夏／朝顔　春／桜

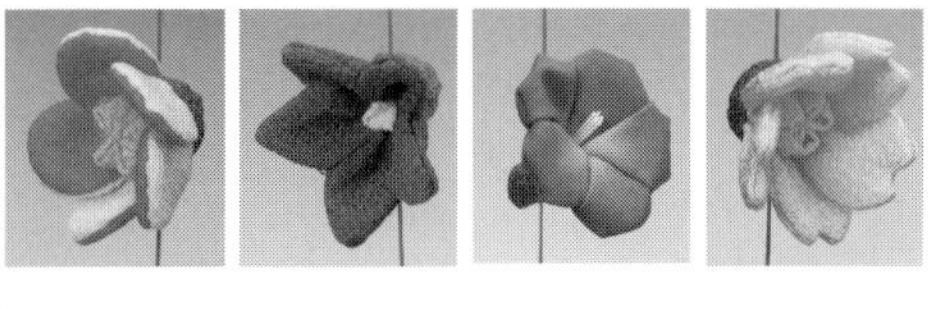

【吊り下げ方】

直径1.5cmの吊るし棒　45cm
幅0.2cmの赤打ち紐／90cm
幅0.1cmの赤紐／70cm×4本
リリヤーン4束　ウッドビーズ

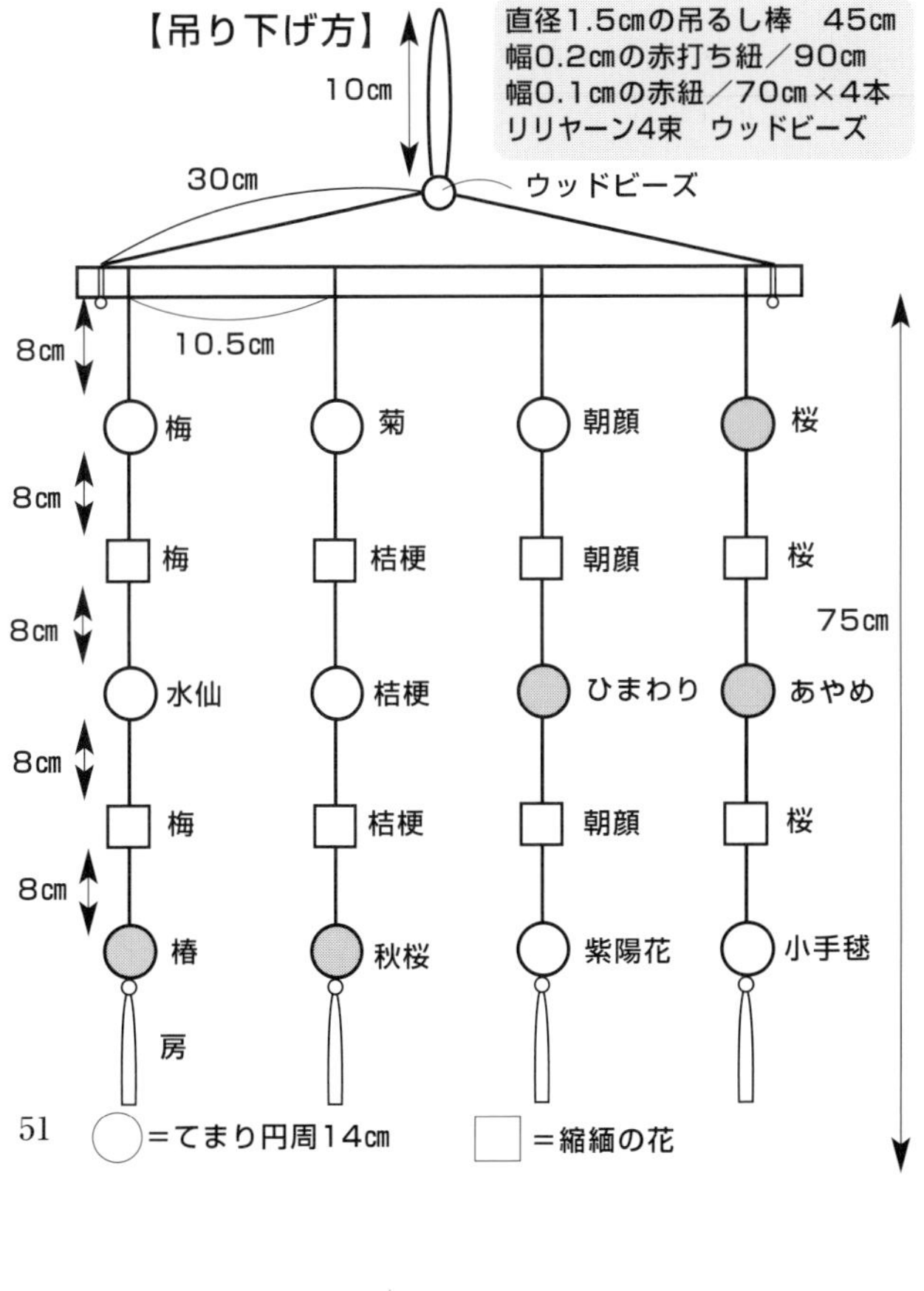
10cm
30cm
ウッドビーズ
8cm
10.5cm
75cm
梅
菊
朝顔
桜
梅
桔梗
朝顔
桜
水仙
桔梗
ひまわり
あやめ
梅
桔梗
朝顔
桜
椿
秋桜
紫陽花
小手毬
房
○＝てまり円周14cm
□＝縮緬の花

お花畑

カラー口絵6ページ

桜

10等分の組み合わせ

◆材料
土台まり／円周30㎝　白地巻き糸
地割り糸／金ラメ糸（12）
かがり糸／京てまり糸…ピンク(25)、緑濃～淡（516・18・35・32)、青濃淡（527・514）

◆作り方

1 金ラメ糸で10等分の組み合わせの地割りをし、菱形4等分の中心を通る補助線を6本巻きます。

2 補助線の両側に、緑と青6色2本取りで巻きます。1色ずつ交互に三角の中心まで巻きます（Ⅰ図）。

3 2の上にピンク1本取りで三角をかがります。巻いた糸の下をくぐらせながら桜の花弁を形作ります(Ⅱ図)。

（田中　都）

【Ⅰ図】

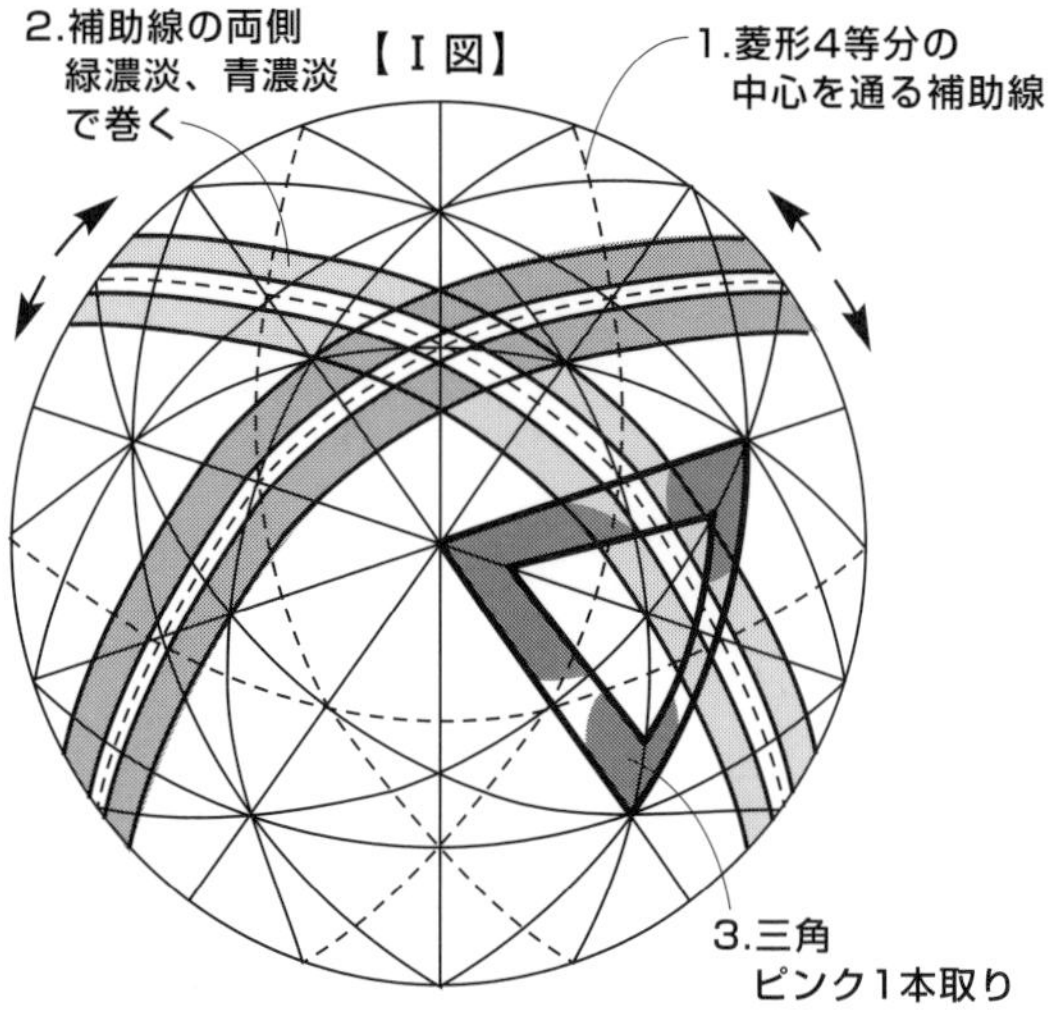
2.補助線の両側
緑濃淡、青濃淡
で巻く
1.菱形4等分の
中心を通る補助線
3.三角
ピンク1本取り

【Ⅱ図】巻きと三角のくぐらせ方

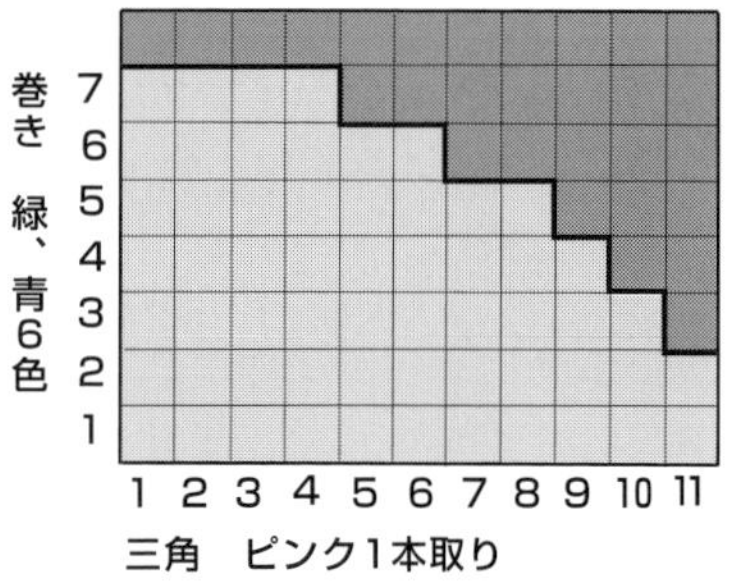
巻き　緑、青6色
7
6
5
4
3
2
1
1 2 3 4 5 6 7 8 9 10 11
三角　ピンク1本取り

朝顔

10等分の組み合わせ

◆材料
土台まり／円周30㎝　白地巻き糸
地割り糸／金ラメ糸（12）
かがり糸／京てまり糸…ピンク濃～淡(26・25・4・3)、緑濃淡（35・33）白（1）

◆作り方

1 金ラメ糸で10等分の組み合わせの地割りをし、五角10等分を斜めにずらした補助線をしつけ糸で入れます。

2 補助線でできた五角の中に、ピンク淡色から濃色で1/4ずつ五角をかがり埋めます。

3 五角の周りを淡緑3段でかがり、三角6等分の中心の小さな三角を濃緑(35)でかがり埋めます。

4 2の五角の角と中心をとって白1本取りで花弁の輪郭線を千鳥掛けで入れます。

（前川道子）

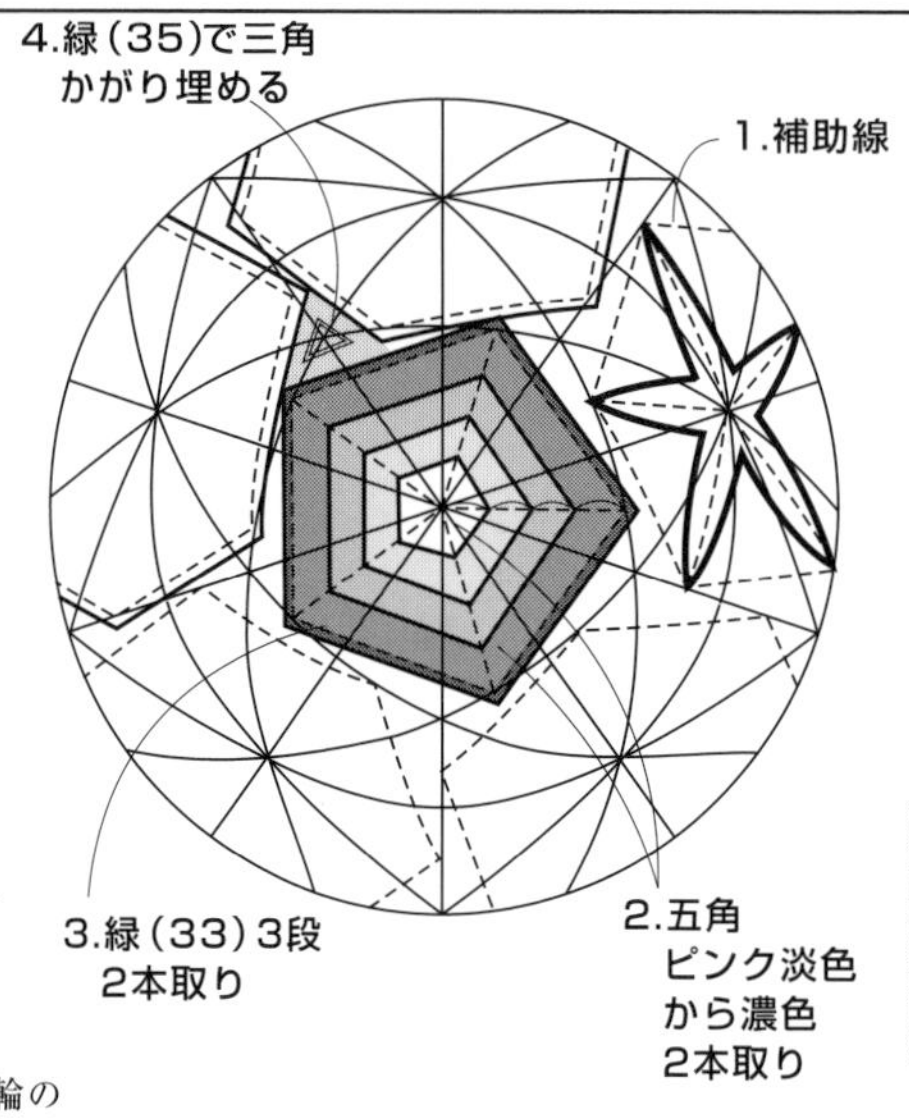
4.緑(35)で三角
かがり埋める
1.補助線
3.緑(33)3段
2本取り
2.五角
ピンク淡色
から濃色
2本取り

【梅結びの蝶】

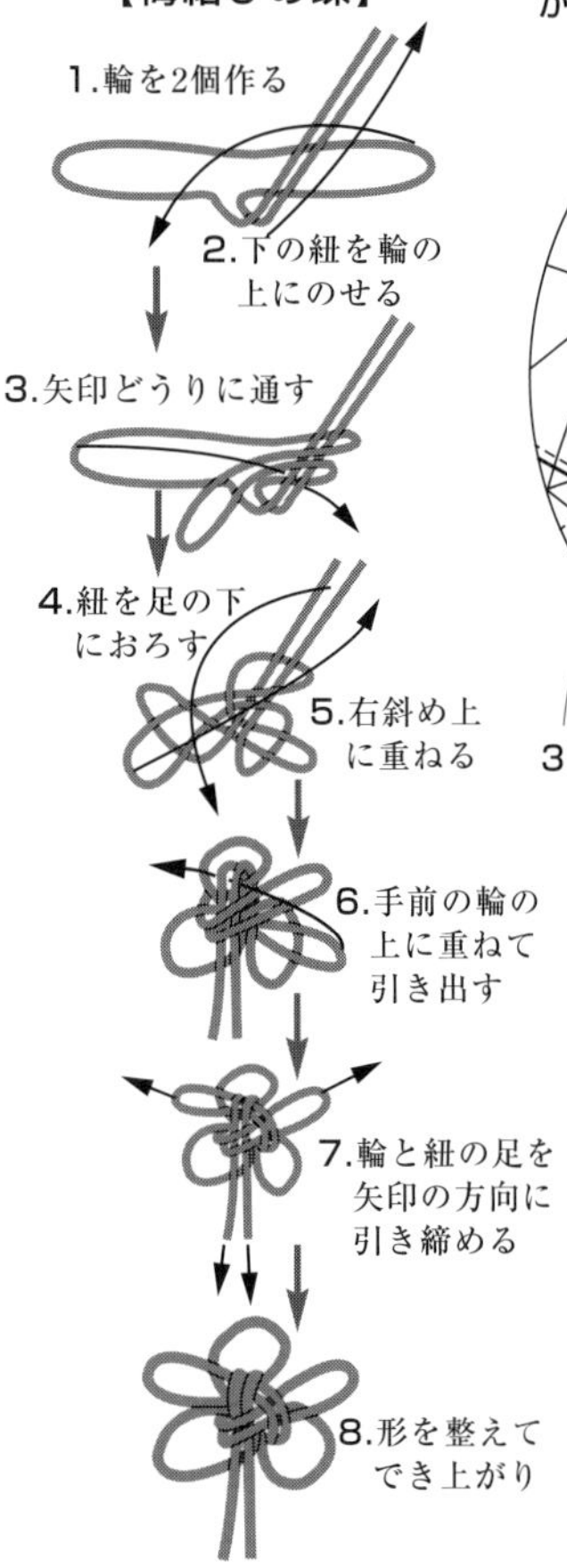
1.輪を2個作る
2.下の紐を輪の
上にのせる
3.矢印どうりに通す
4.紐を足の下
におろす
5.右斜め上
に重ねる
6.手前の輪の
上に重ねて
引き出す
7.輪と紐の足を
矢印の方向に
引き締める
8.形を整えて
でき上がり

桔梗

10等分の組み合わせ

◆材料
土台まり／円周30cm　白地巻き糸
地割り糸／金ラメ糸（12）
かがり糸／京てまり糸1本取り…黄濃～淡（39・8・7・）、茶濃淡（14・13）、紫（17）、白（1）

◆作り方

1 桜と同様の補助線を6本巻き、補助線でできた五角の1/2から淡黄（7）で五角を3段かがります。

2 補助線の0.8cm外側から、淡黄（8）で平行に巻きます。6か所の補助線に沿って全部巻きます。

3 紫で、菱形を0.7cm幅で30か所にかがります。

4 2の黄の巻きと、3の紫の菱形を1段ずつ交互にかがり埋めます。濃黄（39）、茶（13・14）の順にだんだん濃い色でかがります。

（丸岡絹枝）

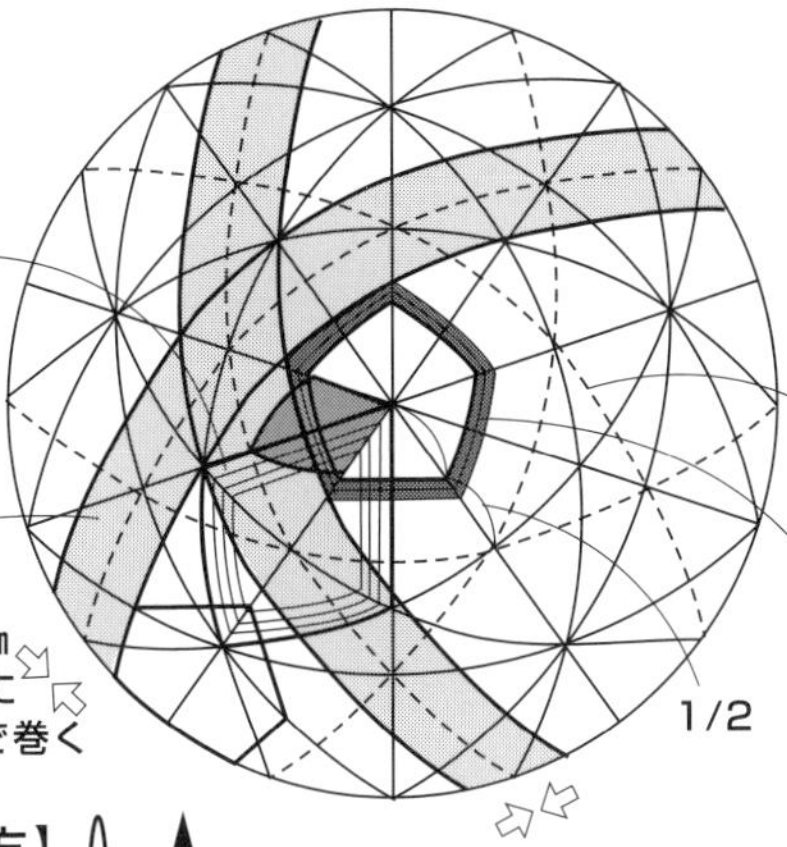
4.菱形0.7cm幅
30か所
3と4を1段ずつ
交互にかがり埋
める
1.菱形4等分の中心を
通る補助線　6本
金ラメ糸
3.補助線の0.8cm
外側から中心に
向けて黄（8）で巻く
1/2
2.五角
淡黄（7）で3段

【吊り下げ方】

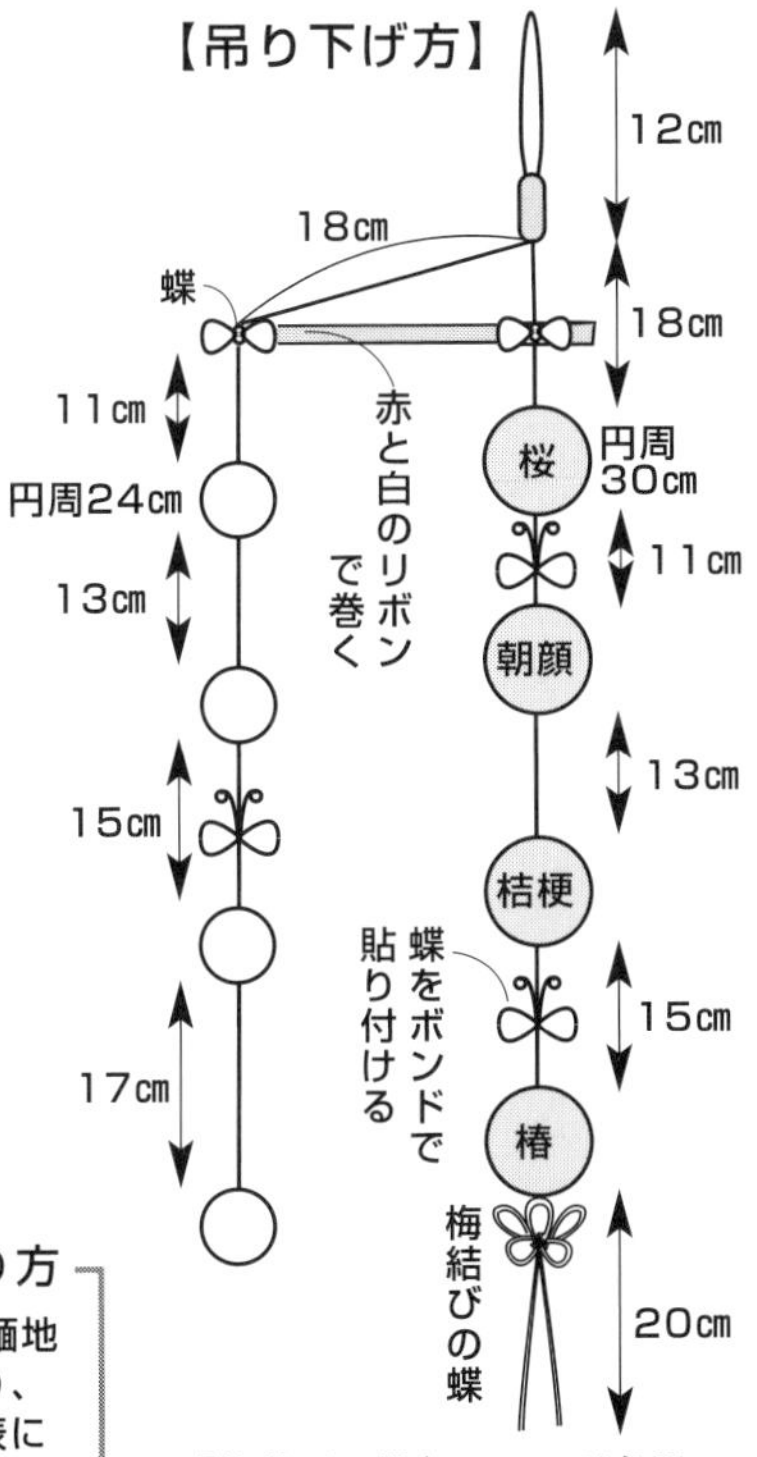
12cm
18cm
蝶
18cm
赤と白のリボンで巻く
桜
円周30cm
11cm
円周24cm
11cm
朝顔
13cm
13cm
15cm
桔梗
蝶をボンドで貼り付ける
15cm
17cm
椿
梅結びの蝶
20cm

「梅結びの蝶」52ページ参照。

直径27cmの輪　赤と白のリボン
幅0.1cmの赤紐／130cm×4本
幅0.2cmの赤紐／150cm
〈梅結び〉
幅0.25cmの染め分け打ち紐／100cm
フラワー用ワイヤー緑10cm×10本
縮緬地（黄・白）8×8cm　10枚

蝶々の作り方

8×8cmの縮緬地を半分に折り、袋に縫って表に返し、中心を縫い絞ってワイヤーを巻く

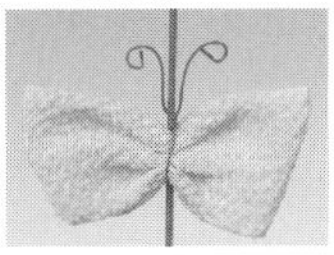

椿

10等分の組み合わせ

◆材料
土台まり／円周30cm　赤地巻き糸
地割り糸／金ラメ糸（12）
かがり糸／京てまり糸1本取り…赤（22）、白（1）、黄（39）、緑（18・32・33・34・35・515・208）、青（5・6・207・526・106）

◆作り方

1 桜と同じ補助線を入れ、青と緑で0.9cm幅で12か所に巻きます。

2 五角の中心に黄で花芯をかがり、白1本取りで花の輪郭線を入れます。

（久保田綾子）

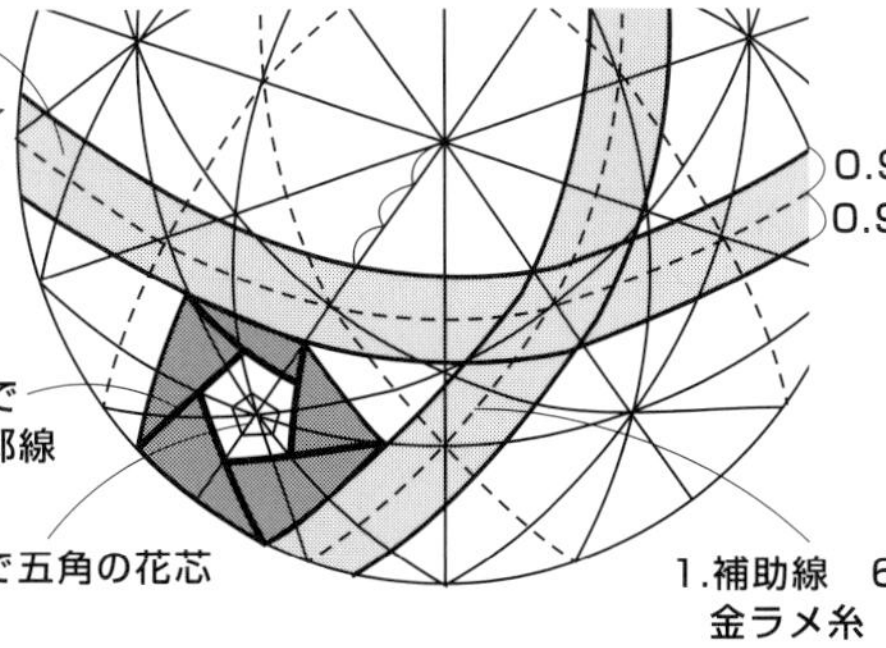
2.補助線に沿って
0.9cm幅で巻く
緑濃淡、青濃淡
1本取りで12か所
1段ずつ交互に巻き
埋める
0.9cm
0.9cm
4.白で
輪郭線
3.黄で五角の花芯
1.補助線　6本
金ラメ糸

藍色てまり

カラー口絵29ページ

橘

10等分の組み合わせ

◆材料
土台まり／円周27㎝　生成地巻き糸
地割り糸／金ラメ糸（12）
かがり糸／草木染風木綿糸 … 生成（532）、青（6・514）、紺（519）

◆作り方

1 金ラメ糸で10等分の組み合わせの地割りをし、32面体の補助線を入れます。

2 32面体の六角の角の外側から青（514）1本取りで下掛けの三つ葉を6段かがります。

3 三つ葉の上に上掛けの花を生成1本取り4段と、紺1本取り1段の縁取りをかがります。

4 五角の中心に青（6）1本取りの松葉掛けを入れ、最後に地割り糸をとります。

（枡野文代）

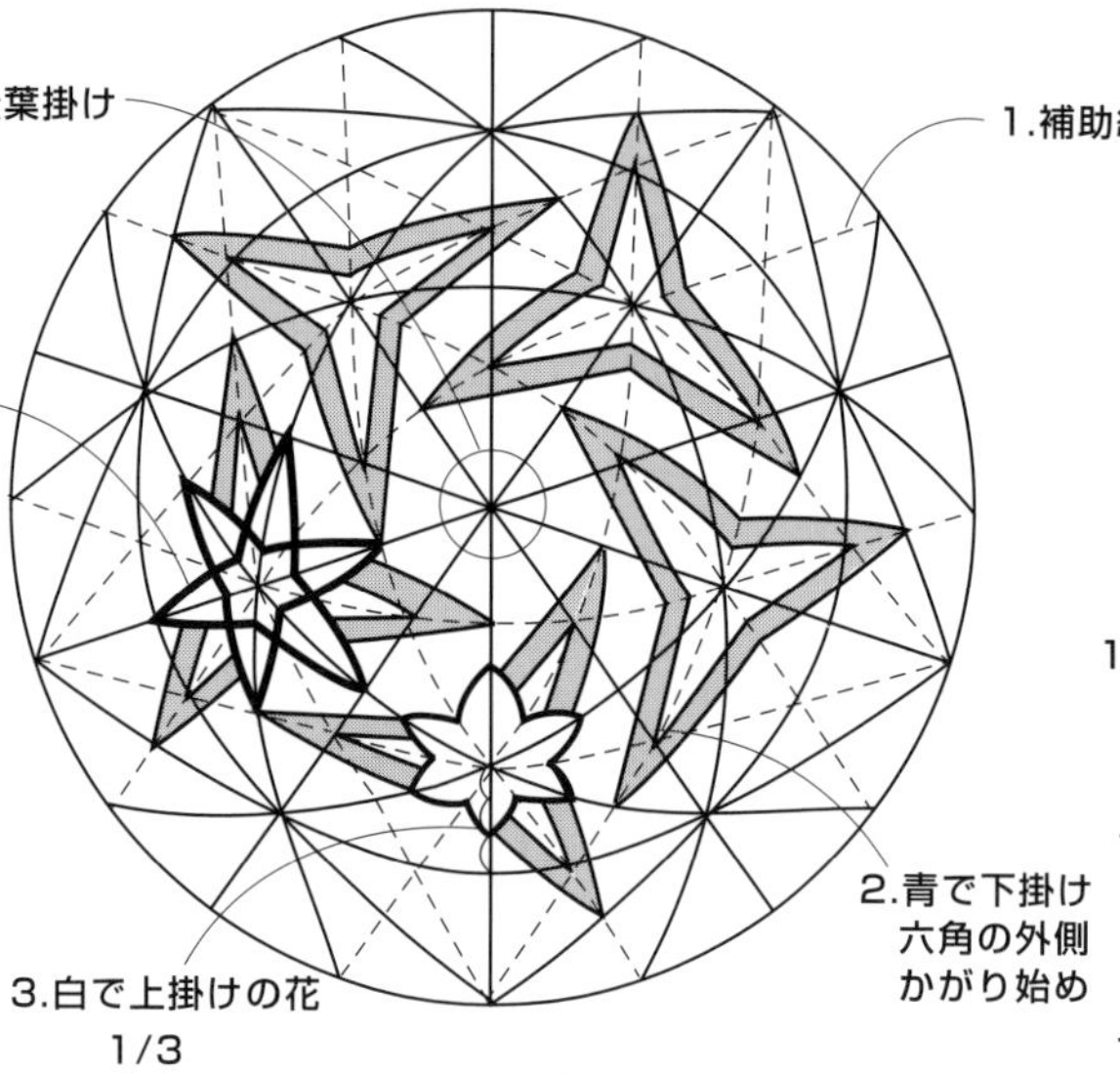
5.青で松葉掛け
1.補助線
4.紺で
縁取り
2.青で下掛け
六角の外側
かがり始め
3.白で上掛けの花
1/3

【吊り下げ方】

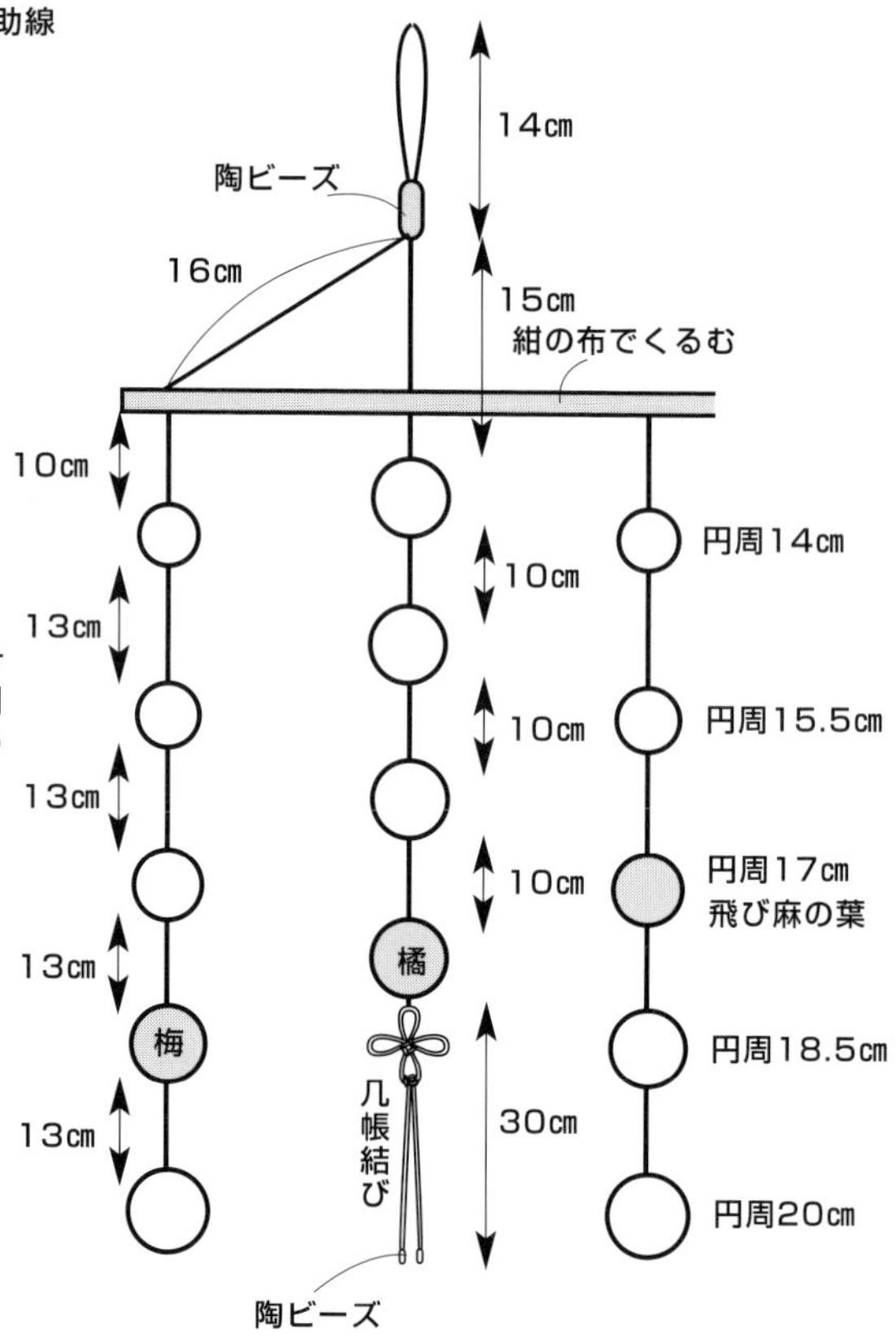
14㎝
陶ビーズ
16㎝
15㎝
紺の布でくるむ
10㎝
13㎝
13㎝
13㎝
13㎝
10㎝
10㎝
10㎝
30㎝
円周14㎝
円周15.5㎝
円周17㎝
飛び麻の葉
円周18.5㎝
円周20㎝
梅
橘
几帳結び
陶ビーズ

〈几帳結び〉
幅0.4㎝
紺ぼかし染打ち紐／100㎝
陶ビーズ／（1×1）㎝×2個

直径27㎝の竹の輪　紺の布
幅0.25㎝の紺打ち紐／100㎝
幅0.1㎝の紺紐／120㎝×5本
陶ビーズ／（1×3）㎝×1個、
（1×1）㎝×2個

【几帳結び】

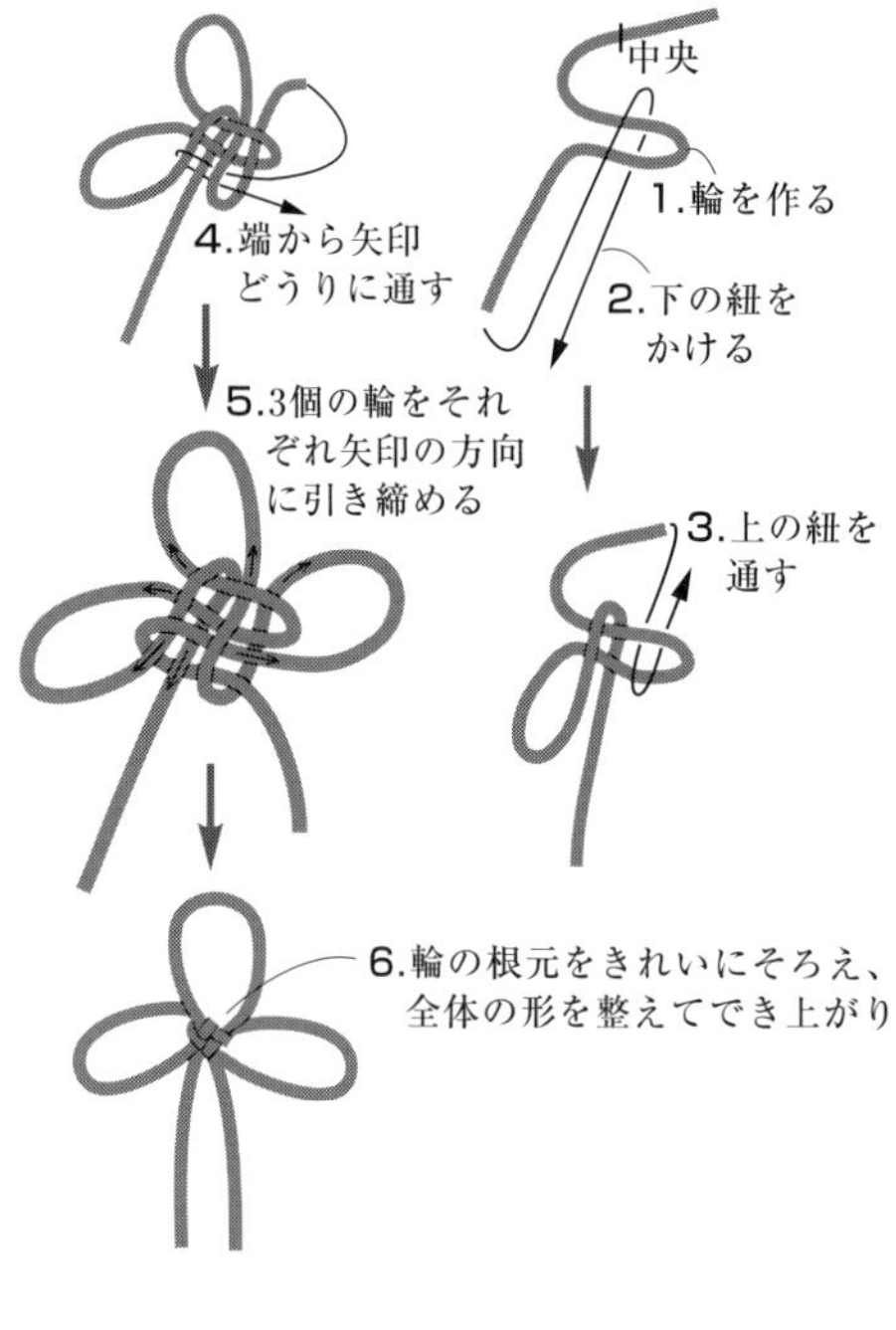
中央
1.輪を作る
2.下の紐をかける
3.上の紐を通す
4.端から矢印どうりに通す
5.3個の輪をそれぞれ矢印の方向に引き締める
6.輪の根元をきれいにそろえ、全体の形を整えてでき上がり

飛び麻の葉

10等分の組み合わせ

◆材料
土台まり／円周17㎝　水色地巻き糸
地割り糸／金ラメ糸（12）
かがり糸／草木染風木綿糸…紺(519)

◆作り方

1 金ラメ糸で10等分の組み合わせの地割りをします。

2 紺で菱形4等分を通して6か所に巻きます。

3 菱形4等分の中心に松葉掛けと五角の中心をつなぐ線を入れます。

4 五角中心と菱形中心の松葉掛けをとって、ジグザグに千鳥掛けでつなぎ、最後に地割り線をとります。

5 麻の中心に金ラメ糸で松葉掛けの花芯を入れます。

（松崎昭子）

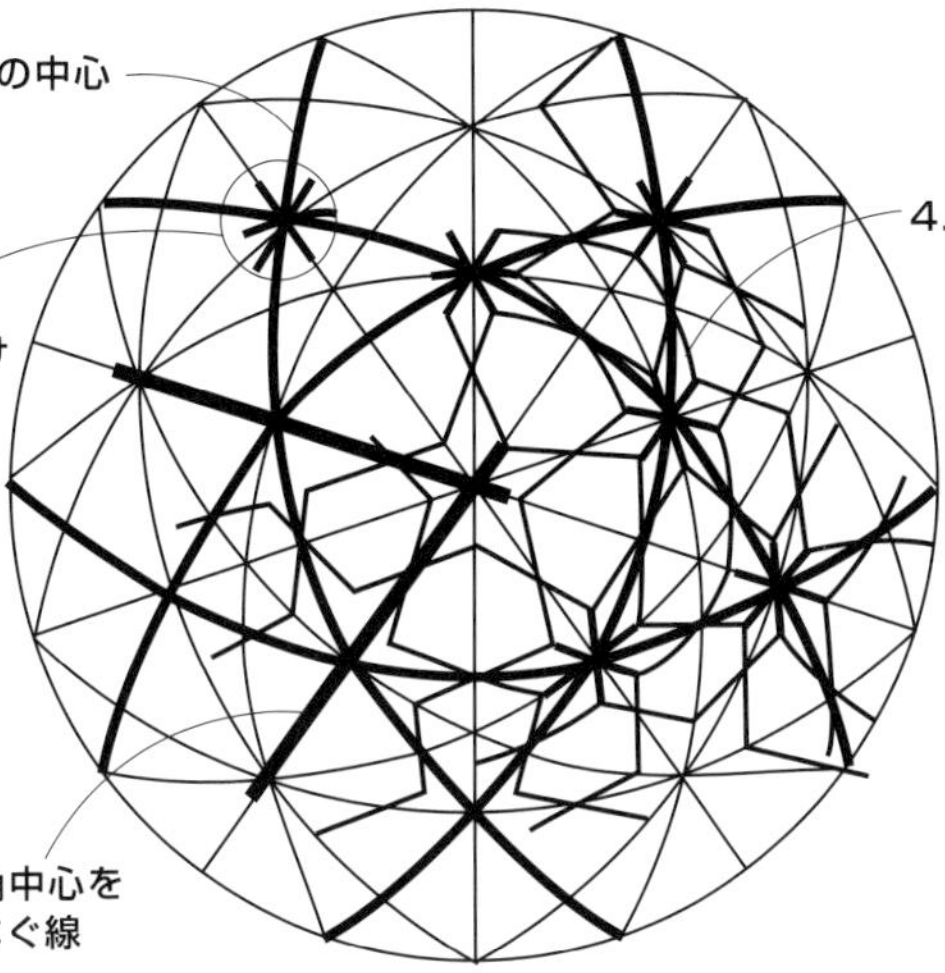
1.菱形4等分の中心を通る線
紺1本取り
2.松葉掛け
3.五角中心をつなぐ線
4.ジグザグに千鳥掛け

梅

10等分の組み合わせ

◆材料
土台まり／円周18.5㎝　青地巻き糸
地割り糸／青糸
かがり糸／草木染風木綿糸 … 生成(532)、青（514)、金ラメ糸（4）

◆作り方

1 青で10等分の組み合わせの地割りをします。

2 五角の線に沿って青で千鳥掛けをし、五角の中心に生成で3段、上掛け千鳥の花をかがります。

3 花の中心に金ラメ糸で松葉掛けの花芯を入れます。

（松代トキ子）

【I図】

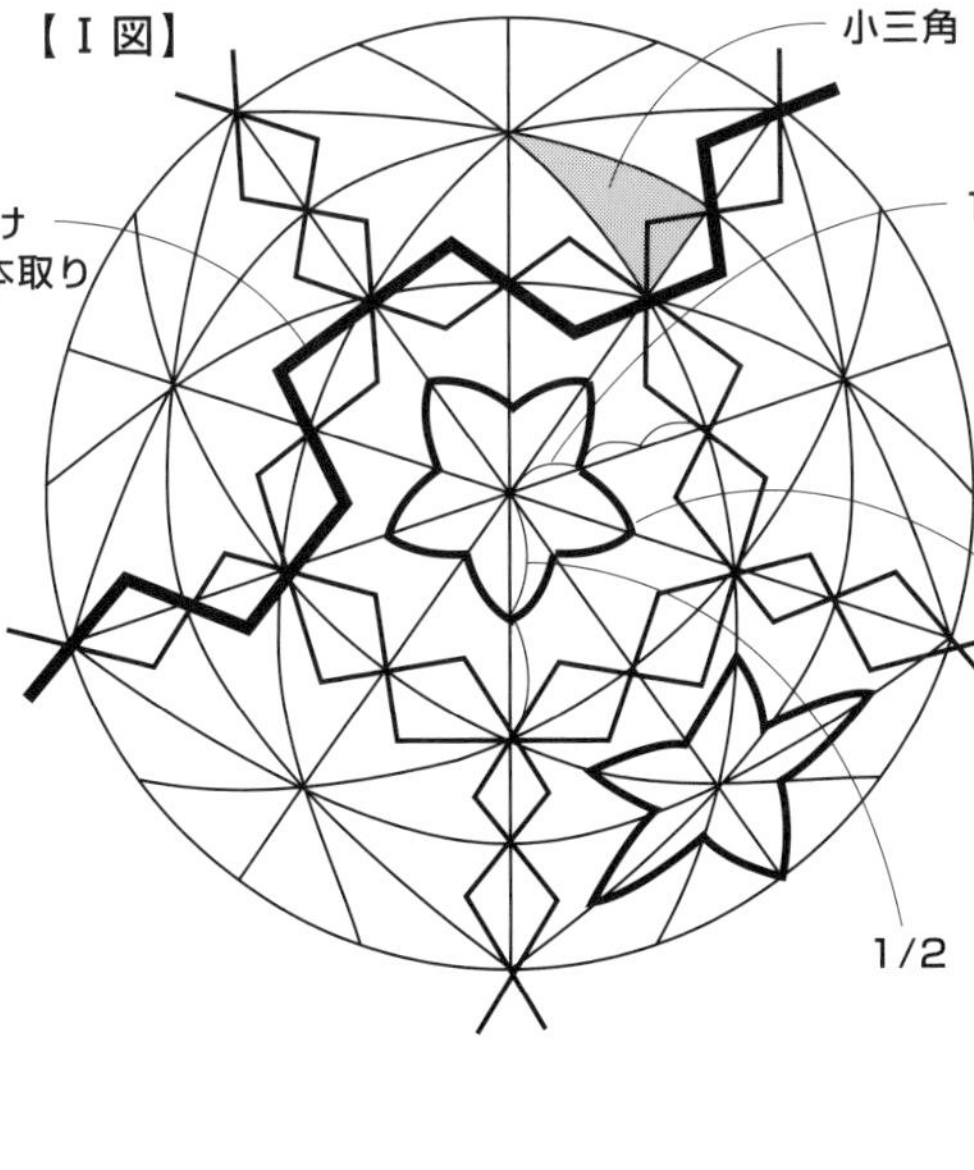
小三角
1/3
1.千鳥掛け
青で1本取り
2.上掛けの花
生成1本取り3段
1/2

【II図】

小三角
千鳥をかがる位置
千鳥掛け

万華鏡

カラー口絵28ページ

星のまたたき

10等分の組み合わせ

◆材料
土台まり／円周33cm　白地巻き糸
地割り糸／金ラメ糸（12）
かがり糸／京てまり糸…赤（104）、ピンク濃淡（12・528）、緑（35・32）、青（527・526）、茶濃淡（13・528）、紫（16）、黄（201）

◆作り方

1 金ラメ糸で10等分の組み合わせの地割りをします。

2 五角10等分をつなぐ大きい三角を1cm幅で20か所、1段ずつ交互にかがります。紫、黄、赤、ピンク、緑、青、茶の10色を2本取りで表裏同色にして20か所かがります。

3 2段目から五角の中心で重なる部分は1段目をくぐらせます。3段目は1段目と2段目をくぐらせ、くぐらせる数を増やしてかがり埋めていきます。

4 茶1本取りで五角の線をかがります。

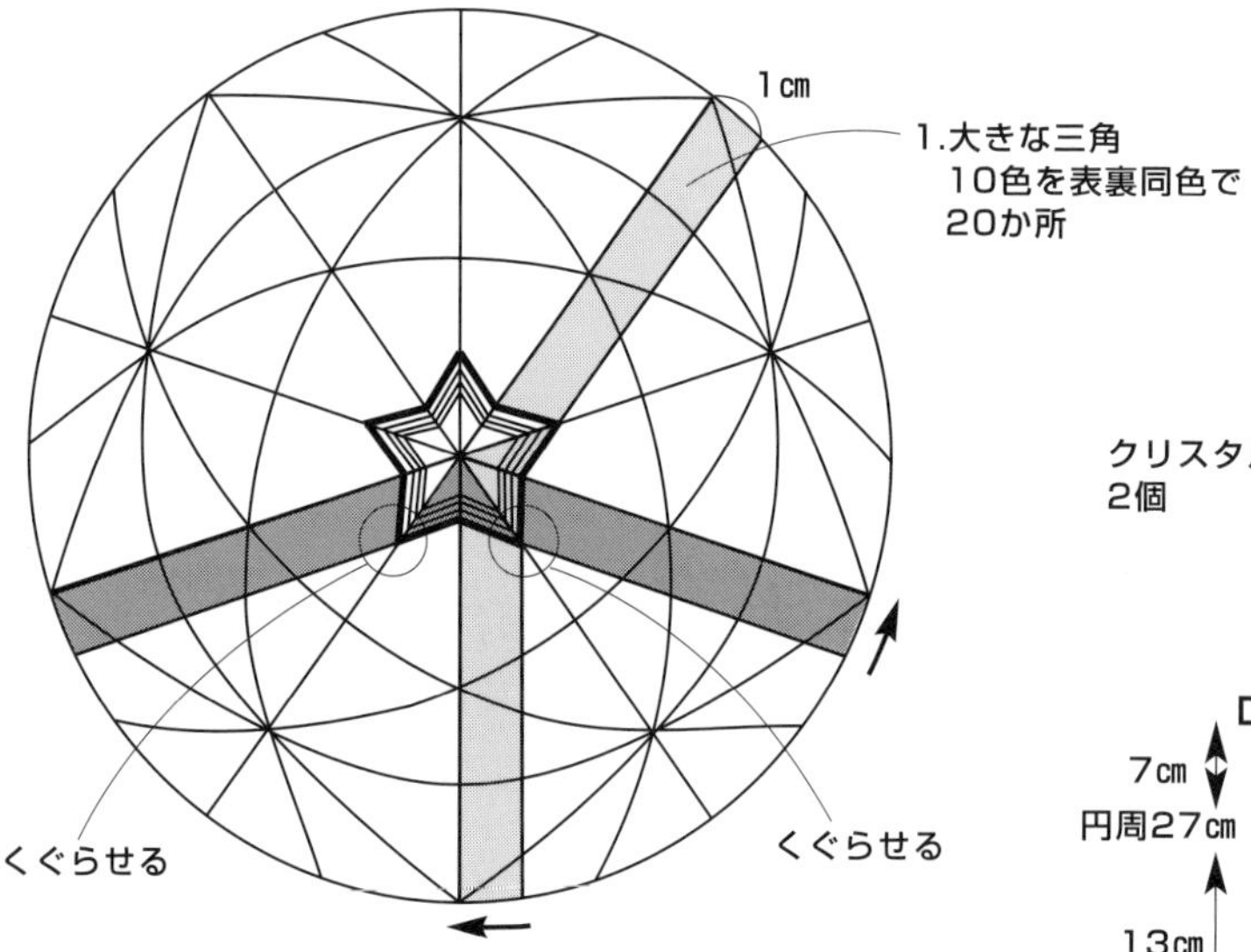
1cm
1.大きな三角
10色を表裏同色で
20か所
くぐらせる
くぐらせる

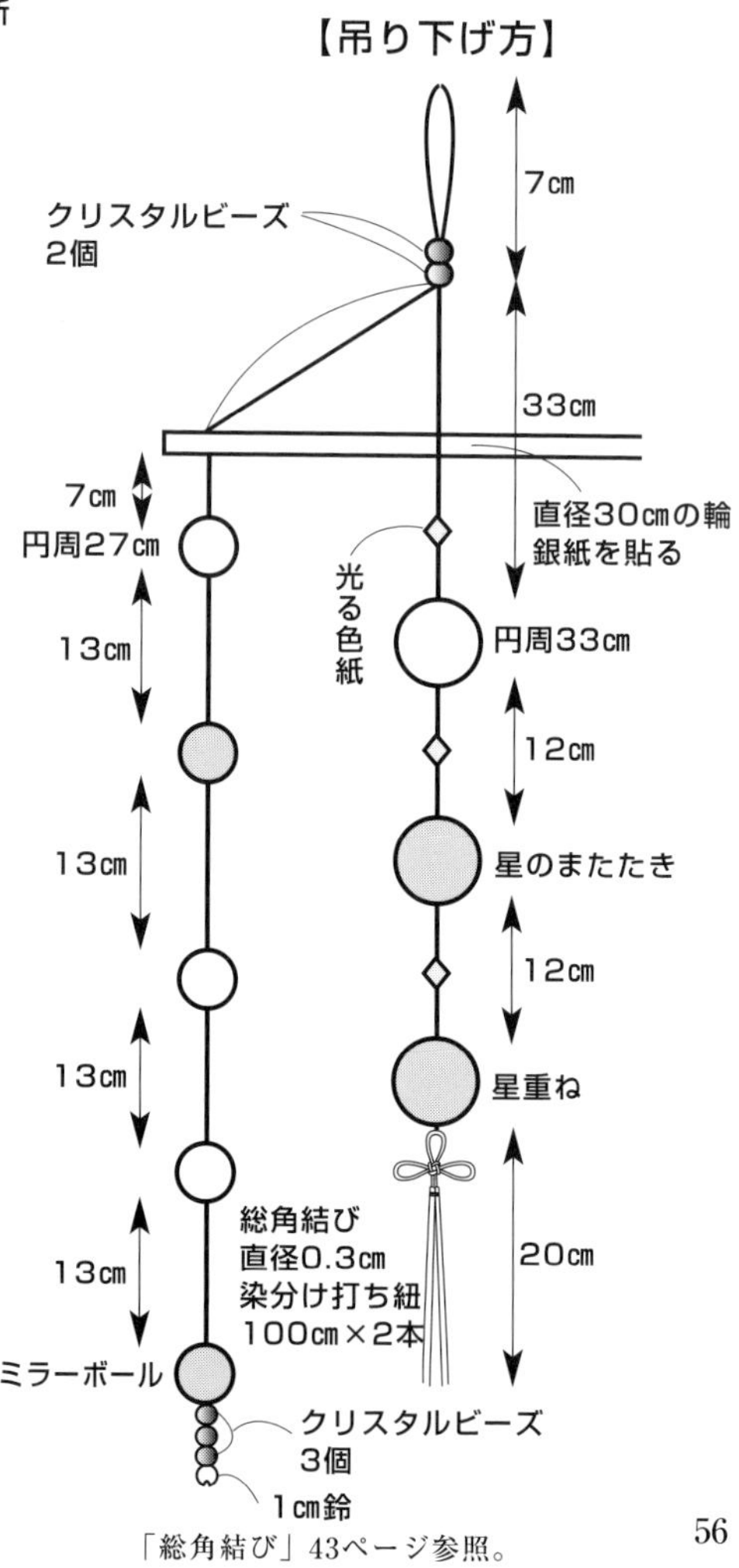
【吊り下げ方】
7cm
クリスタルビーズ
2個
33cm
7cm
円周27cm
直径30cmの輪
銀紙を貼る
光る色紙
円周33cm
13cm
12cm
13cm
星のまたたき
12cm
13cm
星重ね
総角結び
直径0.3cm
染分け打ち紐
100cm×2本
20cm
13cm
ミラーボール
クリスタルビーズ
3個
1cm鈴

「総角結び」43ページ参照。

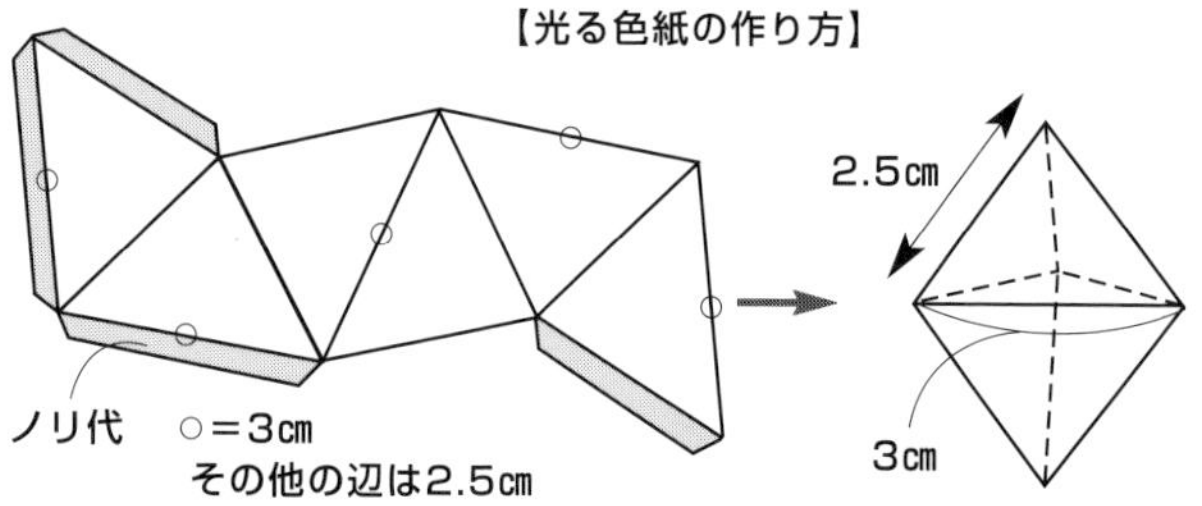
【光る色紙の作り方】
2.5cm
3cm
ノリ代　○＝3cm
その他の辺は2.5cm
ノリ代を合わせて貼り、
組み立てる

直径30cmの輪　銀紙
幅0.1cmの黒細紐／150cm×4本
幅0.1cmの黒細紐／120cm×1本
直径1cm鈴／4個、
直径1.3cmビーズ／14個

星重ね

10等分の組み合わせ

◆材料
土台まり／円周33cm　白地巻き糸
地割り糸／金ラメ糸（12）
かがり糸／京てまり糸…青濃淡(514・207)、黄土色（523）、赤（23）、ピンク（528）、紫（16）、白（511）

◆作り方

1 金ラメ糸で10等分の組み合わせの地割りをします。

2 五角10等分をつなぐ五角を1.8cm幅で12か所かがります。赤、ピンク、紫、黄土色、青濃淡6色を2本取りで表裏同色にして12か所かがります。

3 6段目まで1段ずつ交互にかがり、7段目から五角中心で両端の前段（6段目）をくぐらせます。8段目は6段目と7段目をくぐらせ、くぐらせる数を増やしていきます。

4 かがり埋めたら色の境目に白1本取りで線を入れます。

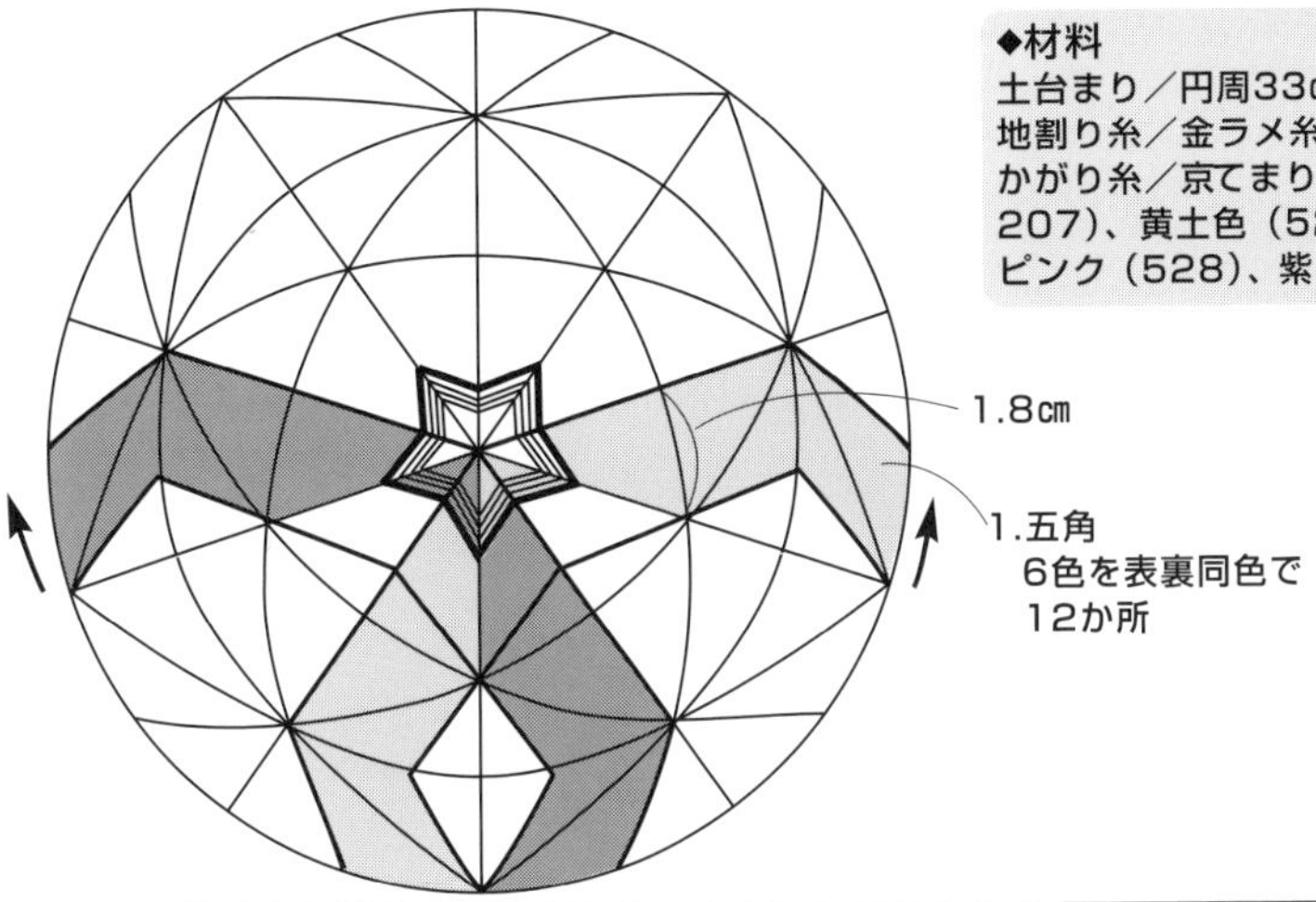
1.8cm
1.五角
6色を表裏同色で
12か所

ミラーボール

10等分の組み合わせ

◆材料
土台まり／円周27cm　白地巻き糸
地割り糸／金ラメ糸（12）
かがり糸／京てまり糸…黄（7）、緑（33）、ピンク（528）、青濃淡（106・206）、淡茶（203）、紫（38）

◆作り方

1 金ラメ糸で10等分の組み合わせの地割りをします。

2 三角6等分の短い線、0.5cmをとって、星型を12か所かがります。1本取りで裏表同色にして6色でかがります。

3 三角6等分の長い線0.5cmをとって、紫で五角を12か所にかがります。

4 2と3を1段ずつ交互に、0.5cm幅をかがり埋めます。

（岩崎千穂子）

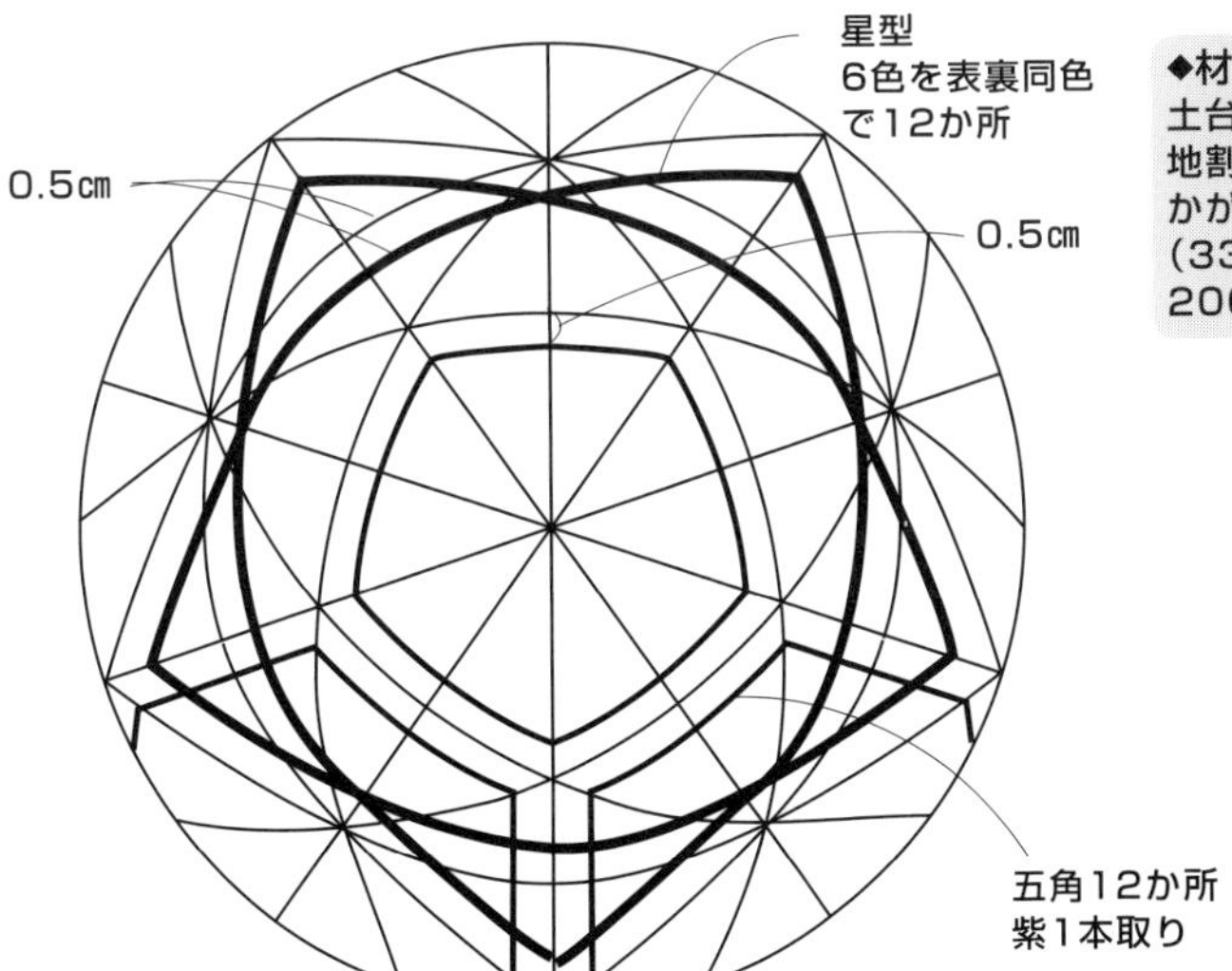
星型
6色を表裏同色
で12か所
0.5cm
0.5cm
五角12か所
紫1本取り

麻の葉

カラー口絵5ページ

全面麻の葉

10等分の組み合わせ

◆材料
土台まり／円周32cm　赤地巻き糸
地割り糸／金ラメ糸（14）
かがり糸／京てまり糸…緑（35）、赤（23）、ベージュ（28）

◆作り方

1 金ラメ糸で10等分の組み合わせの地割りをします。

2 菱形4等分の中心を通る巻きを6本と、五角の中心に小さい五角の補助線を入れます。

3 6か所に巻いた補助線の両側に緑で0.4cm幅で巻きます。

4 緑で補助線の五角をとって幅0.4cmで変形三菱を20か所かがり、緑で0.4cm幅の五角を12か所かがります。

5 2 3 4 を赤1段、ベージュ1段で交互にかがります。

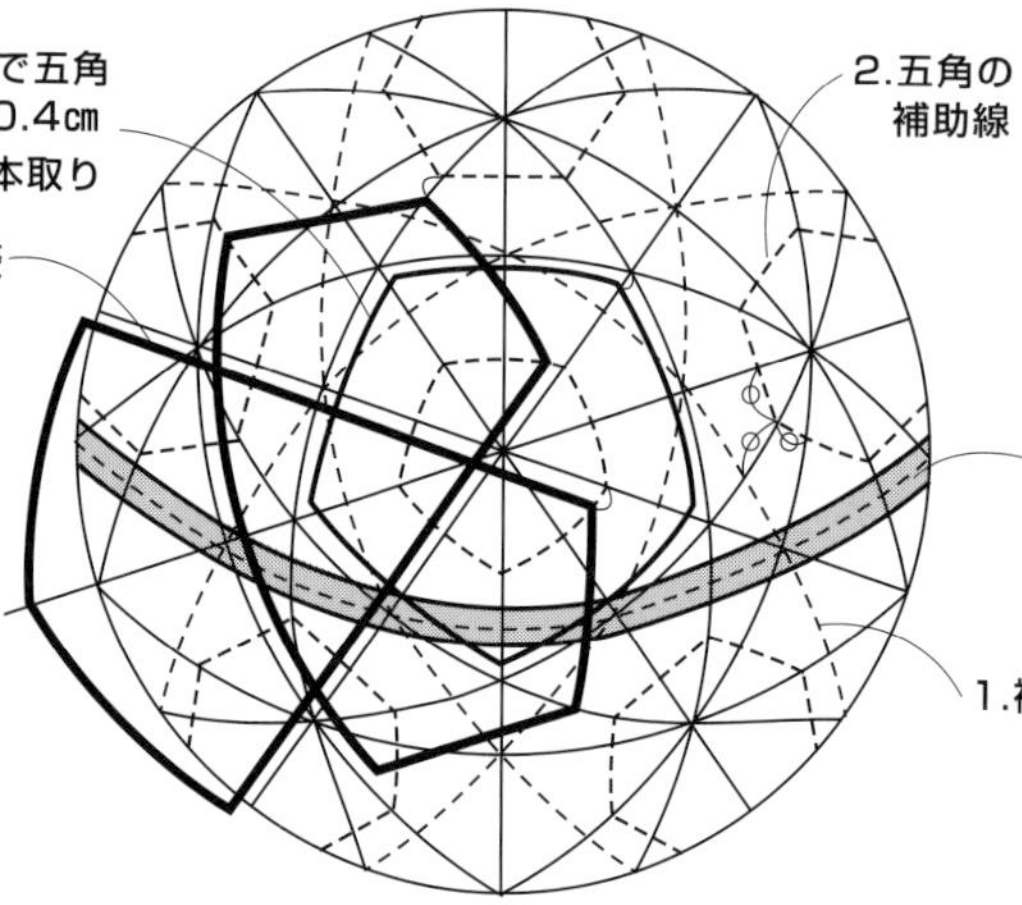

5.緑で五角
幅0.4cm
2本取り
2.五角の
補助線
4.変型三菱
幅0.4cm
2本取り
3.巻きかがり　幅0.4cm
2本取り
1.補助線

（酒井禮子）

小紋麻の葉

10等分の組み合わせ

◆材料
土台まり／円周27cm　黒地巻き糸
地割り糸／目立たないしつけ糸
かがり糸／京てまり糸…赤（23）、ピンク（3）

◆作り方

1 しつけ糸で10等分の組み合わせの地割りをし、赤1本取りで、菱形4等分の中心を通して6か所に巻きかがりをします。

2 五角10等分の短い線の、中心から1/3をとって大きな五角をかがります。

3 菱形4等分の中心より1/3を通る巻きかがりをします。

4 大五角の角より小三角ができるようにつなぎ、麻の葉掛けを入れ、五角10等分の中心にピンクで上掛けの花をかがります。

（酒井禮子）

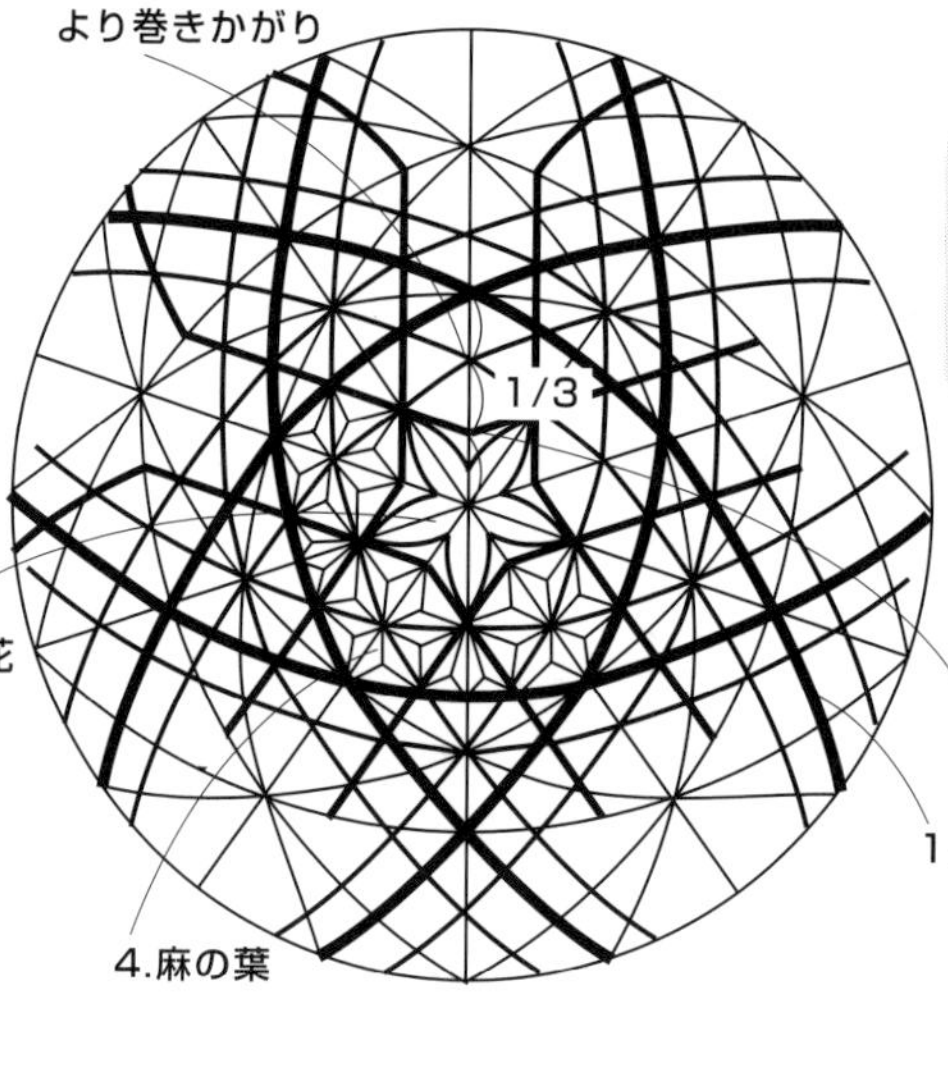

3.五角10等分の短い線2/3
より巻きかがり
1/3
5.上掛け千鳥の花
2.五角10等分の短い線1/3
より大きな五角
1.菱形4等分の中心を
通る巻きかがり6本
4.麻の葉

亀甲に麻の葉

6等分

◆作り方

1 しつけ糸で6等分の地割りをし、北極と南極、赤道上に向きをかえて六角の補助線を6個入れます。

2 六角をかがり、青濃淡3色、緑濃淡（534・521）、グレーとピンクで麻の葉をかがり、しつけ糸をとります。

◆材料
土台まり／円周25㎝　赤地巻き糸
地割り糸／しつけ糸
かがり糸／京てまり糸…濃茶（512）、青濃～淡（27・6・106）、緑濃～淡（534・521・531）、グレー（40）、ピンク（25）

【Ⅰ図】

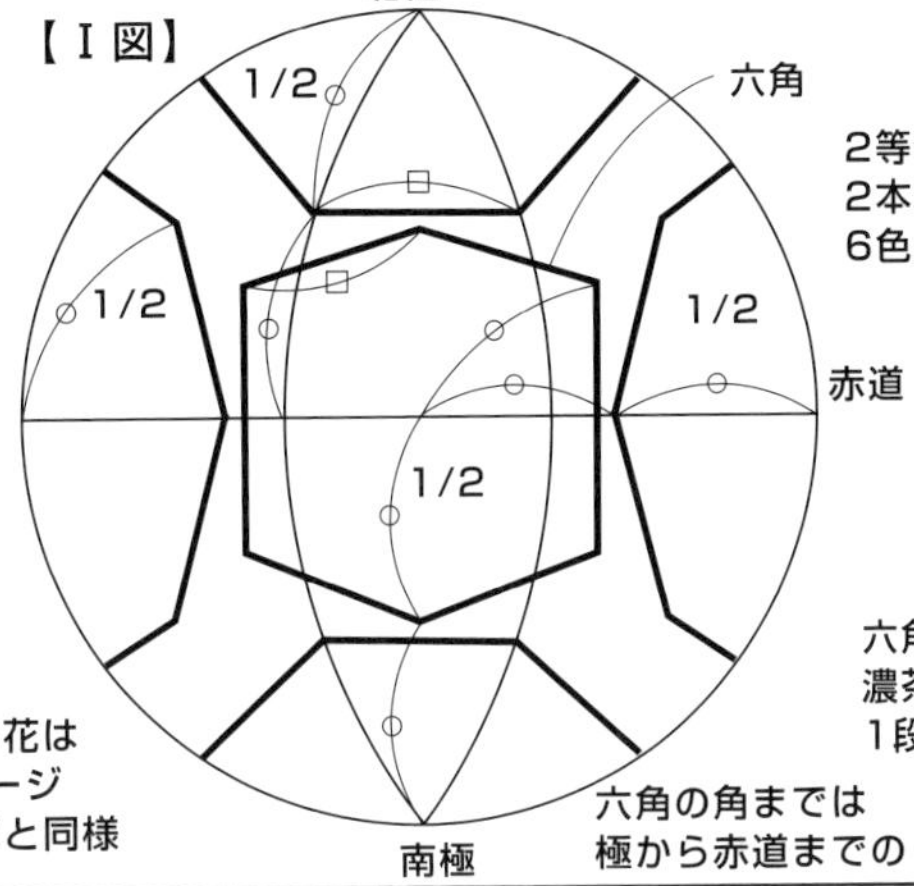

北極
1/2
六角
1/2
1/2
赤道
1/2
南極
六角の角までは
極から赤道までの1/2

【Ⅱ図】
六角のかがり方

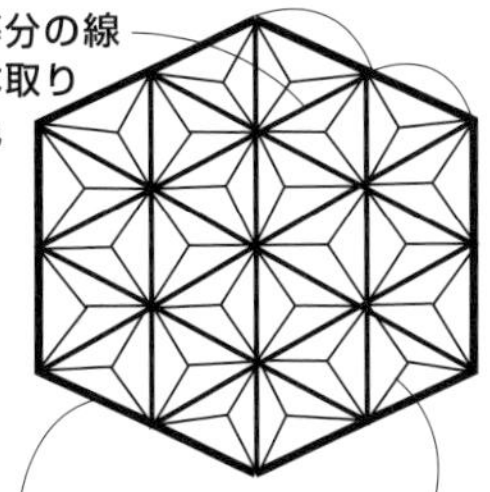

2等分の線
2本取り
6色
六角の縁取り
濃茶、淡緑
1段ずつで計2段
麻の葉かがり
ピンク1本取り

★梅の花は
43ページ
桃の花と同様

【吊り下げ方】

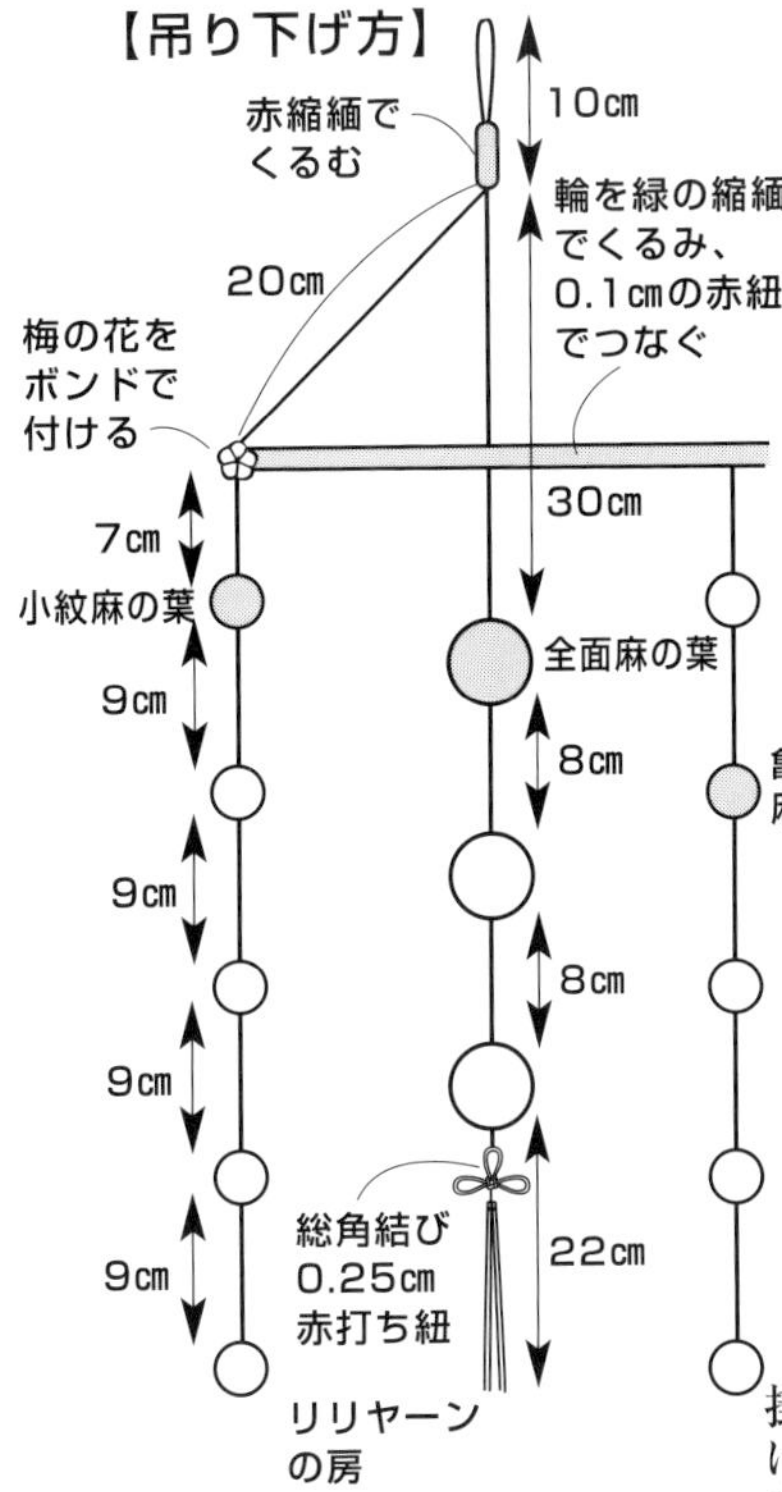

赤縮緬で
くるむ
10㎝
輪を緑の縮緬
でくるみ、
0.1㎝の赤紐
でつなぐ
20㎝
梅の花を
ボンドで
付ける
30㎝
7㎝
小紋麻の葉
全面麻の葉
9㎝
8㎝
亀甲に
麻の葉
9㎝
8㎝
9㎝
総角結び
0.25㎝
赤打ち紐
22㎝
9㎝
リリヤーン
の房

直径24㎝の輪　緑の縮緬地
幅0.1㎝の赤紐／100㎝×4本
幅0.25㎝の赤打ち紐／50㎝
赤リリヤーン1束

麻の葉行進曲

ミニ麻の葉

8等分の組み合わせ

◆作り方

1 京てまり糸1本取りで8等分の組み合わせの地割りをします。

2 地割りと同じ糸で四角8等分の中心6か所に松葉掛けを入れます。

3 三角6等分の中心を通して、松葉掛けの先端を千鳥掛けでつなぎます。

（石崎尚子）

◆材料
土台まり／円周11㎝
　　　　黄または紺地巻き糸
地割り糸／京てまり糸1本取り
かがり糸／京てまり糸…赤（23）または緑（35）、青（514）、黄（39）

【Ⅰ図】

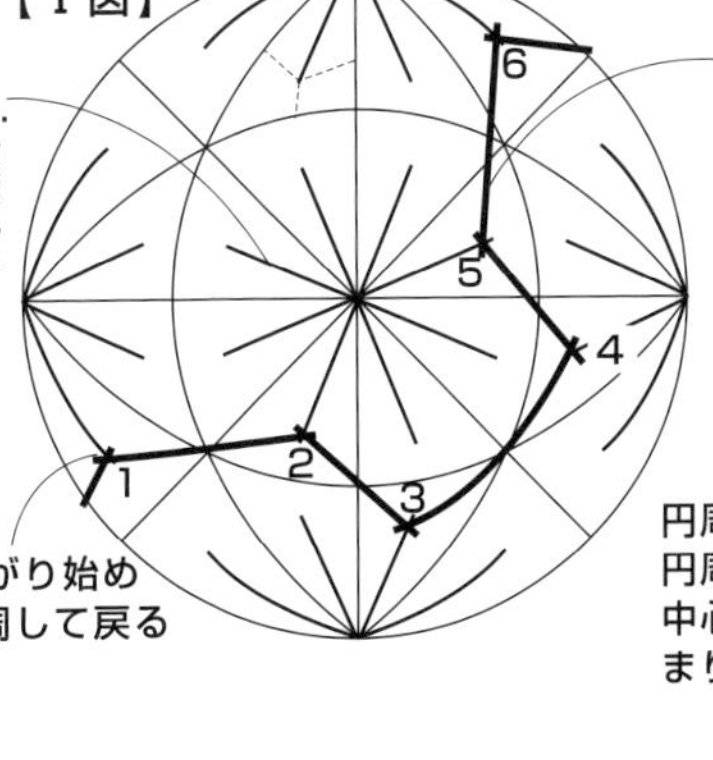

1.
松葉掛け
2.千鳥掛けで
1周
6
5
4
1
2
3
かがり始め
1周して戻る

【Ⅱ図】

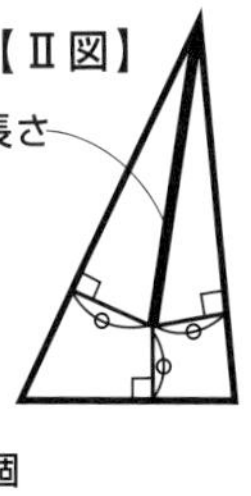

松葉掛けの長さ

カラー口絵11ページ

円周11㎝のまり　4個
円周7.5㎝のまり　27個
中心の下げは2本取りのしゃか結びをまりの上下に付けます。

【しゃか結び】

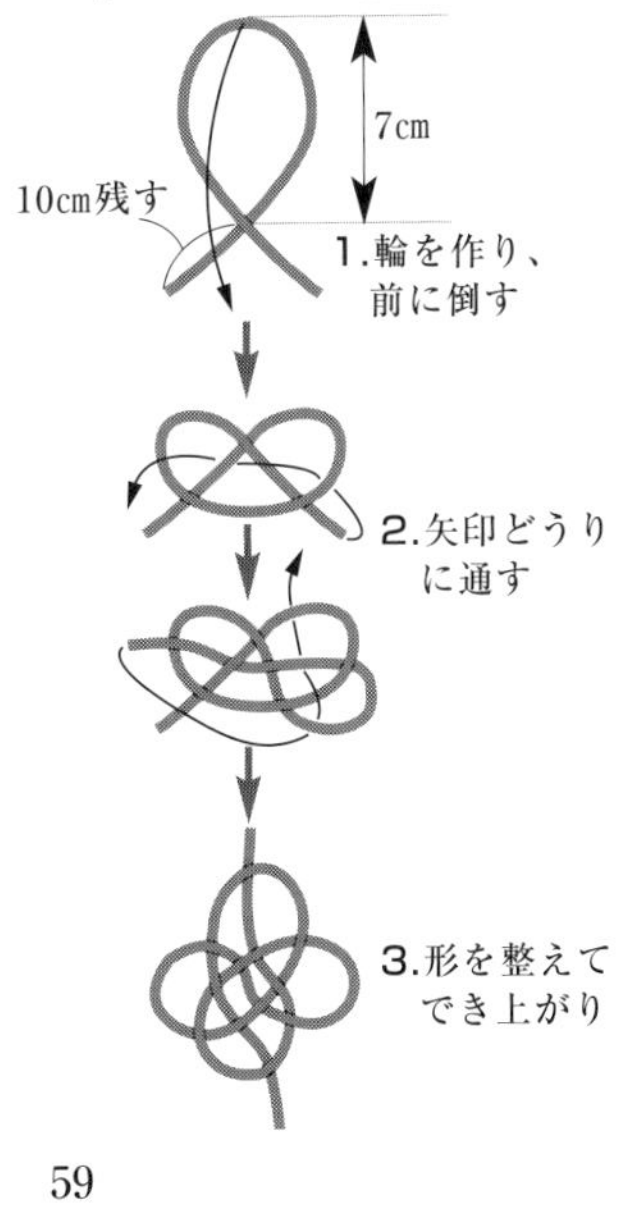

7cm
10cm残す
1.輪を作り、
前に倒す
2.矢印どうり
に通す
3.形を整えて
でき上がり

折り椿

【中級】10等分の組み合わせ

カラー口絵7ページ

◆材料
土台まり／円周31㎝　白地巻き糸
地割り糸／金ラメ糸（2）
かがり糸／5番刺繍糸1本取り…赤、淡ピンク、黄、緑、紺

◆作り方

1 金ラメ糸で、10等分の組み合わせをします。

2 五角の中心から五角の中心までを6等分し、中心の1/6に黄で五角をかがります。

3 次の1/6を赤で10巻き、ピンク2巻きの縞を帯状に巻いて12本組みます。

4 菱形の中心を通る1/6を緑で12本組みます。緑6巻きに紺の縞を4巻き入れます。

牡丹

【初級】10等分の組み合わせ

カラー口絵7ページ

◆材料
土台まり／円周33㎝　白地巻き糸
地割り糸／金ラメ糸（14）
かがり糸／草木染風木綿糸1本取り…ベージュ（528）、赤（30）、橙色（105）、緑（32）、紺（513）

◆作り方

1 金ラメ糸で、10等分の組み合わせをします。

2 五角中心から短い線の1/3の幅でベージュ、橙色、赤で五角をかがります（配色表）。重なった部分は組みながら、12か所かがります。

3 2で組んだ五角の上に、星掛けを組んで12か所かがります。

4 3の星形の外側に緑の五角を12か所、組みながらかがります（配色表）。

（吉田　操）

八重牡丹

【上級】10等分の組み合わせ

カラー口絵7ページ

◆材料
土台まり／円周31㎝　白地巻き糸
地割り糸／金ラメ糸（14）
かがり糸／草木染風木綿糸1本取り…ピンク濃～淡（12・25・4）、緑（531）、紺（519）、金糸

◆作り方

1 金ラメ糸で、10等分の組み合わせをします。

2 五角中心から長い線の1/6の幅でピンク濃淡で20本組みます（配色表）。五角の中心と三角の中心はくぐらせます。

3 2の中心で組んだ外側に1/6の幅でピンク濃淡20本を並べて組みます（配色表）。

4 姫椿と同様に花の間を1/6の幅で緑20本で組みます。

姫椿

カラー口絵7ページ

五角と三角の中心1/6に黄で花芯をかがります。赤で20本、緑で20本で組み、紺の縞を入れます。(折り椿参照)

円周35㎝の白土台まり
10等分の組み合わせ
草木風木綿糸

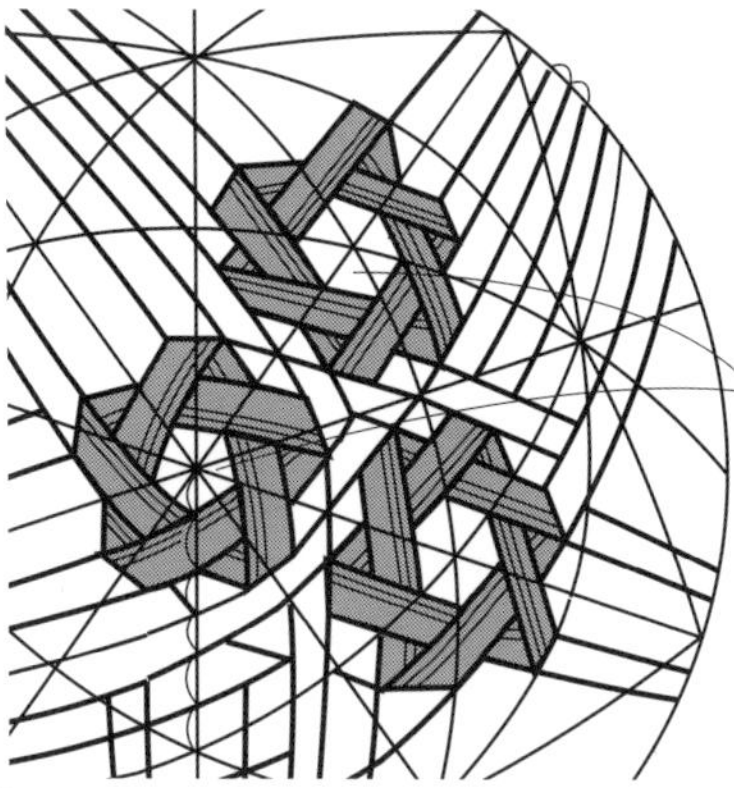
五角と三角の中心1/6幅まで黄でかがる

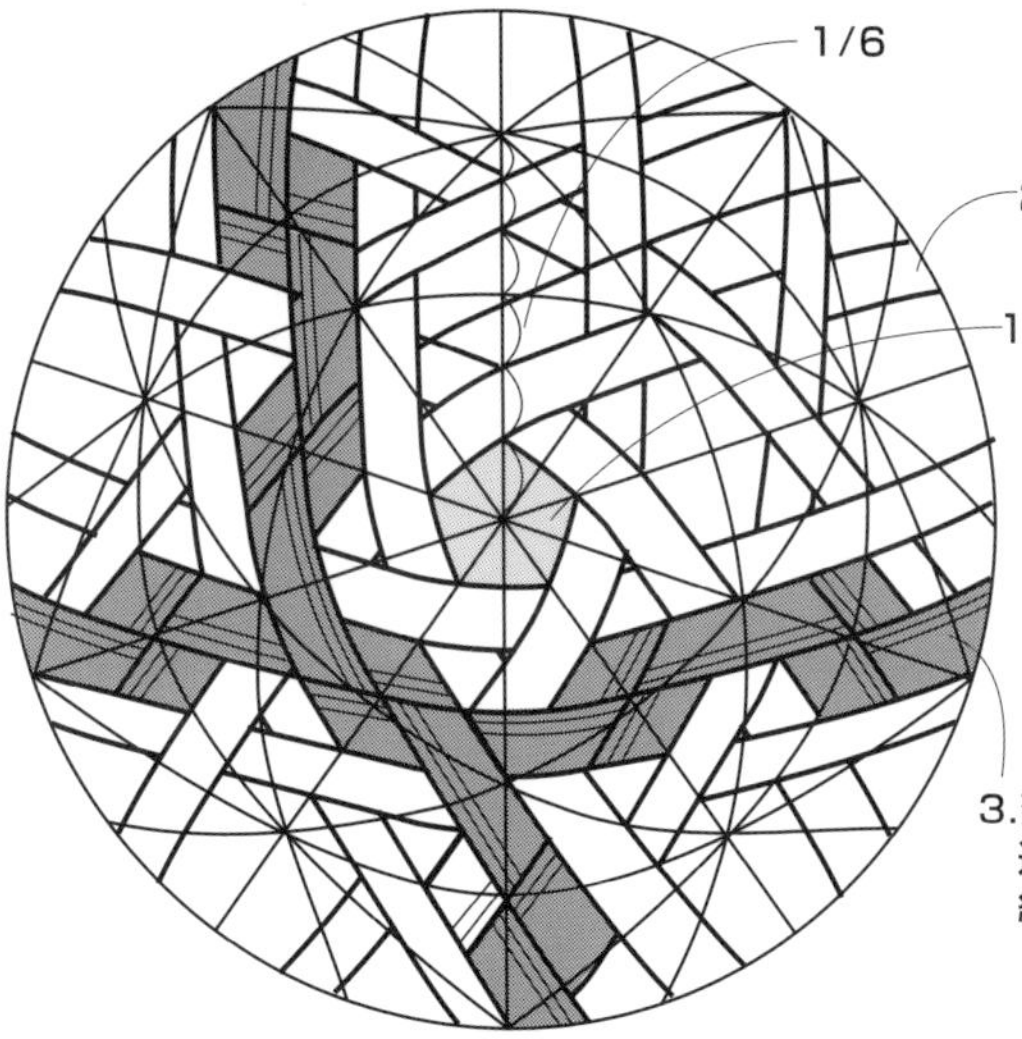
2.次の1/6を赤で組む
1.中心の1/6幅に黄で五角
3.菱形中心を通る1/6幅を緑で組む

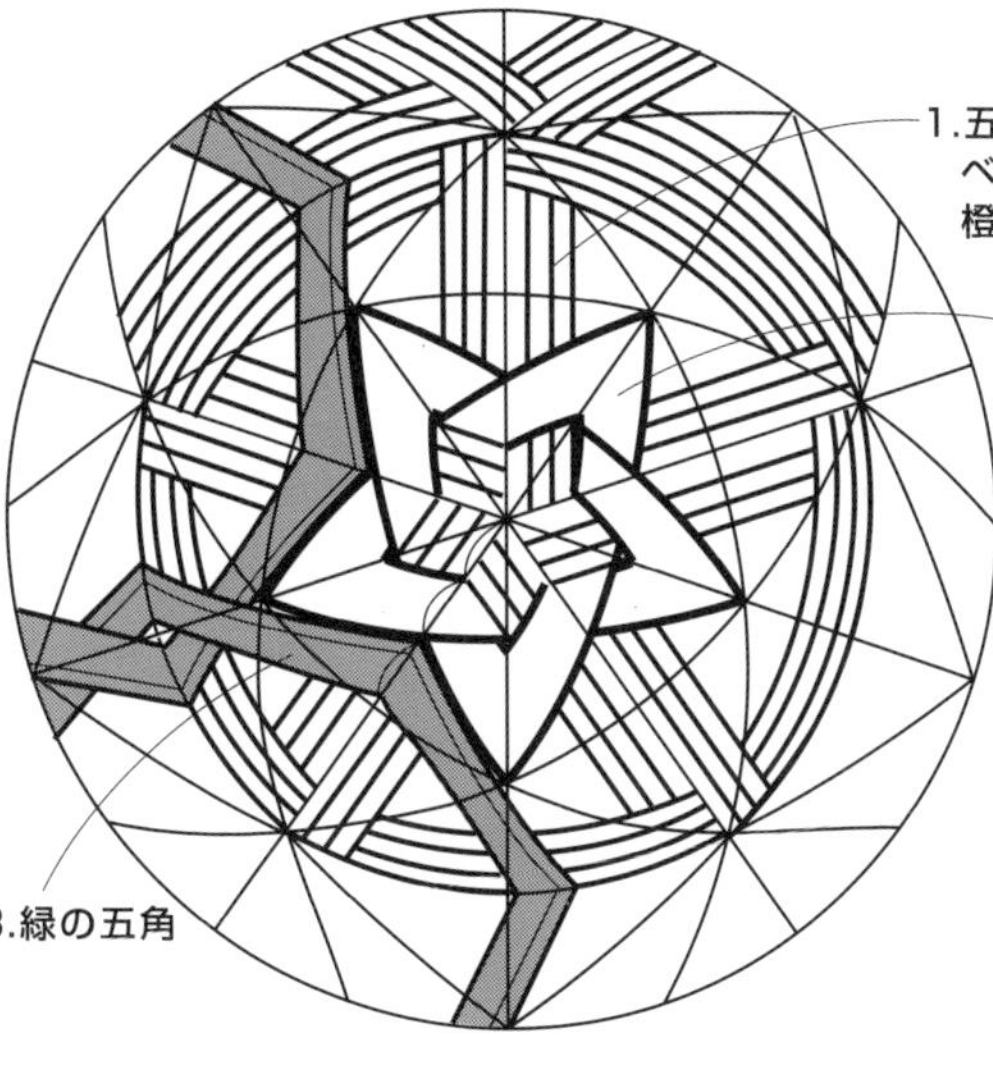
1.五角 ベージュ 橙色、赤
2.星掛け

◇緑の五角配色表
(1本取り)

金糸	………1段
緑 (32)	…5段
紺 (513)	…1段
緑 (32)	…2段
紺 (513)	…1段
緑 (32)	…5段
計	15段

◇五角と星の花配色表
(1本取り)

ベージュ (528)	…4段
橙色 (105)	…4段
赤 (30)	…4段
計	12段

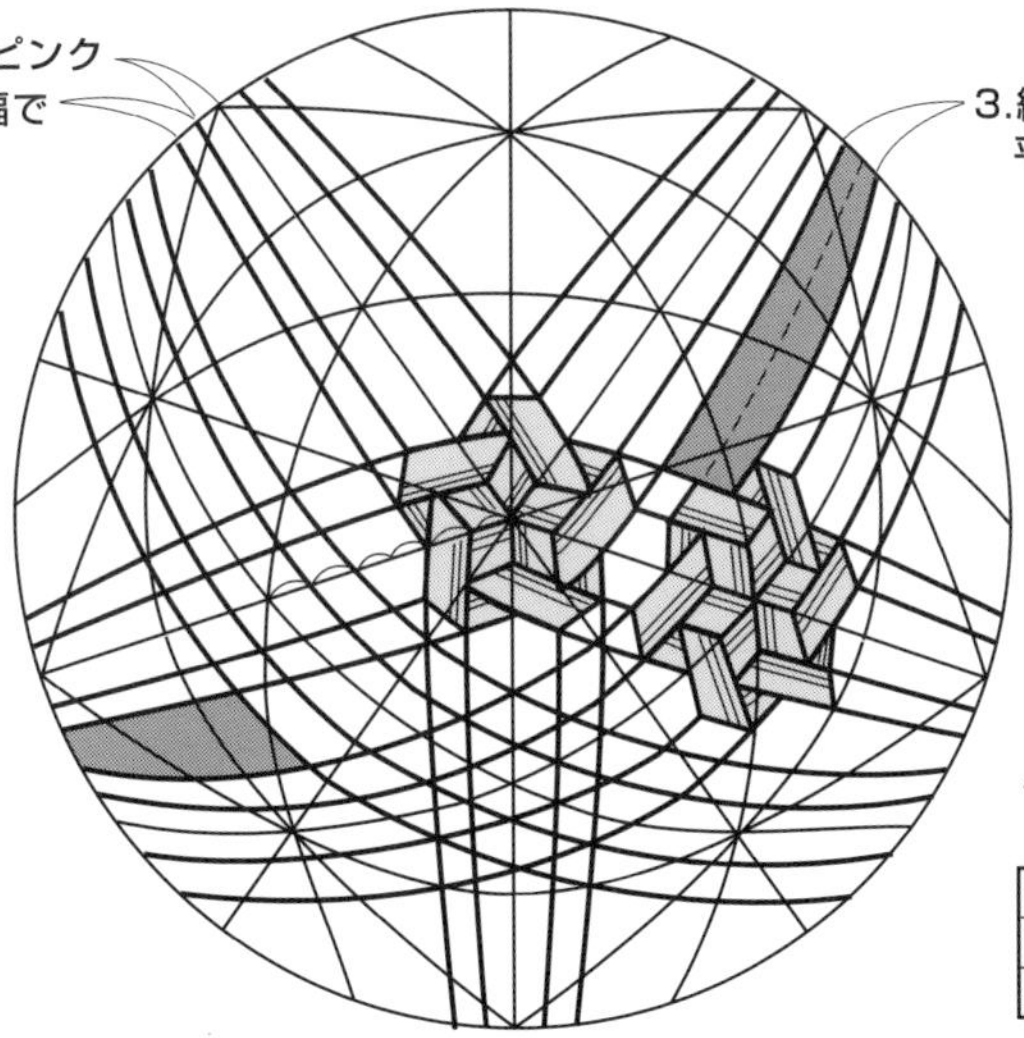
1.1/6幅でピンク
2.外側に1/6幅で並べて組む
3.緑2本平行に組む

◇ピンクの花配色表
(1本取り)

濃ピンク(12)	…2段
中ピンク(25)	…2段
淡ピンク(4)	…3段
計	7段

◇かご目配色表
(1本取り)

緑(531)両側	……2段	
金糸	………3段	交互にかがる
紺(519)	…2段	交互にかがる

【初級】10等分の組み合わせ

虹色の毬衣（鱗模様）

カラー口絵27ページ

◆材料
土台まり／円周38㎝ 白地巻き糸
地割り糸／金ラメ糸（12）
かがり糸／京てまり糸1本取り…赤(23)、紫(530)、青(527)、緑(33)、黄(39)、ピンク(517)、白(511)

◆作り方

1 金ラメ糸で、10等分の組み合わせをします。

2 菱形4等分の中に4本ずつ平行に千鳥掛けをします。同色を4本ずつ、1段ずつ交互に6色でかがり埋めます（Ⅱ図）。

3 10等分の組み合わせの五角の中に上掛け千鳥の花を12か所かがります（Ⅰ図）。2と同じ6色で、表裏2か所ずつ同色にします。鱗模様と同じ色が重ならないよう五角にかがります。

4 白で縁取りを1段かがります。

（大野寿美子）

【中級】10等分の組み合わせ

虹色の毬衣（市松模様）

カラー口絵27ページ

◆材料
土台まり／円周38㎝ 白地巻き糸
地割り糸／金ラメ糸（12）
かがり糸／京てまり糸1本取り…ピンク(12)、黄(39)、紫(17)、青(106)、緑(33)、青(514)、白(1)

◆作り方

1 金ラメ糸で、10等分の組み合わせをします（Ⅰ図）。

2 菱形4等分の中に2本ずつ平行に千鳥掛けで1周し、6か所から色を替えて掛けます（Ⅱ図）。

3 2段目から2で掛けた糸の両側に同色で4本ずつ掛けます。1段ずつ交互に埋まるまでかがります。

4 鱗模様と同様に、五角の中心に上掛け千鳥の花をかがり、白で縁取りを1段入れます（Ⅰ図）。

（吉田　操）

【上級】10等分の組み合わせ

虹色の毬衣（波紋）

カラー口絵27ページ

◆材料
土台まり／円周30㎝ 白地巻き糸
地割り糸／金ラメ糸（12）
かがり糸／京てまり糸1本取り…ピンク(4)、緑(33)、青(106)、紫(16)、黄(39)、ベージュ(523)、紺(519)

◆作り方

1 金ラメ糸で、10等分の組み合わせをします（Ⅰ図）。

2 菱形4等分の中に正方形になる線上にピンク28段で千鳥掛けで1周して、菱形の中をかがり埋めます（Ⅱ図）。

3 6か所から6色で同様に掛けますが糸が重なるときは6本ごとにくぐらせます。2段ずつ同じ部分をくぐらせたら、2本ずつ隣にずらして6本ずつくぐらせます。

4 五角の中心に上掛け千鳥の花をかがり紺で縁取りを入れます（Ⅰ図）。

【Ⅱ図】菱形4等分（鱗模様）

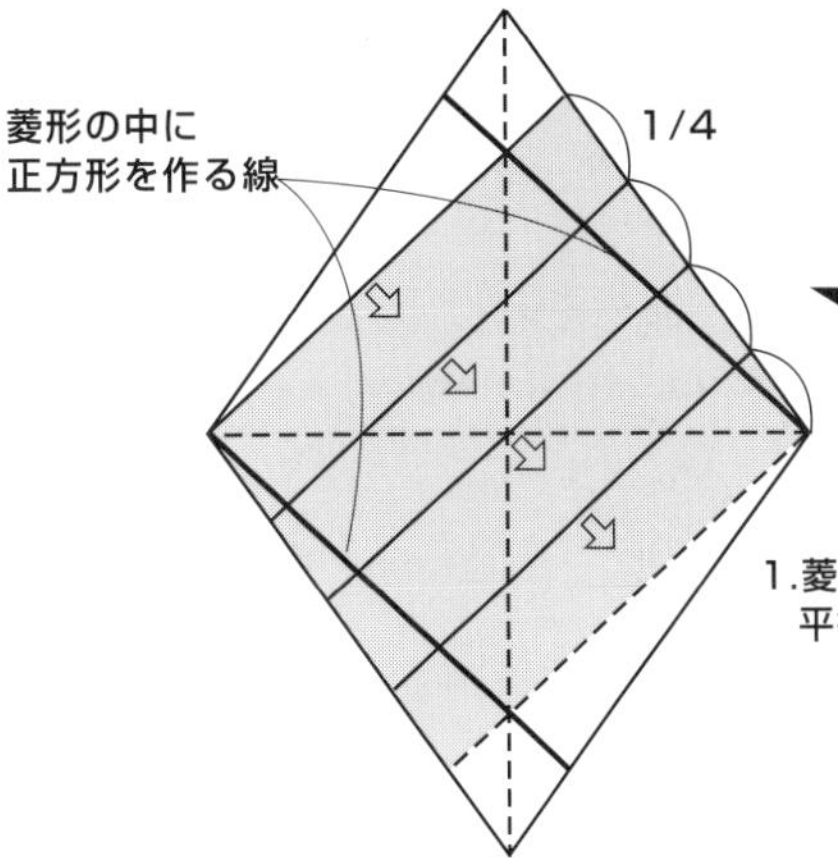

【Ⅰ図】
（鱗模様）

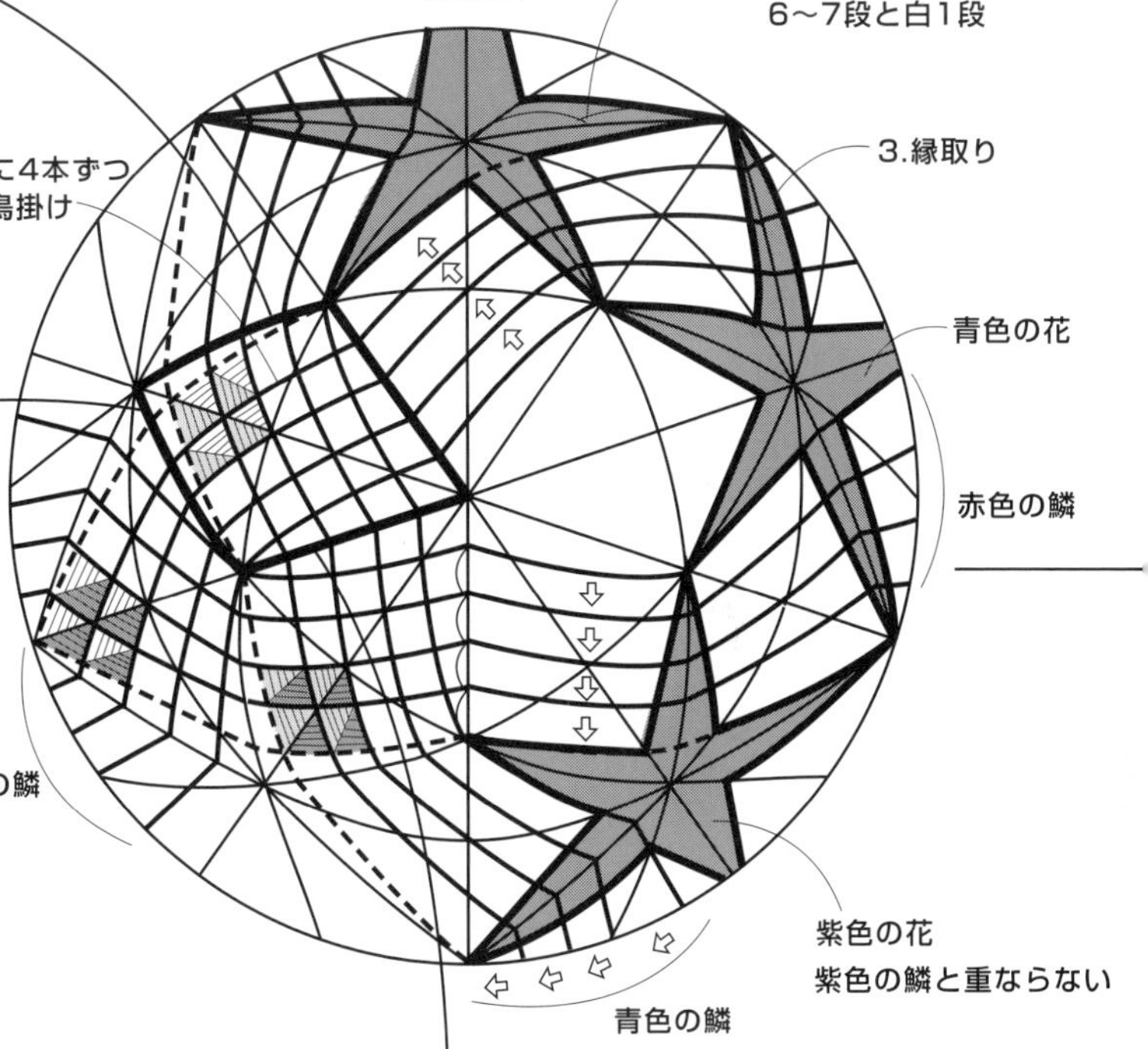
2.赤色の上掛けの花
五角の長い線の1/2から
かがり始める
1.菱形の中に4本ずつ
平行に千鳥掛け

【Ⅱ図】 菱形4等分（市松模様）

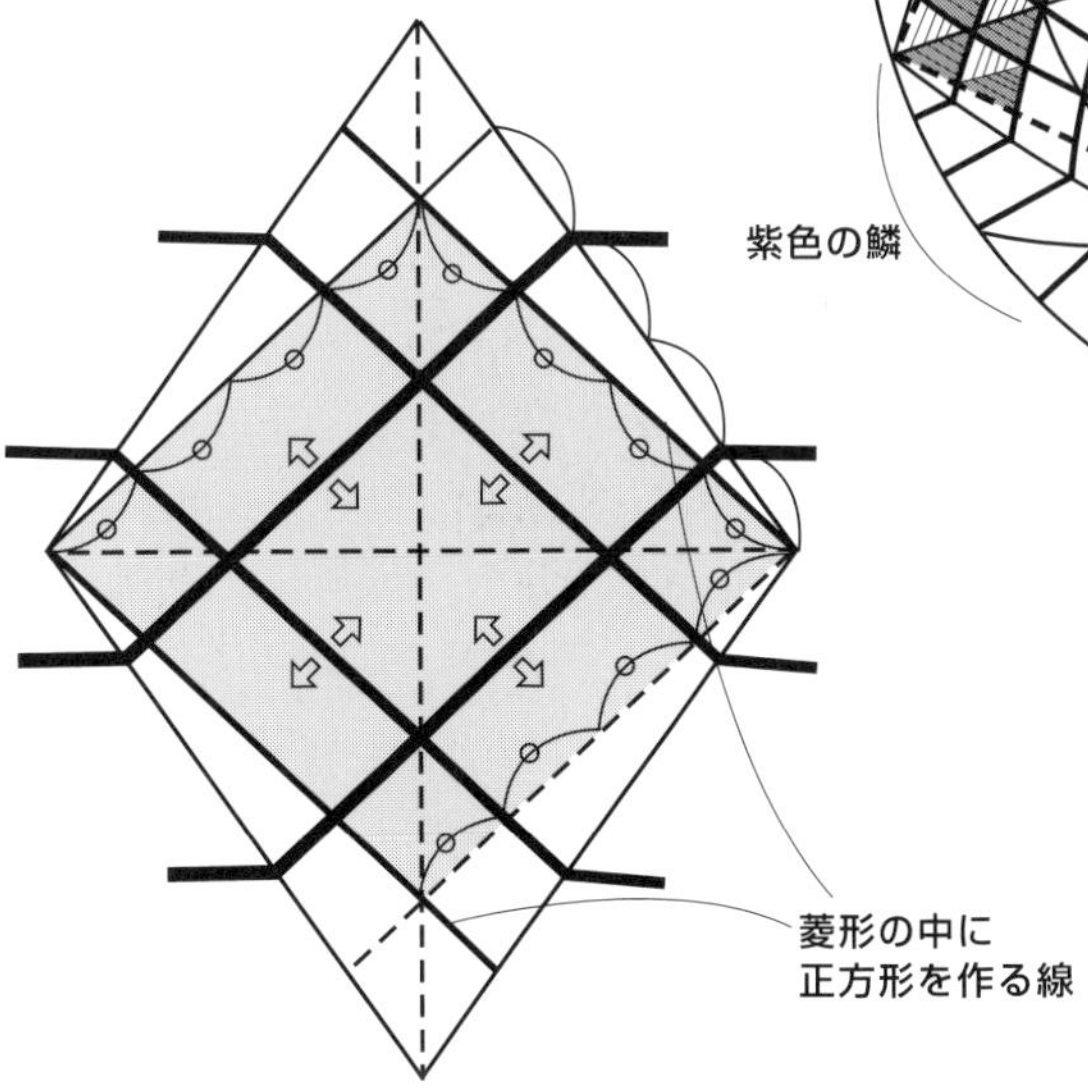

【Ⅱ図】
菱形4等分（波　紋）

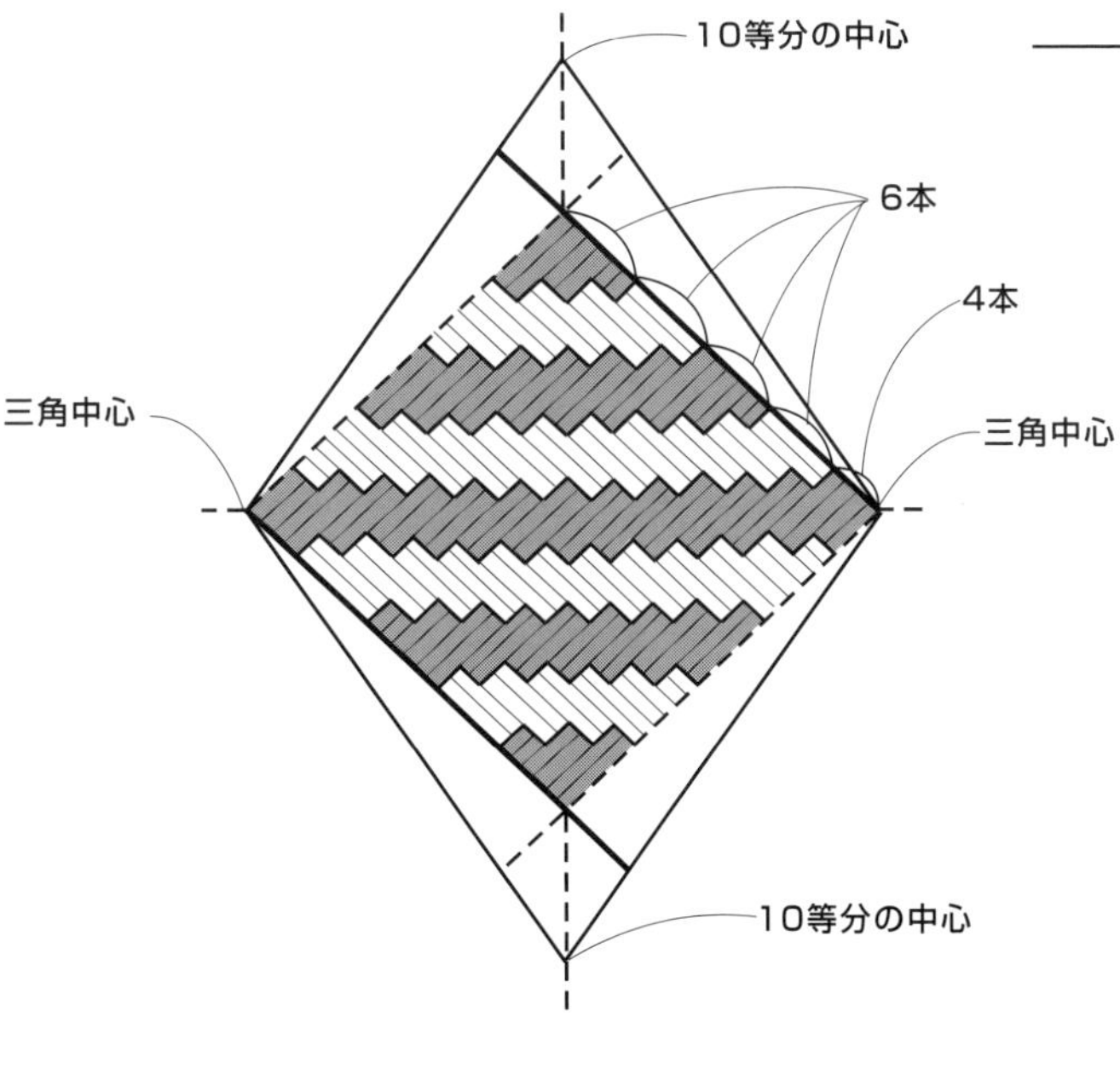

Ⅰ図（鱗模様）の菱形4等分に
市松模様、波紋をそれぞれかがる。

【初級】6等分

二面篭目に大文字草

カラー口絵14ページ

◆材料
土台まり／円周30㎝　緑地巻き糸
地割り糸／緑しつけ糸
かがり糸／草木染風木綿糸1本取り…白（1）、緑（35）、紺（513）、金ラメ糸

◆作り方

1 緑しつけ糸で6等分の組み合わせをし6等分の1/2に六角の補助線を入れます。
2 補助線の六角の中に白4本で三角二重と六角の1/2の線を入れます（Ⅰ図）。
3 赤道Aから細いかご目を紺と緑4本を6回巻きます（配色表）。2の花の糸と直角に交わるときは、花の下をくぐらせます（Ⅱ図）。
4 Bからも2と同様に花の下をくぐらせて6回巻き、Cからも同様に巻きます。直角に交わる花と、Aから巻いたかご目の下をくぐらせます。
5 補助線の六角に沿って、A・B・Cか

【中級】10等分の組み合わせ

全面篭目に大文字草

カラー口絵14ページ

◆材料
土台まり／円周33㎝　薄緑地巻き糸
地割り糸／緑しつけ糸
かがり糸／京てまり糸1本取り…白（532）、緑（516）、紺（519）、金ラメ糸

◆作り方

1 緑しつけ糸で10等分の組み合わせをします。
2 白4本で、五角中心から五角中心までの1/3を通る線を巻きます。五角中心を通る三角の線もかがり、糸の交わる部分は、緑しつけ糸で小さな松葉掛けをして止めます（Ⅰ図）。
3 緑・紺・緑の3本でかご目を組みます。30本巻きますが、花の白糸と直角に交わるときも糸の下にくぐらせます（Ⅱ図）。
4 花とかご目に金ラメ糸で松葉掛けをします。

（阿部嘉世）

【上級】10等分の組み合わせ

花重ね大文字草

カラー口絵14ページ

◆材料
土台まり／円周30㎝　黒地巻き糸
地割り糸／細ラメ糸
かがり糸／草木風木綿糸1本取り…白（532）、ピンク（517）、緑（35）、青（527）、えんじ色（24）

◆作り方

1 細ラメ糸で、10等分の組み合わせをします。
2 白4本で菱形の中心を通る線を6か所巻きます。五角中心から五角中心までの三角も白4本でかがります（Ⅰ図）。
3 2でできた白の三角を、さらに細かい三角に分ける線を、ピンク4本で巻きます（Ⅱ図）。
4 ピンクの花の1/2を通して緑と青でかご目を20回組み、白い花と直角に重なるときも下をくぐらせます。
5 花の中心に細い糸のえんじ色で松葉掛けを入れます。

◇細いかご目配色表

（1本取り）

紺（513）	…1段
緑（35）	…2段
紺（513）	…1段
計	4段

◇太いかご目配色表

（1本取り）

紺（513）	…3段
緑（35）	…1段
紺（513）	…1段
緑（35）	…1段
計	6段

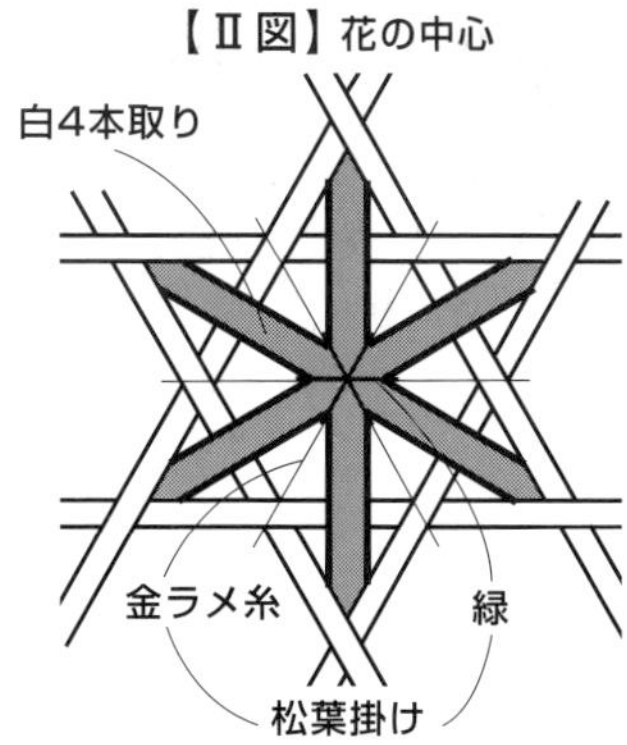

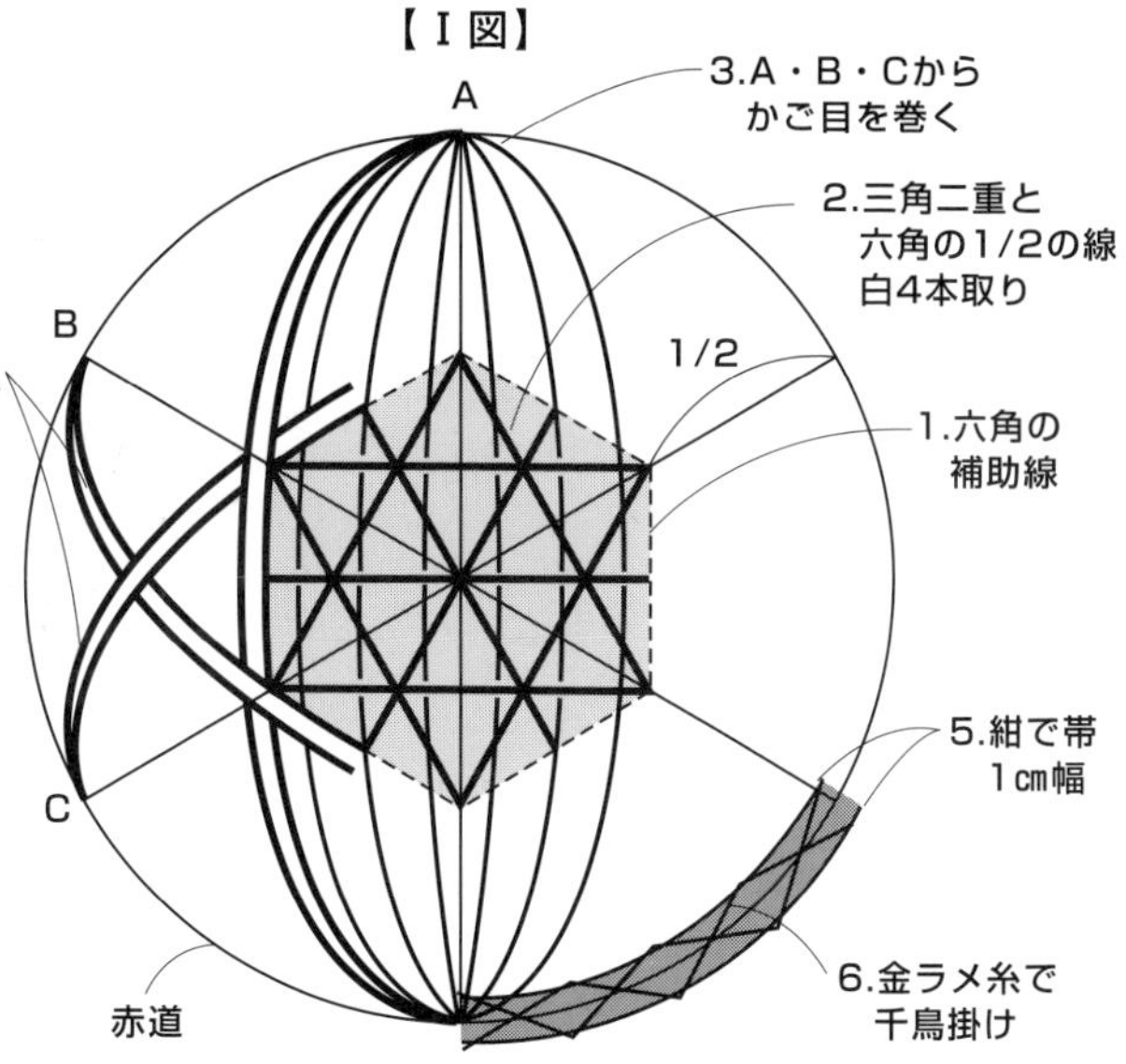
4.A・B・Cから
太いかご目を巻く

ら縁取りの太いかご目を巻きます（配色表）。

6 赤道に紺で1㎝幅の帯を巻き、金ラメ糸の千鳥掛けで止めます。花の中心も金ラメ糸と緑の松葉掛けで止めます。

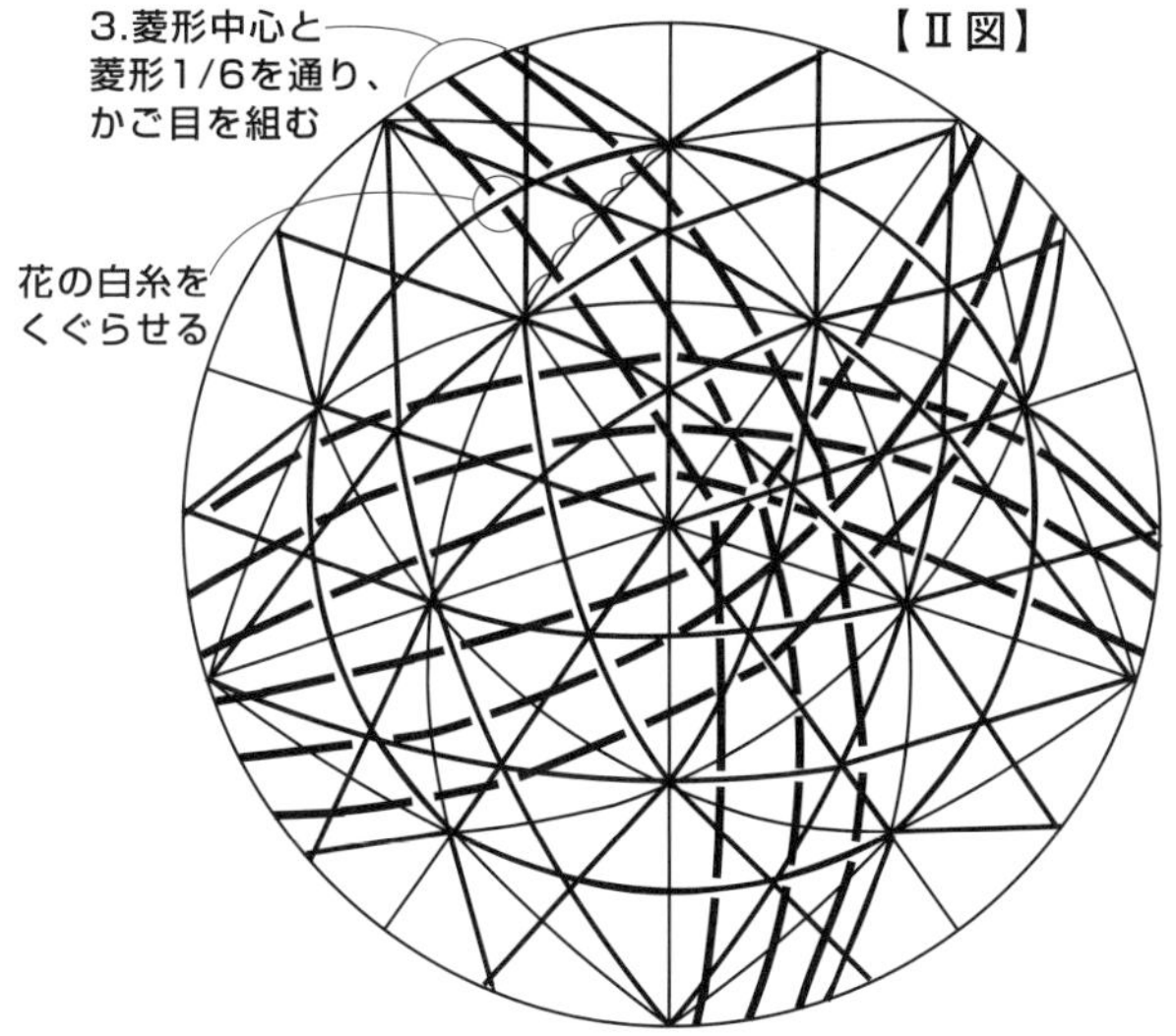

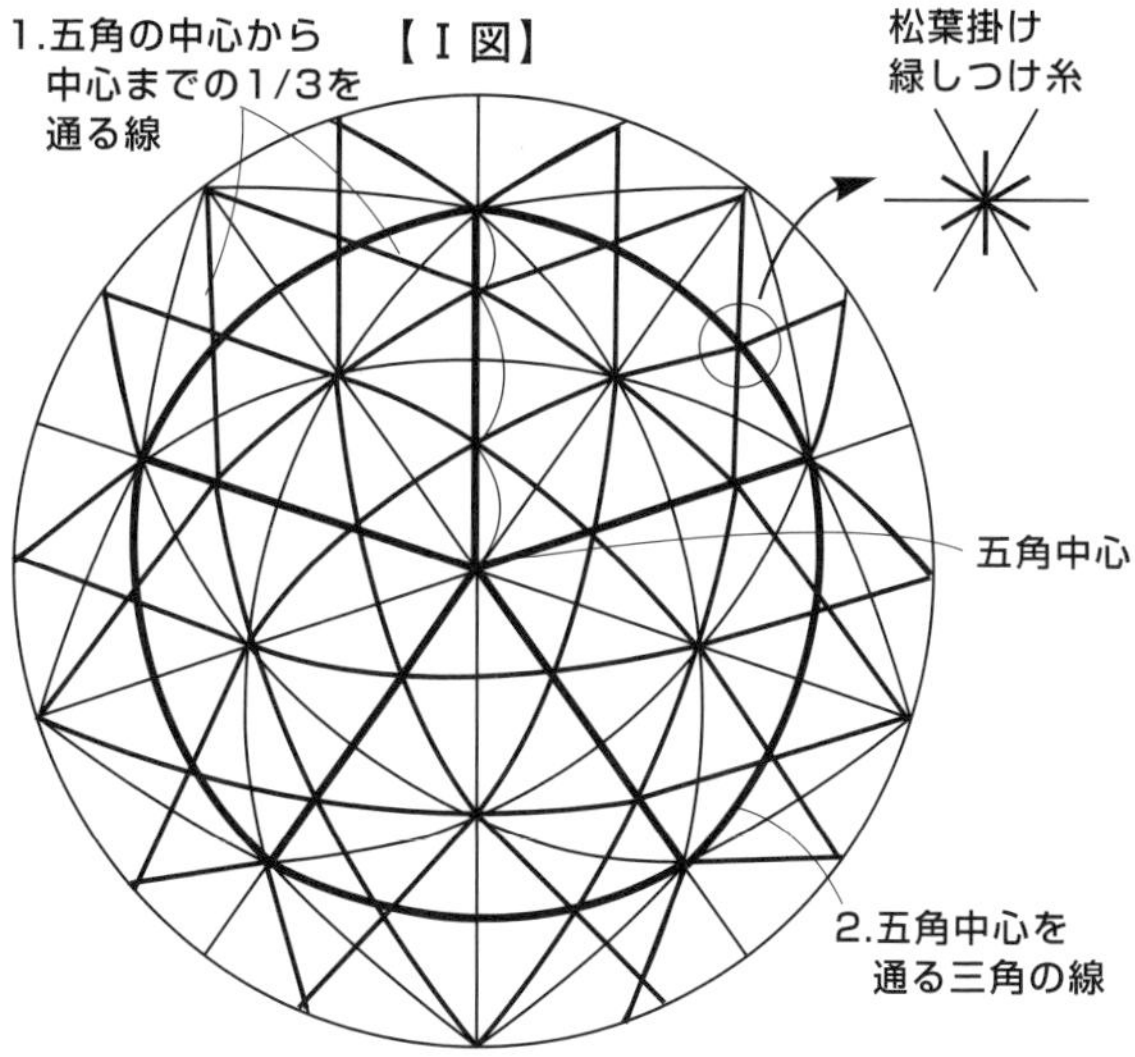

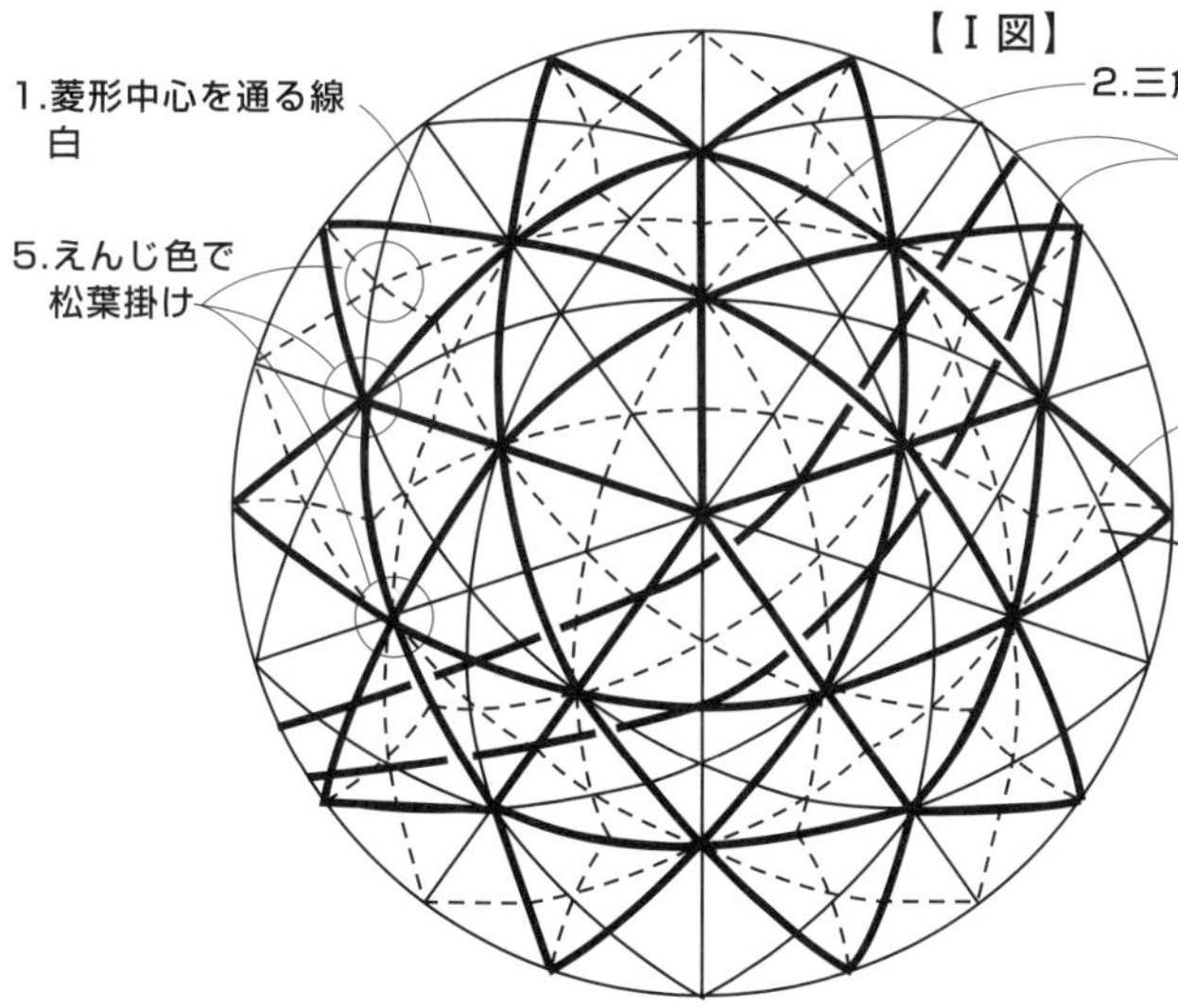
2.三角の線
4.かご目を組む
3.小さい三角に
ピンクを巻く

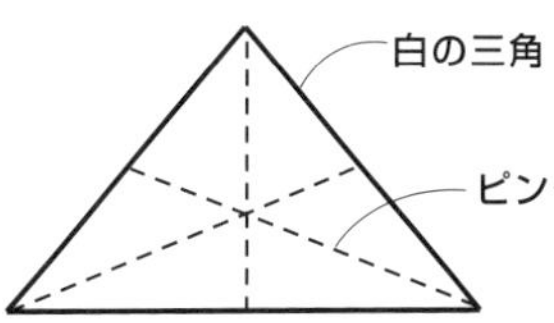
【Ⅱ図】細かい三角
ピンク

【初級】10等分の組み合わせ

くずし麻の葉Ⅰ

カラー口絵12ページ

◆材料
土台まり／円周30cm　白地巻き糸
地割り糸／金ラメ糸（12）
かがり糸／草木染風木綿糸1本取り…ピンク濃淡（534・528）、緑濃淡（33・515）、紫濃淡（530・16）、黄濃淡（28・7）、グレー（40）、水色（5）、黒（2）、金ラメ糸

◆作り方

1 金ラメ糸で10等分の組み合わせをし、菱形4等分を通る補助線を6本入れます。

2 補助線に沿って両側に1/6の幅で黄（7）を巻きます。6本の補助線に沿って紫、水色、ピンク、緑、黄(28)も巻き、重なる部分はくぐらせて組みます。

3 五角中心から五角中心を通り平行に1/6幅で2本かがりますが、6か所を同色にして5色でかがります。五角中心と 2 で巻いた糸と交わるとき、くぐらせて組みます。

4 色の境目に黒で線掛けを入れ、麻の葉の中心に金ラメ糸で松葉掛けを入れます。

（宇野清美）

【中級】10等分の組み合わせ

くずし麻の葉Ⅱ

カラー口絵12ページ

◆材料
土台まり／円周30cm　白地巻き糸
地割り糸／金ラメ糸（12）
かがり糸／草木染風木綿糸1本取り…紫（16）、青濃淡（527・5）、黄濃淡（28・7）、緑（515）、ピンク濃淡（25・4）、ベージュ濃淡（29・528・520）、黒（2）、金ラメ糸

◆作り方

1 金ラメ糸で10等分の組み合わせをし、32面体の補助線を入れます。

2 補助線の両側に1/9の幅で巻きます。平行になる2組を同色にして12本巻きます。重なりを組みながら紫、青、黄、緑6色で巻きます（くずし麻の葉Ⅰ参照）。

3 五角中心から五角中心を通り平行に1/9の幅で2本かがりますが、6か所を同色にしてピンクとベージュ5色でかがります。

4 色の境目に黒で線掛けを入れ、麻の葉の中心に金ラメ糸で松葉掛けを入れます。

【上級】8等分の組み合わせ

三色くずし麻の葉

カラー口絵12ページ

◆材料
土台まり／円周30cm　白地巻き糸
地割り糸／金ラメ糸（12）
かがり糸／草木染風木綿糸1本取り…紫（16）、緑（515）、黄土色（535）、黒（2）

◆作り方

1 金ラメ糸で8等分の組み合わせをし、三角6等分を4等分する補助線を入れます（Ⅰ図）。

2 小さい三角の1/3の幅で3色の六角を組みます。8等分の中心は四角と五角になります（Ⅱ図）。重ならない隣接する四角、五角、六角は同色でかがります。

3 色の境目に黒で縁取りをします。

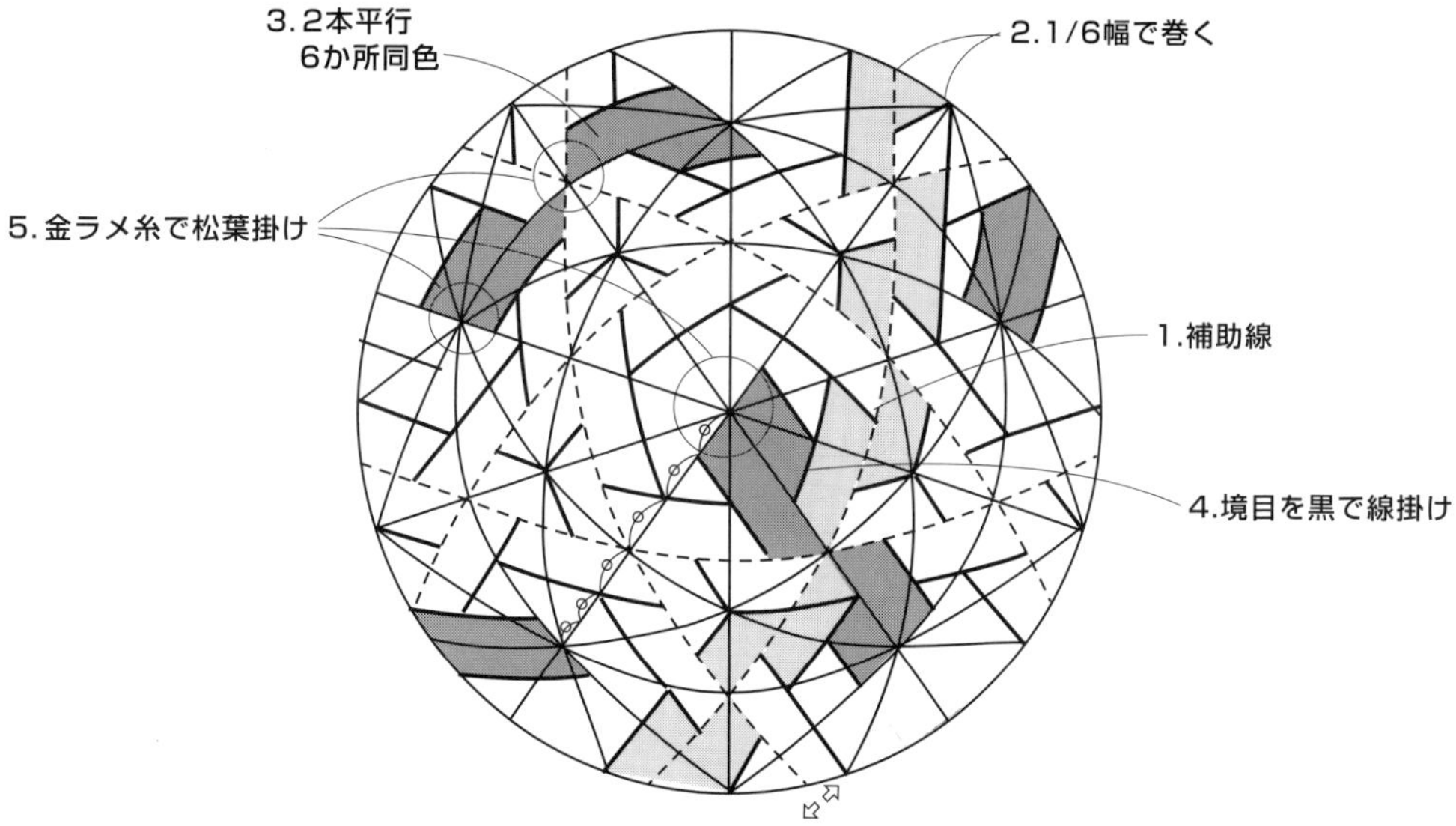
3.2本平行
6か所同色
2.1/6幅で巻く
5.金ラメ糸で松葉掛け
1.補助線
4.境目を黒で線掛け

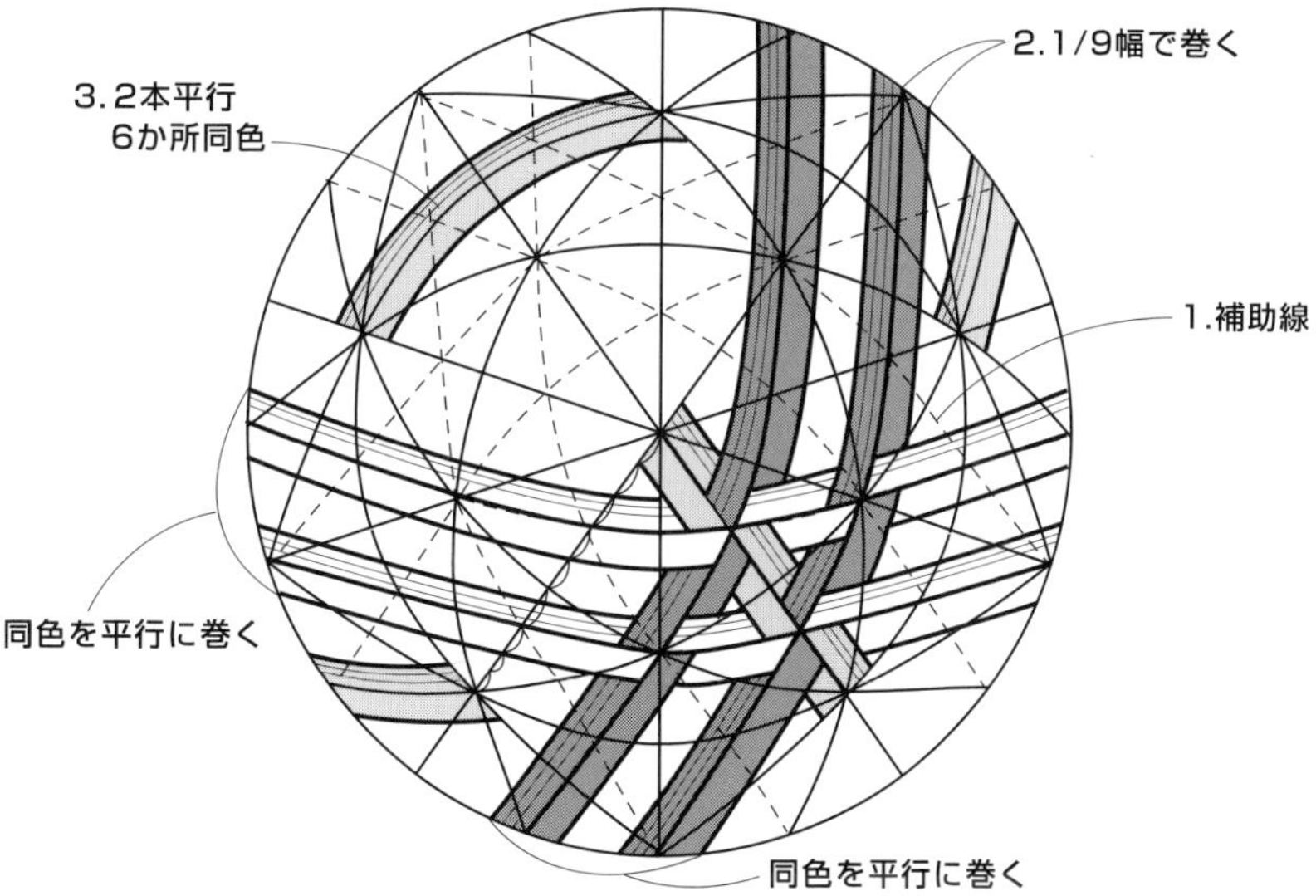
3.2本平行
6か所同色
2.1/9幅で巻く
1.補助線
同色を平行に巻く
同色を平行に巻く

【Ⅱ図】

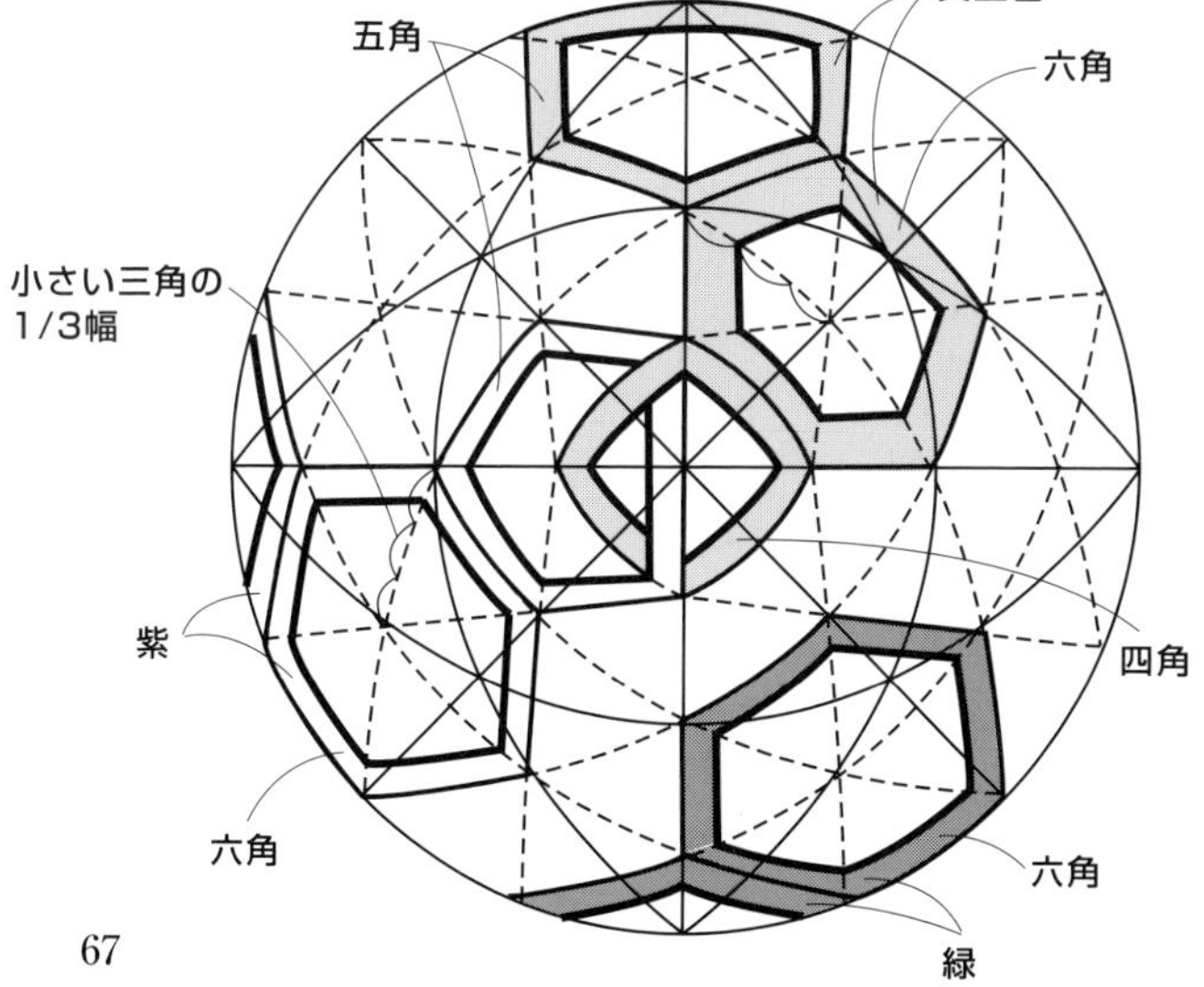
黄土色
五角
六角
小さい三角の
1/3幅
紫
四角
六角
六角
緑

【Ⅰ図】

8等分の組み合わせ

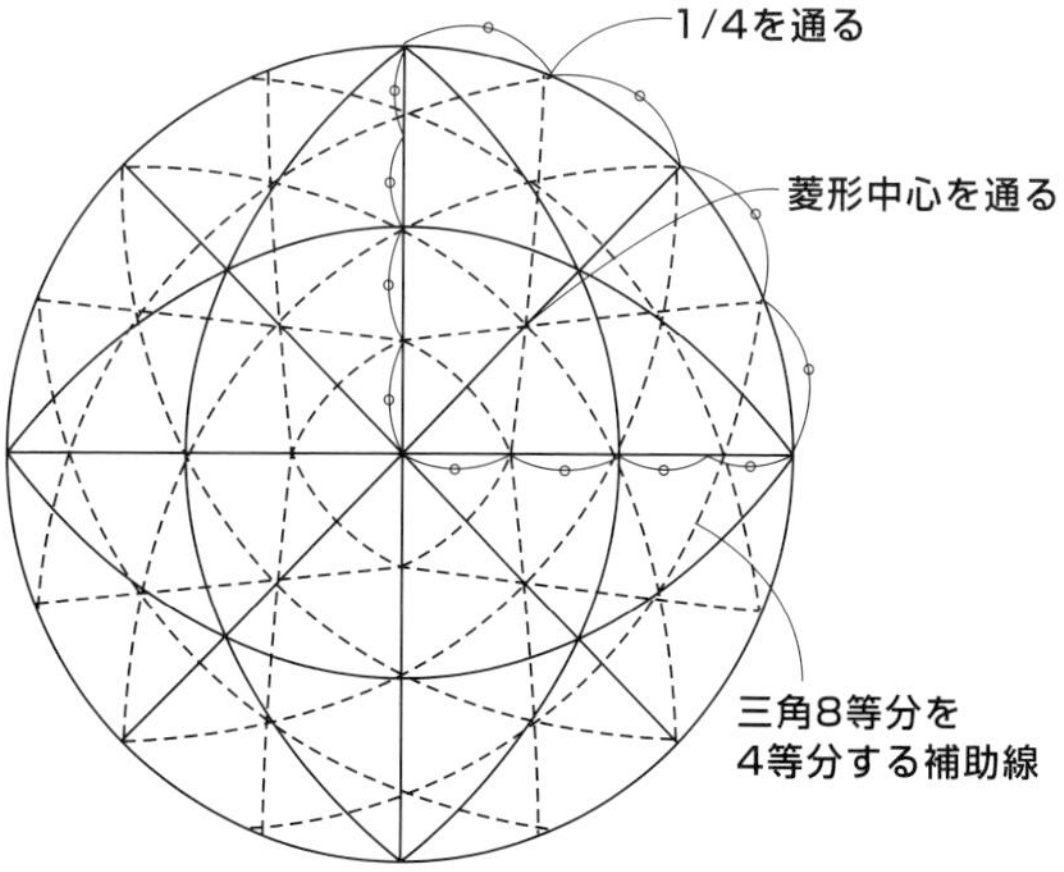
1/4を通る
菱形中心を通る
三角8等分を
4等分する補助線

【初級】10等分の組み合わせ

色分け千鳥

カラー口絵15ページ

◆材料
土台まり／円周30㎝　白地巻き糸
地割り糸／金ラメ糸（12）
かがり糸／草木染風木綿糸1本取り…青（5）、緑（515）、黄（28）、紫（16）、ピンク濃淡（517・528）、黒（2）

◆作り方

1 金ラメ糸で10等分の組み合わせをし、32面体の補助線を入れます（Ⅰ図）。

2 補助線でできた小さな菱形を平行に2等分して平掛けでかがり埋め、隣り合った3か所を同色にして千鳥の形にかがり埋めます（Ⅱ図）。五角を中心に5色の千鳥、全体で60か所の千鳥を、6色でかがり埋めます。

3 千鳥の縁取りの線を黒でかがります。

（吉田　操）

【初級】10等分の組み合わせ

舞千鳥Ⅰ

カラー口絵15ページ

◆材料
土台まり／円周26㎝　緑地巻き糸
地割り糸／金ラメ糸（4）
かがり糸／京てまり糸2本取り…ピンク（3）、赤（22）

◆作り方

1 金ラメ糸で、10等分の組み合わせをします。

2 五角10等分の上にピンクで五角を5段かがります。

3 全体で12個の五角をかがりますが、重なった一方をくぐらせて組みます。

4 赤で五角の外側にくぐらせて、千鳥の縁取りを入れます。

5 五角の中心に金ラメ糸で松葉掛けを入れます。

（前田範子）

【中級】10等分の組み合わせ

組み千鳥

カラー口絵15ページ

◆材料
土台まり／円周26㎝　水色地巻き糸
地割り糸／金ラメ糸（12）
かがり糸／草木染風木綿糸1本取り…サーモンピンク（528）、えんじ色（518）

◆作り方

1 金ラメ糸で、10等分の組み合わせをします。

2 菱形4等分の中心を通る6本巻きのかご目を組みます。えんじ色2本と両側にピンク8本ずつ合計18本巻いて組みます。

3 2の両側に5本、くぐらす数を増やしながら組みます。

4 両端にえんじ色2本で縁取りの線を入れます。

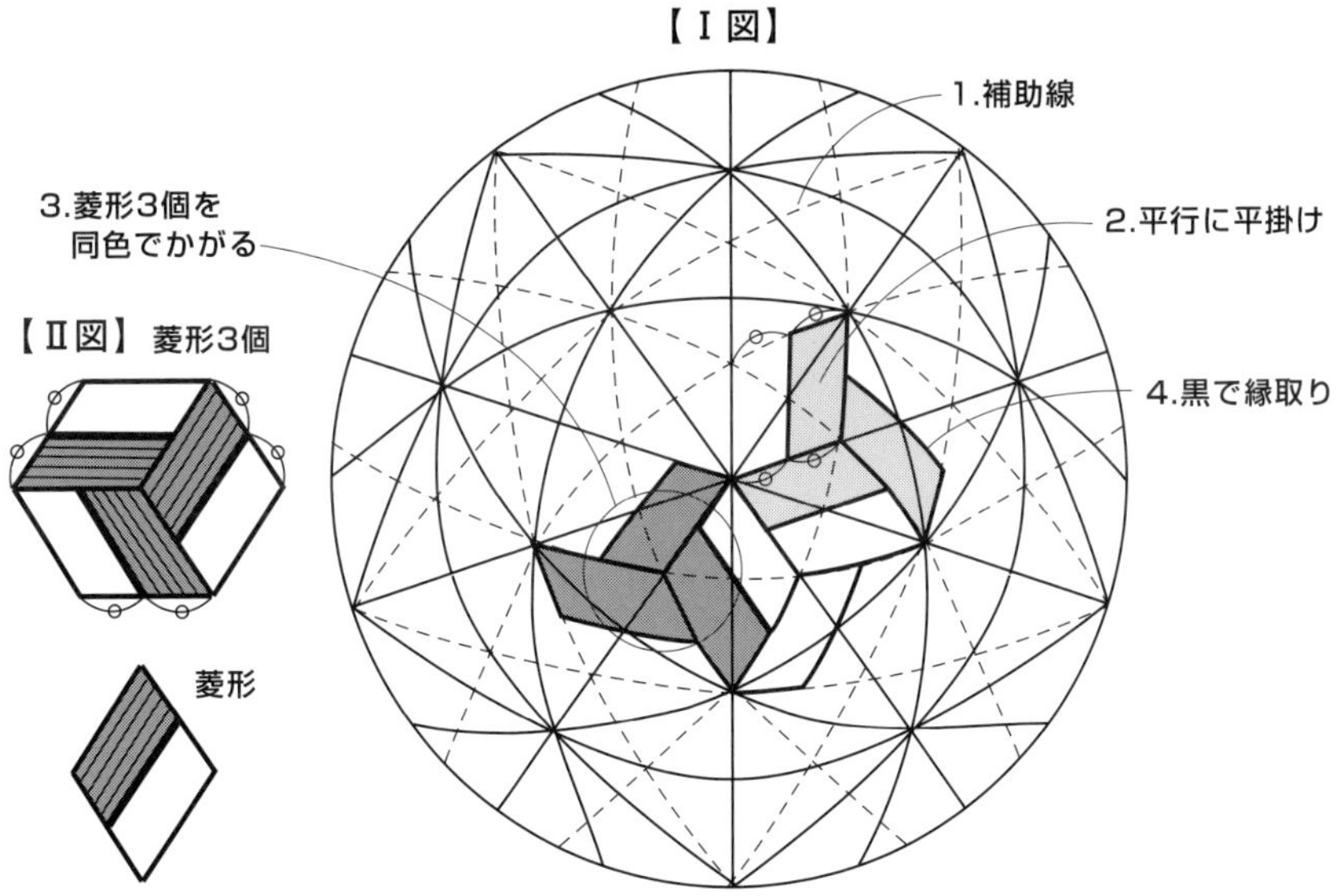

舞千鳥Ⅱ

カラー口絵15ページ

円周33cmピンク土台まり
10等分の組み合わせ
京てまり糸1本どり

32面体の補助線を入れ、五角12個と六角20個を淡黄で組んでかがります。五角と六角の外側に2段くぐらせて、かがり足します。ピンクで千鳥の縁取りを入れます。

（丸田幸子）

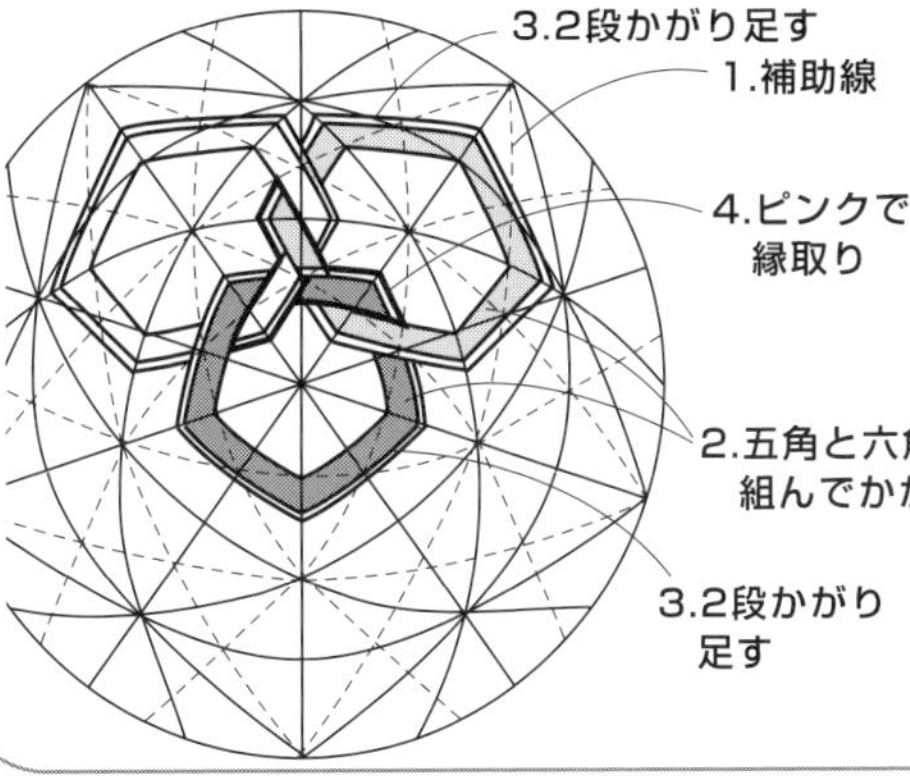
2.五角と六角を
組んでかがる

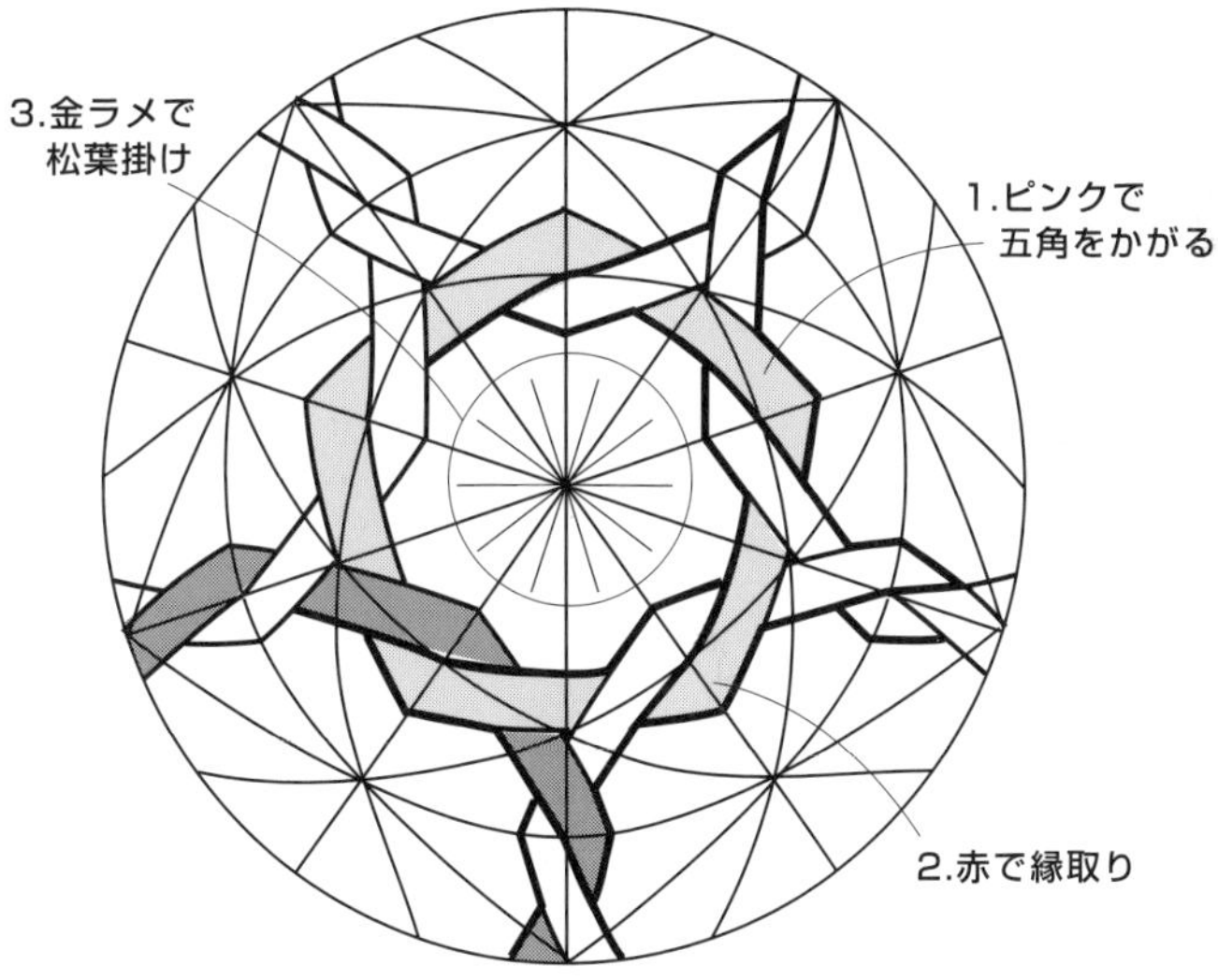

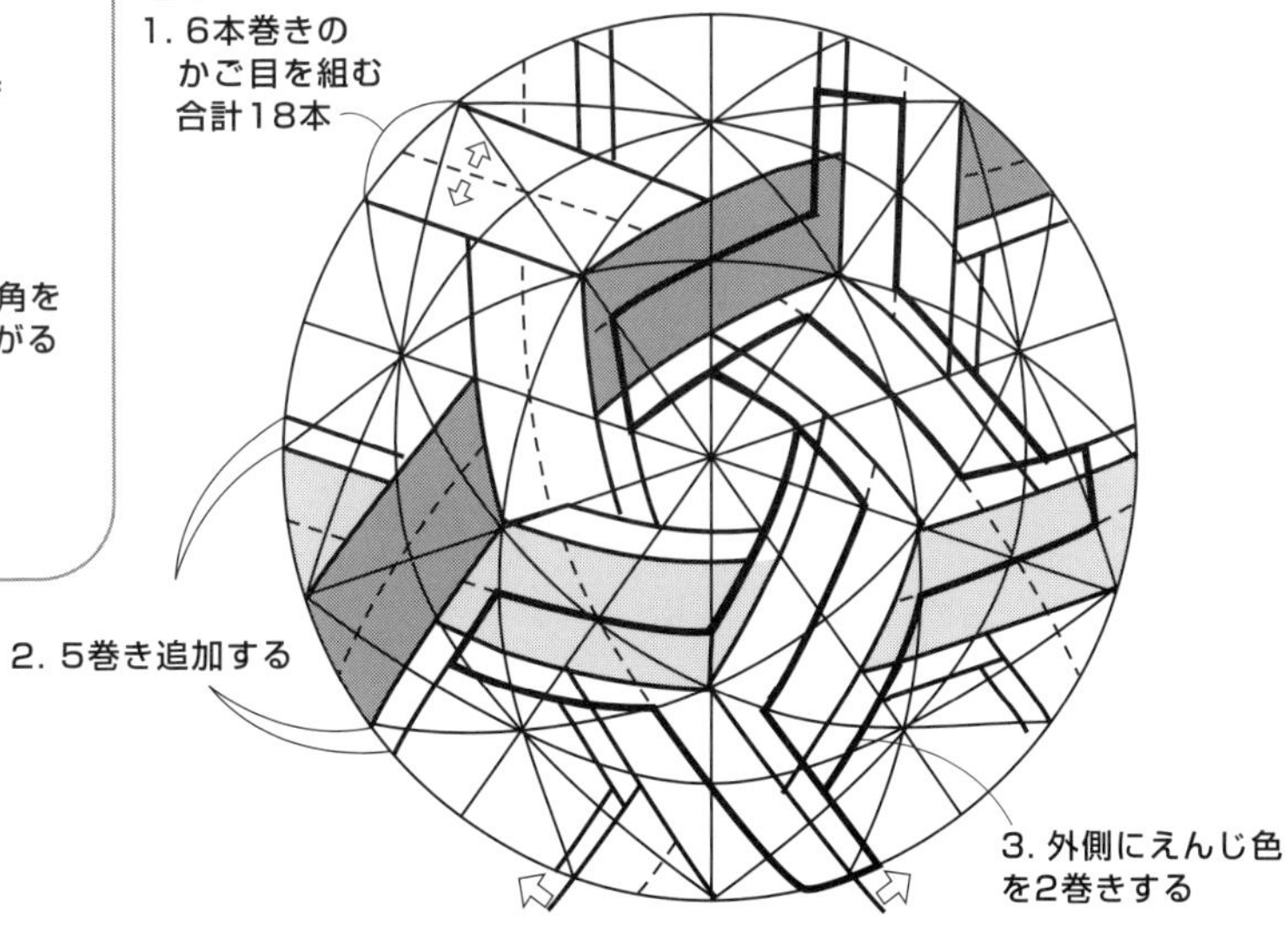

【中級】10等分の組み合わせ

群れ千鳥に牡丹

カラー口絵15ページ

◆材料
土台まり／円周36cm　ピンク地巻き糸
地割り糸／金ラメ糸（2）
かがり糸／京てまり糸1本取り…水色（526）、黄土色（523）、紺（519）、ピンク濃淡（12・25・4・3）、黄（7）

◆作り方

1 金ラメ糸で10等分の組み合わせをし、122面体の補助線を入れます。

2 補助線でできた小さな菱形を2等分するように、黄土色と水色2色で縦に埋めます（Ⅱ図）。同色が3か所集まるように、千鳥の形にかがり埋めます。

3 10等分の組み合わせでできる菱形6か所に（Ⅲ図）牡丹の花を2個ずつかがります。小さな菱形と2等分する線をたどりながら、淡ピンクから花弁の線に沿って濃ピンクまで4段かがります。

4 黄で、フレンチナッツの花弁をかがります。

【初級】8等分の組み合わせ

山あじさい

カラー口絵13ページ

◆材料
土台まり／円周22cm　緑地巻き糸
地割り糸／白金ラメ糸（12）
かがり糸／京てまり糸2本取り…ピンク濃淡（25・4・3）、水色濃淡（527・106・526）、えんじ色（24）、紺（514）

◆作り方

1 白金ラメ糸で8等分の組み合わせをし、菱形4等分の中心から四角の補助線を入れます。

2 補助線の両側に濃水色(527)で0.5cm幅に巻きかがります。

3 補助線でできた三角の長い線をとって、三角8か所を濃ピンク(12)で0.5cm幅にかがります。

4 2と3を1段ずつ交互に、残り4段かがり埋めます(配色表)。

5 花の輪郭線を緑の地巻き糸2本取りで十文字に入れ、中心に花芯をえんじ色と紺1本取りで小さく十文字に入れます。

【中級】8等分の組み合わせ

あじさいⅠ

カラー口絵13ページ

◆材料
土台まり／円周30cm　緑地巻き糸
地割り糸／金ラメ糸（4）
かがり糸／草木染風木綿糸2本取り…ピンク(26)、青（527)、緑（32)、黄（7）

◆作り方

1 金ラメ糸で8等分の組み合わせをし、菱形4等分の中に正方形ができるように補助線を入れます。

2 補助線の両側に青2本取りで0.6cm幅に巻きかがります。

3 8等分の中心から短い線に沿って両側にピンクで0.6cm幅に巻きかがります。

4 三角の長い線をとって、四角6か所をピンクで0.6cm幅にかがります。

5 2・3・4を1段ずつ交互にかがり埋めます。

6 花の輪郭線を緑1本取りで十文字に入れ、中心に黄で、花芯を小さく十文字に入れます。

【Ⅱ図】
小さい菱形を2色でかがる

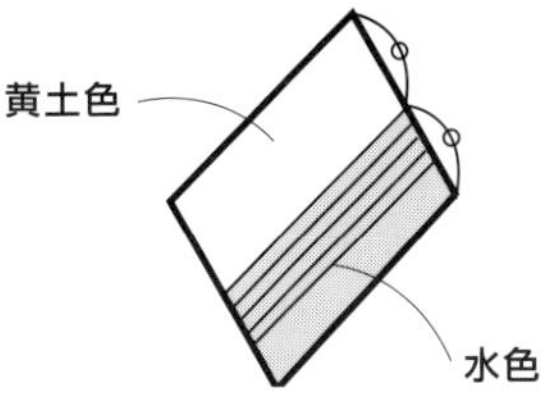
黄土色
水色

千鳥は菱形の中の同色をたどって組んで巻くと、より面白くかがることができます

【Ⅲ図】菱形6か所の位置

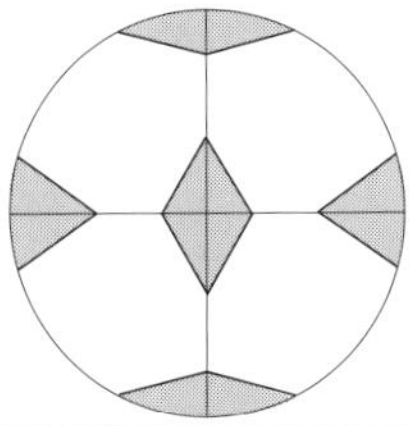

【Ⅰ図】

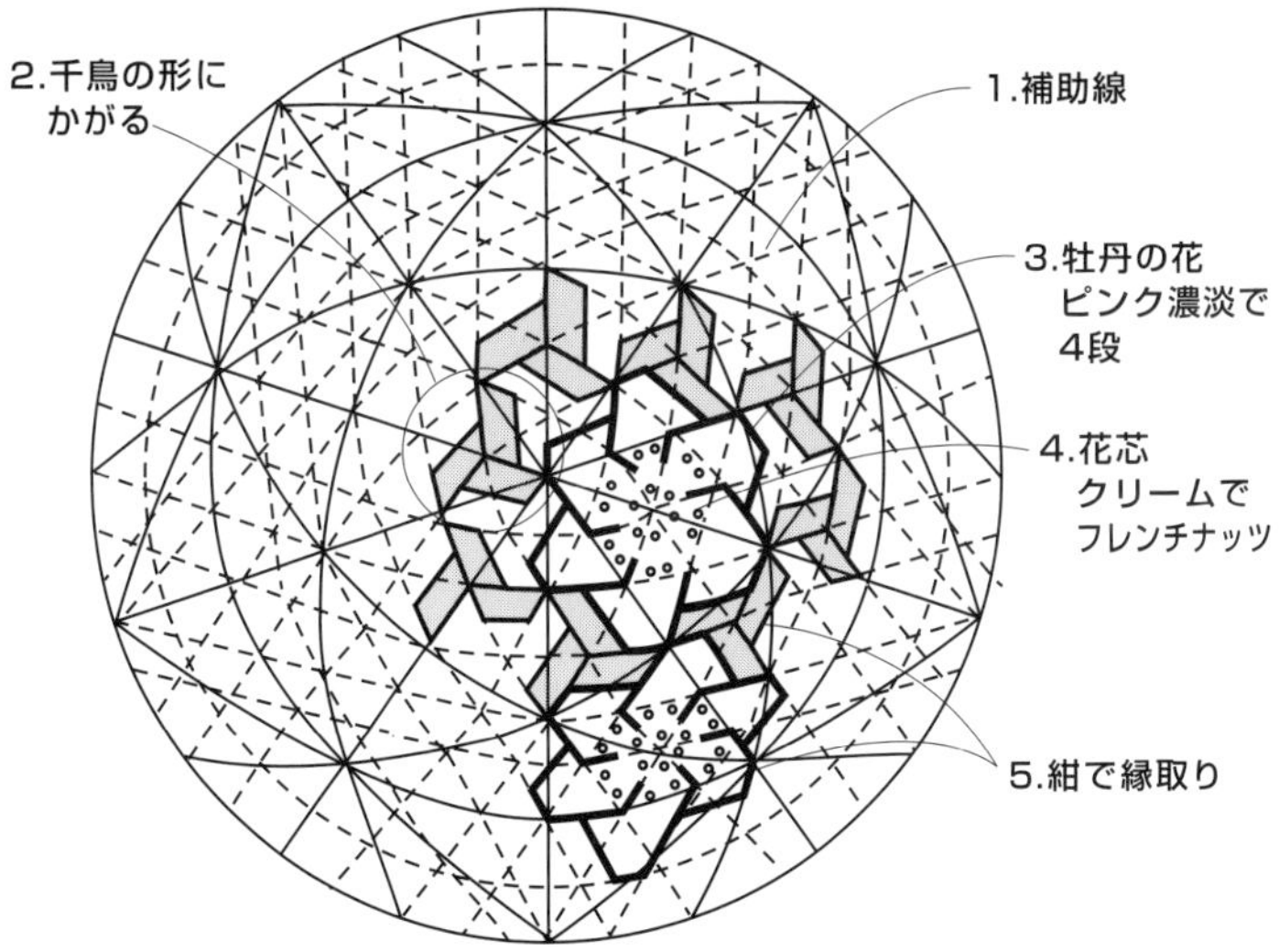
2.千鳥の形にかがる
1.補助線
3.牡丹の花
ピンク濃淡で
4段
4.花芯
クリームで
フレンチナッツ
5.紺で縁取り

5 水色と黄土色の境目と、花の線を紺1本取りでかがります。

◇配色表（2本取り）

ピンクの花	水色の花
濃ピンク（25）…2段	濃水色（527）…2段
中ピンク（4）…2段	中水色（106）…2段
淡ピンク（3）…1段	淡水色（526）…1段
計 5段	計 5段

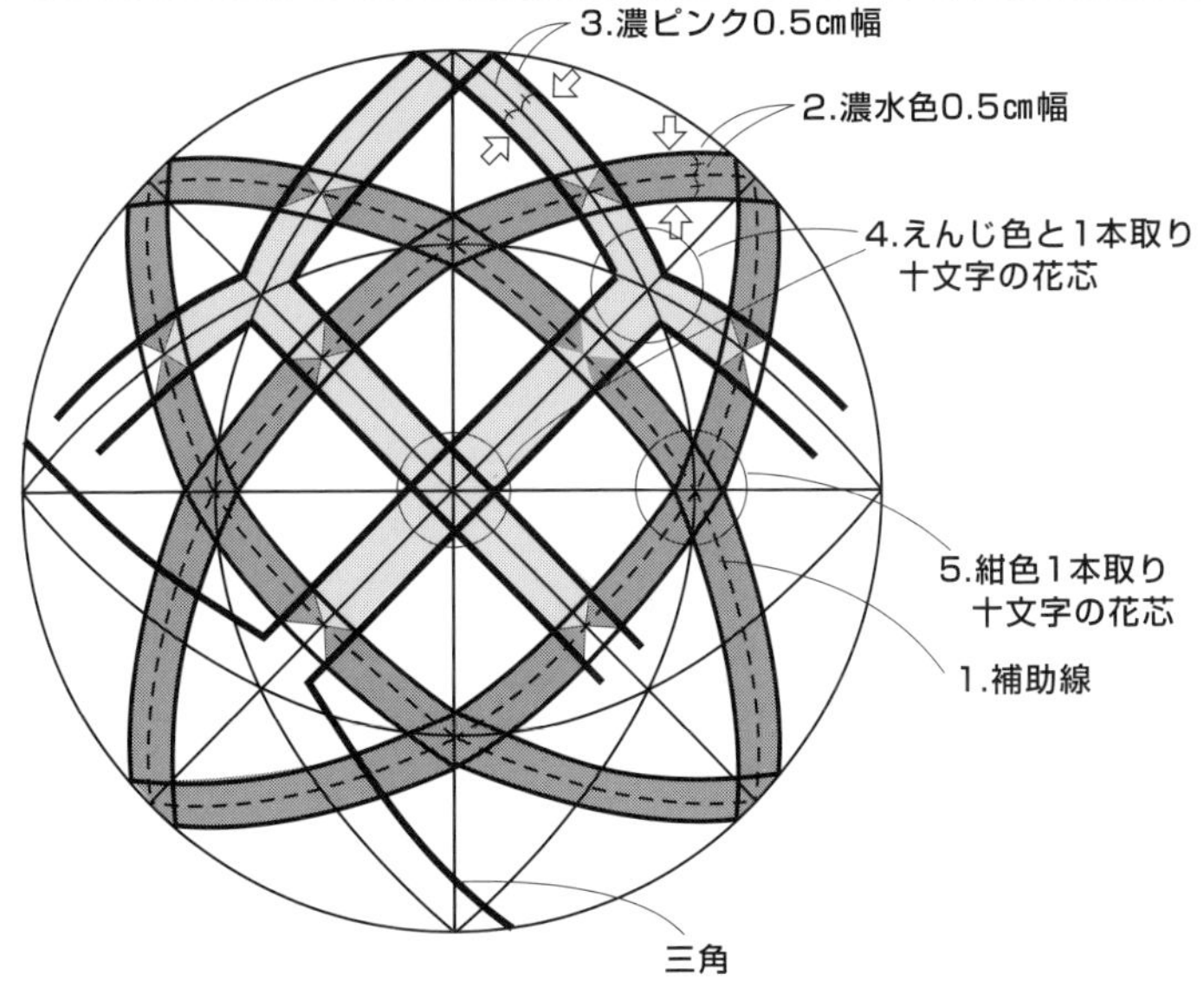
3.濃ピンク0.5㎝幅
2.濃水色0.5㎝幅
4.えんじ色と1本取り
十文字の花芯
5.紺色1本取り
十文字の花芯
1.補助線
三角

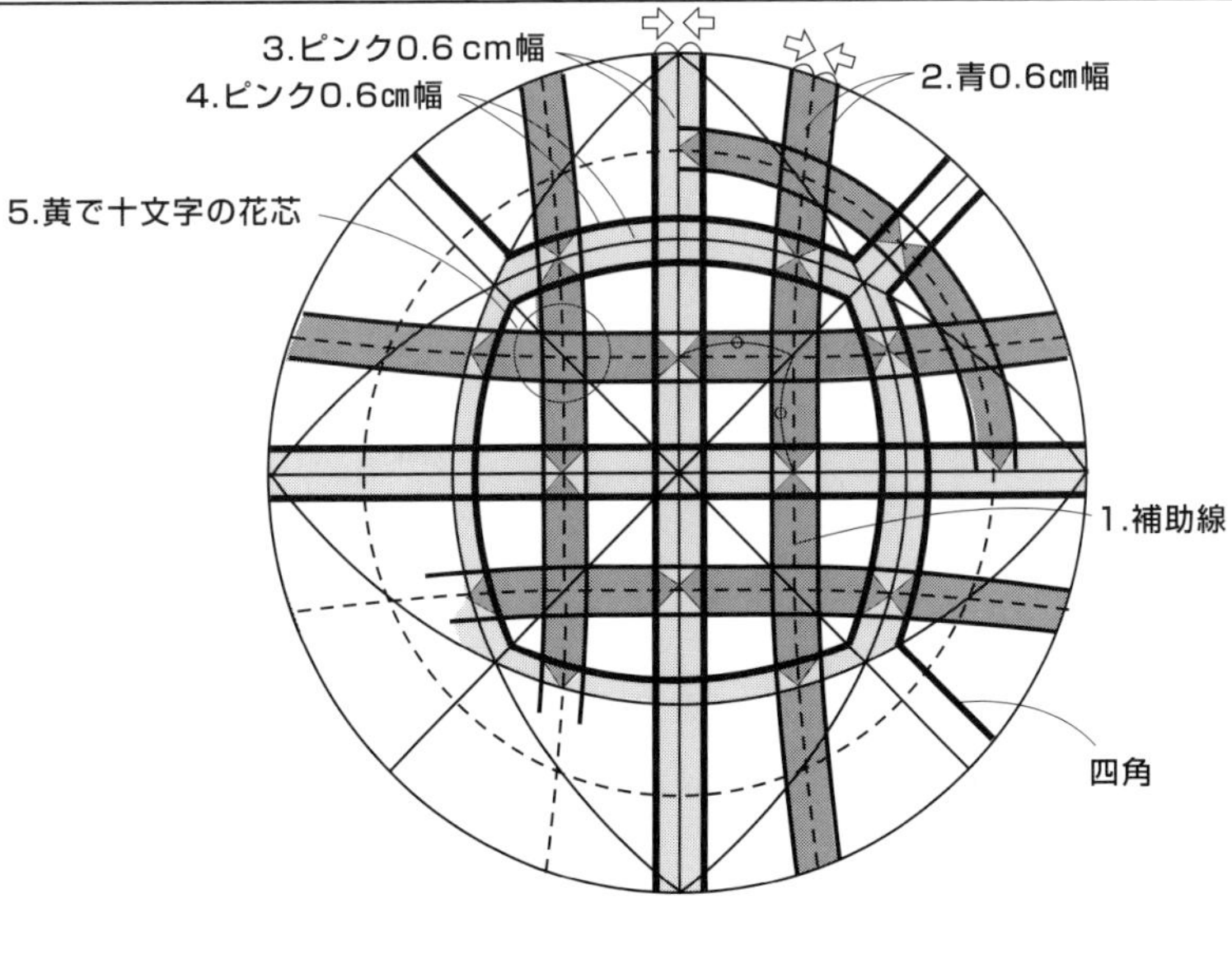
3.ピンク0.6 cm幅
4.ピンク0.6㎝幅
2.青0.6㎝幅
5.黄で十文字の花芯
1.補助線
四角

れます。

（鳥谷部可也子）

【中級】4等分の組み合わせ

色分け毘沙門亀甲

カラー口絵24ページ

◆材料
土台まり／円周30㎝　黒地巻き糸
地割り糸／金ラメ糸（12）
かがり糸／京てまり糸1本取り…黒（2）、紫（16）、ピンク（528）、黄土色（523）、緑（515）

◆作り方

1 金ラメ糸で4等分の組み合わせをし、三角を4等分する補助線を入れます。

2 三角8か所のうち、Dとその裏を除く6か所（A・B・Cと各々の裏側）にピンクで2方向から0.5㎝幅で1段ずつ交互に補助線までかがります。

3 Aとその裏を除く三角6か所に緑、Bとその裏を除く三角6か所に黄土色、Cとその裏を除く三角6か所に紫で2と同様にかがります。毘沙門亀甲の形になるようにくぐらせてかがります。

4 毘沙門亀甲の縁取りと4等分の線を黒で入れます。

【中級】10等分の組み合わせ

毘沙門亀甲に椿

カラー口絵24ページ

◆材料
土台まり／円周30㎝　白地巻き糸
地割り糸／細金ラメ糸（12）
かがり糸／京てまり糸1本取り… 赤（22）、黄濃～淡（39・7・532）、黒（2）、青濃～淡（514・6・5）、緑濃～淡（18・103・34）

◆作り方

1 細金ラメ糸で10等分の組み合わせをし、五角10等分の長い線を2等分する補助線を入れます。

2 小さな三角6個でできる六角に、1/3の幅で六角をかがります。青の濃色から淡色3色で2段ずつ6段でかがり埋めますが、淡色の2段はかがり残しておきます。隣接する六角全部を青濃淡でかがり、椿の花を入れる菱形6か所もかがり残しておきます。

3 青の六角に重なる緑の六角全部を濃色から淡色3色で2段ずつ計6段でかがり埋めます。花の入る菱形は残します。

4 残りの六角は黄濃淡で6段かがります

【上級】10等分の組み合わせ

三つ巴毘沙門亀甲

カラー口絵24ページ

◆材料
土台まり／円周36㎝　白地巻き糸
地割り糸／細金ラメ糸（12）
かがり糸／草木染風木綿糸1本取り…紫（16）、青（526）、黄（28）、黒（2）

◆作り方

1 細金ラメ糸で、10等分の組み合わせをし、32面体の補助線を入れます。

2 三角6個でできる六角を黒1段、青3段、黒1段計5段でかがります。隣接する六角全部をかがりますが、菱形中心の太点線6か所は半六角にかがります。小三角の1/3の幅からかがり、あとからかがる2色分の幅は残しておきます。

3 2の六角に重ねて黒1段、紫3段、黒1段かがり、太点線上の青の半六角の残り、半六角もかがります。

4 残りの五角と六角を黒1段、黄3段、黒1段、2の青の六角の下をくぐらせてか

【Ⅲ図】

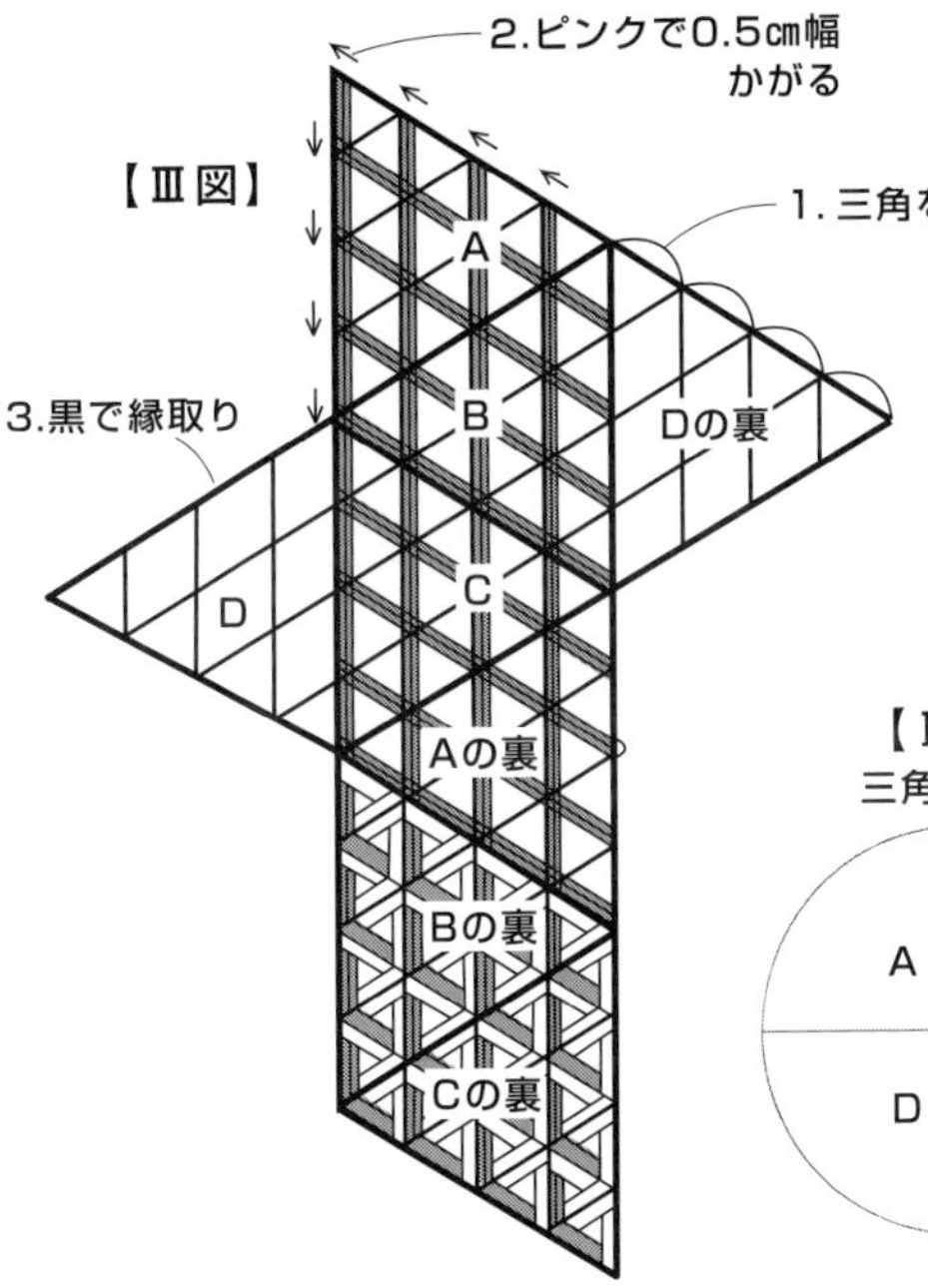

【Ⅱ図】
三角8面体

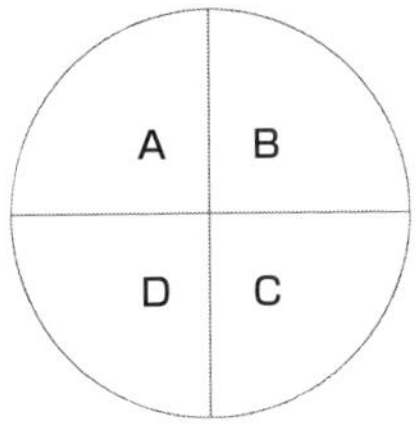

【Ⅰ図】
4等分の補助線

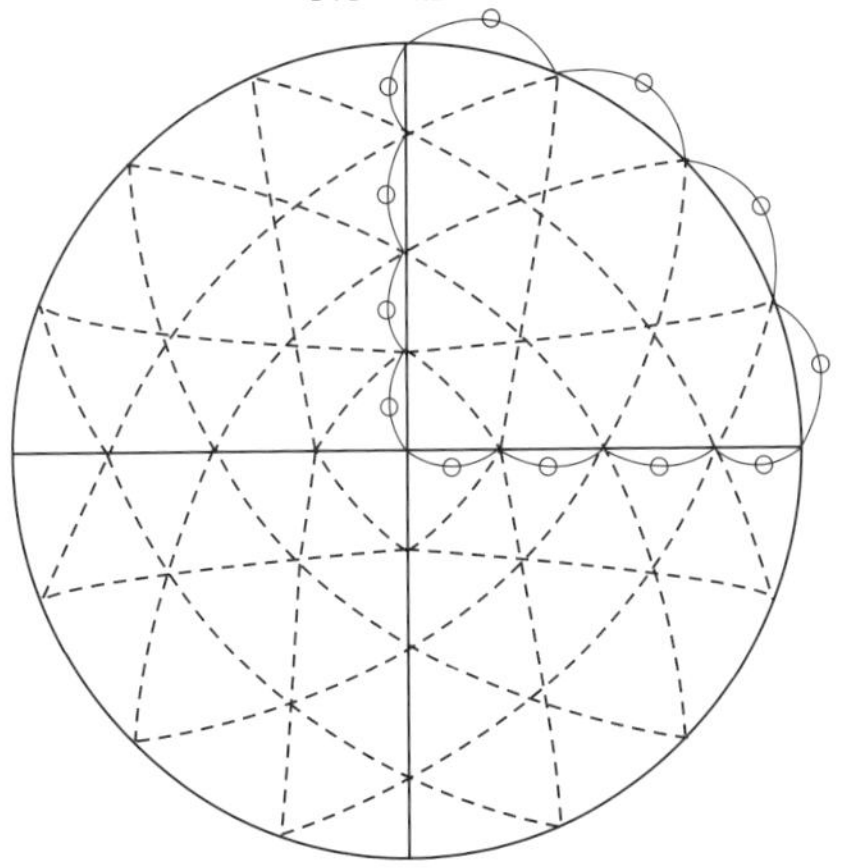

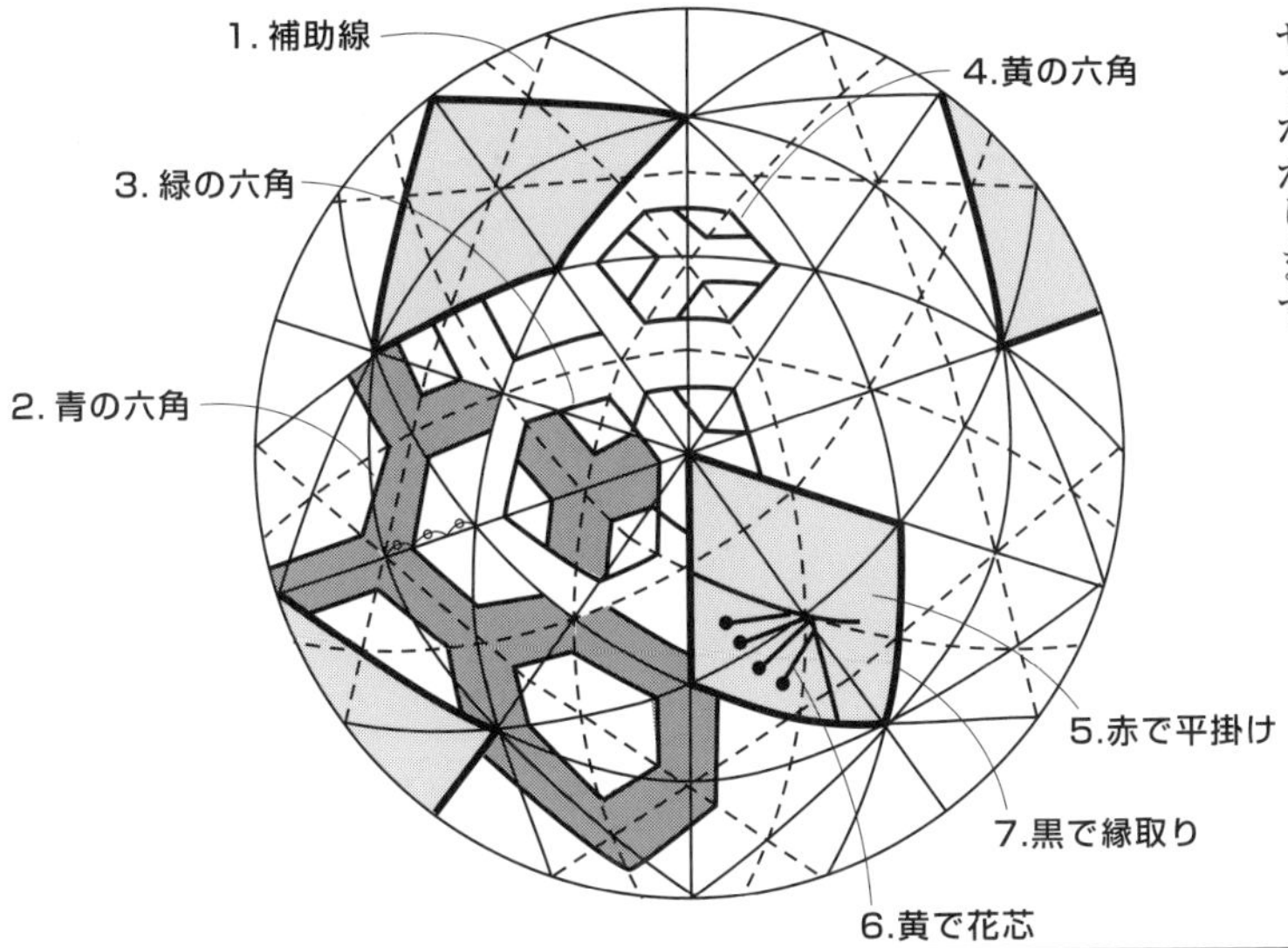

が、2の青の六角をくぐらせて青のかがり残してある柱を掛けて六角をかがります。黄をかがるために青をかがり残したので、黄をかがり埋めたら青の淡色2段をかがり埋めます。

5　菱形6か所を赤の平掛けでかがり埋めます。花芯を黄(39)で、花の縁取りを黒でかがり入れますが、青・緑・黄の六角も黒の縁取り線を入れますが、下になっている部分はくぐらせてかがります。

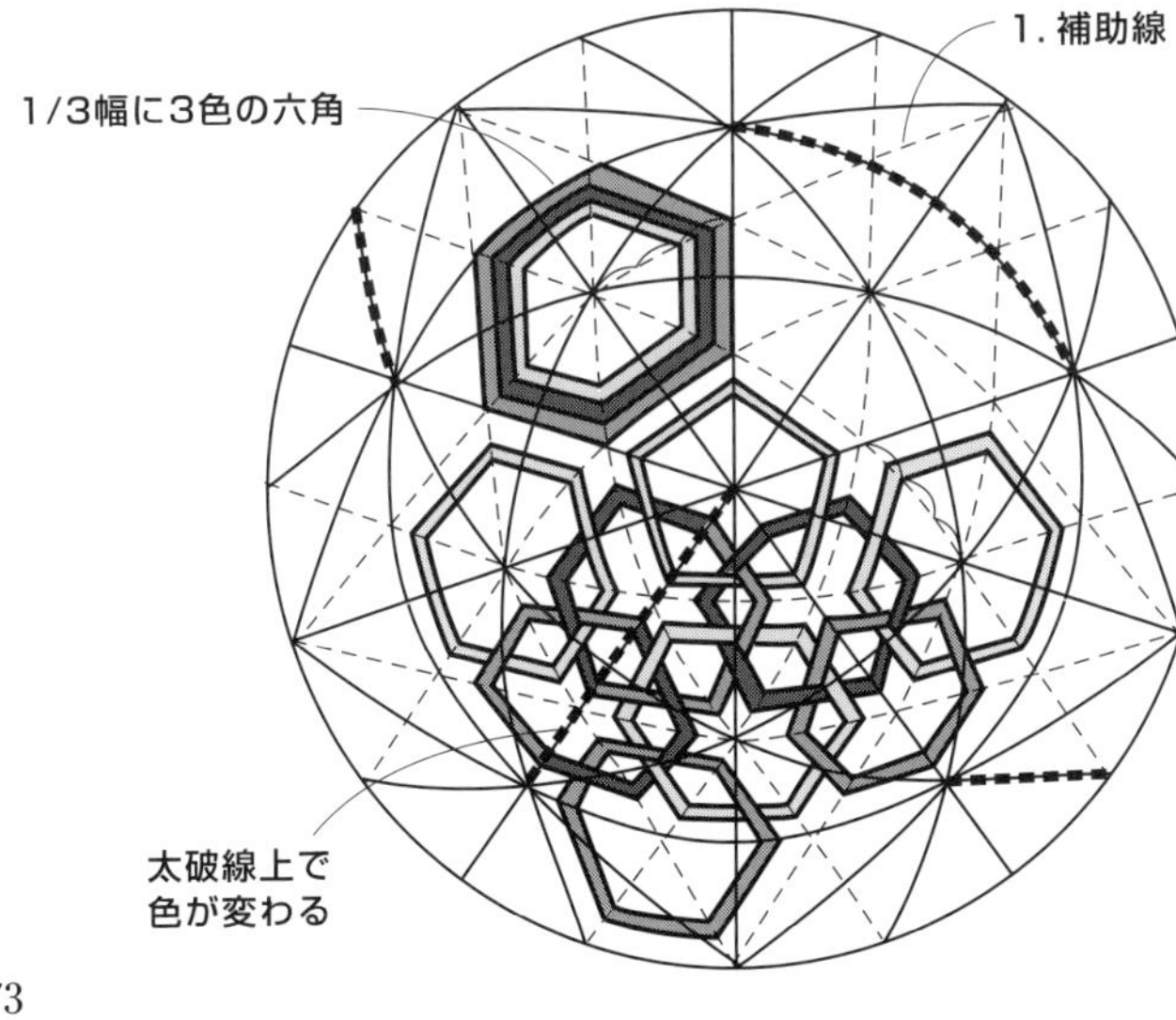

がります。

5　二重目の六角は、青の六角の外側に黄3段、黒1段かがり、1重目の黄をくぐらせながらかがります。

6　紫の外側に青3段、黒1段、黄の外側に紫3段、黒1段かがり、1重目の同色をくぐらせます。

7　三重目でかがり埋めます。黄の外側に紫、青の外側に黄、紫の外側に青で六角をかがり、それぞれ二重目の同色の下をくぐらせながら五角、六角をかがり埋めます。

【中級】10等分の組み合わせ

三つ巴籠目

カラー口絵25ページ

◆材料
土台まり／円周30㎝　緑地巻き糸
地割り糸／金ラメ糸（2）
かがり糸／京てまり糸1本取り…緑（534）、黄（7）、金糸（3）

◆作り方

1 金ラメ糸で、10等分の組み合わせをします。

2 緑と黄で、菱形4等分の中心から三角6等分の1/6の幅で平行に2本巻きます（配色表）。

3 菱形の中心6か所から平行に2本、6回巻きますが、2で巻いた糸に重なるとき、くぐらす本数を1段ずつ増減させて三つ巴に組みます。イ・ハからくぐる数が増え、ロ・ニからくぐる数が減ります。

◇AからBの巻き方

1段目	イ	1本くぐる
	ロ	23本くぐる
	ハ	1本くぐる
	ニ	23本くぐる
2段目	イ	2本くぐる
	ロ	22本くぐる
	ハ	2本くぐる
	ニ	22本くぐる
3段目	イ	3本くぐる
	ロ	21本くぐる
	ハ	3本くぐる
	ニ	21本くぐる

【初級】10等分の組み合わせ

六色三つ巴繋ぎ

カラー口絵25ページ

◆材料
土台まり／円周25㎝　黒地巻き糸
地割り糸／金ラメ糸（4）
かがり糸／草木染風木綿糸1本取り…ピンク濃淡（528・517）、黄（39）、紫（16）、青（526）、緑（33）、黒（2）

◆作り方

1 金ラメ糸で、10等分の組み合わせをします。

2 黄で菱形の中に、ジグザグに1/3の幅までかがります（Ⅱ図）。菱形のひとつ置きに黄の両側に平掛けで乙の形になるように同色の黄でかがります（Ⅰ図）。

3 残りの5色で同様にかがります。菱形の中心で重なるときはくぐらせながらかがります（Ⅰ図）。

4 黒1本取りで、縁取りの線をかがります。

【Ⅱ図】

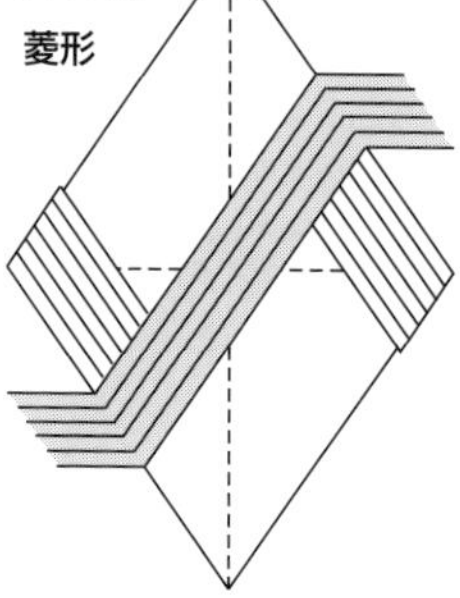

【中級】10等分の組み合わせ

Ｚ《ゼット》の三つ巴繋ぎ

カラー口絵25ページ

◆材料
土台まり／円周30㎝　黒地巻き糸
地割り糸／金ラメ糸（4）
かがり糸／草木染風木綿糸1本取り…青（526）、赤（22）

◆作り方

1 金ラメ糸で、10等分の組み合わせをし、青12巻きで10本巻きの三角組みかご目を組みます。

2 六角20か所をかがり埋めます。

3 六角の中にY字とかご目の線に沿って両側に赤2本取りで縁取りを入れます。

三角組みかご目は、3本上に乗せ、3本くぐるように組みます。

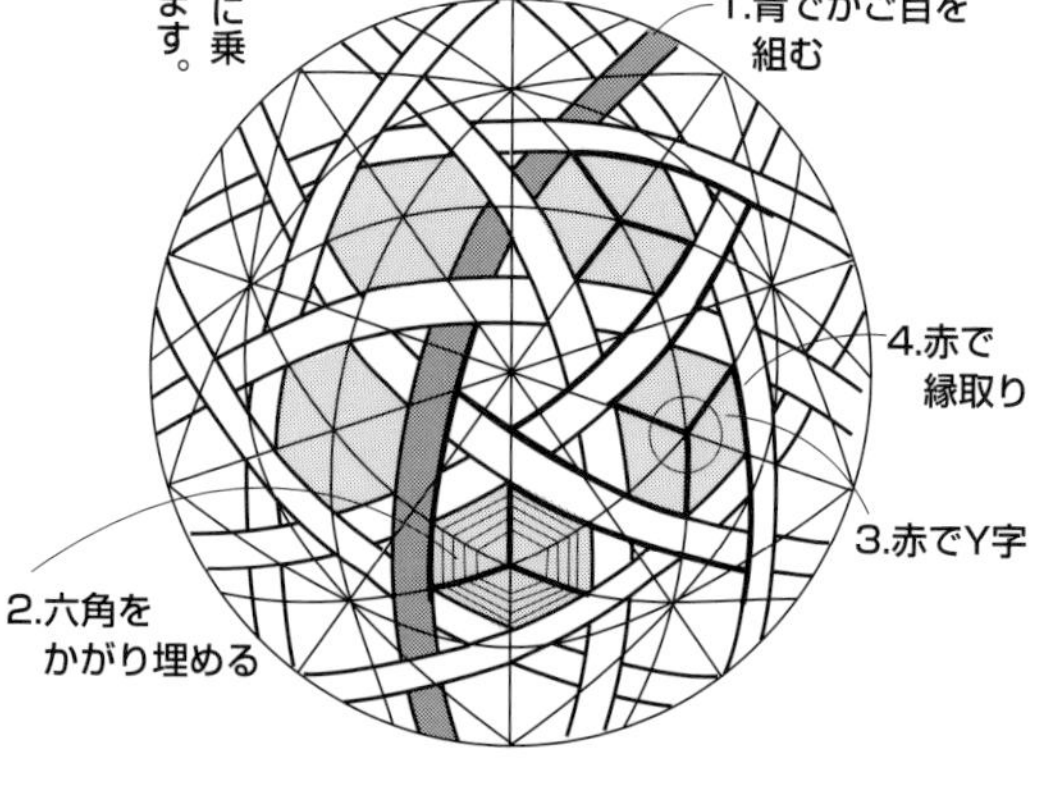

◇巻き配色表

(1本取り)

緑（534）	…2段
黄（7）	…2段
緑（534）	…1段
黄（7）	…2段
緑（534）	…1段
黄（7）	…2段
緑（534）	…2段
計	12段

六色三つ巴繋ぎと乙の三つ巴繋ぎは同じ模様になります。

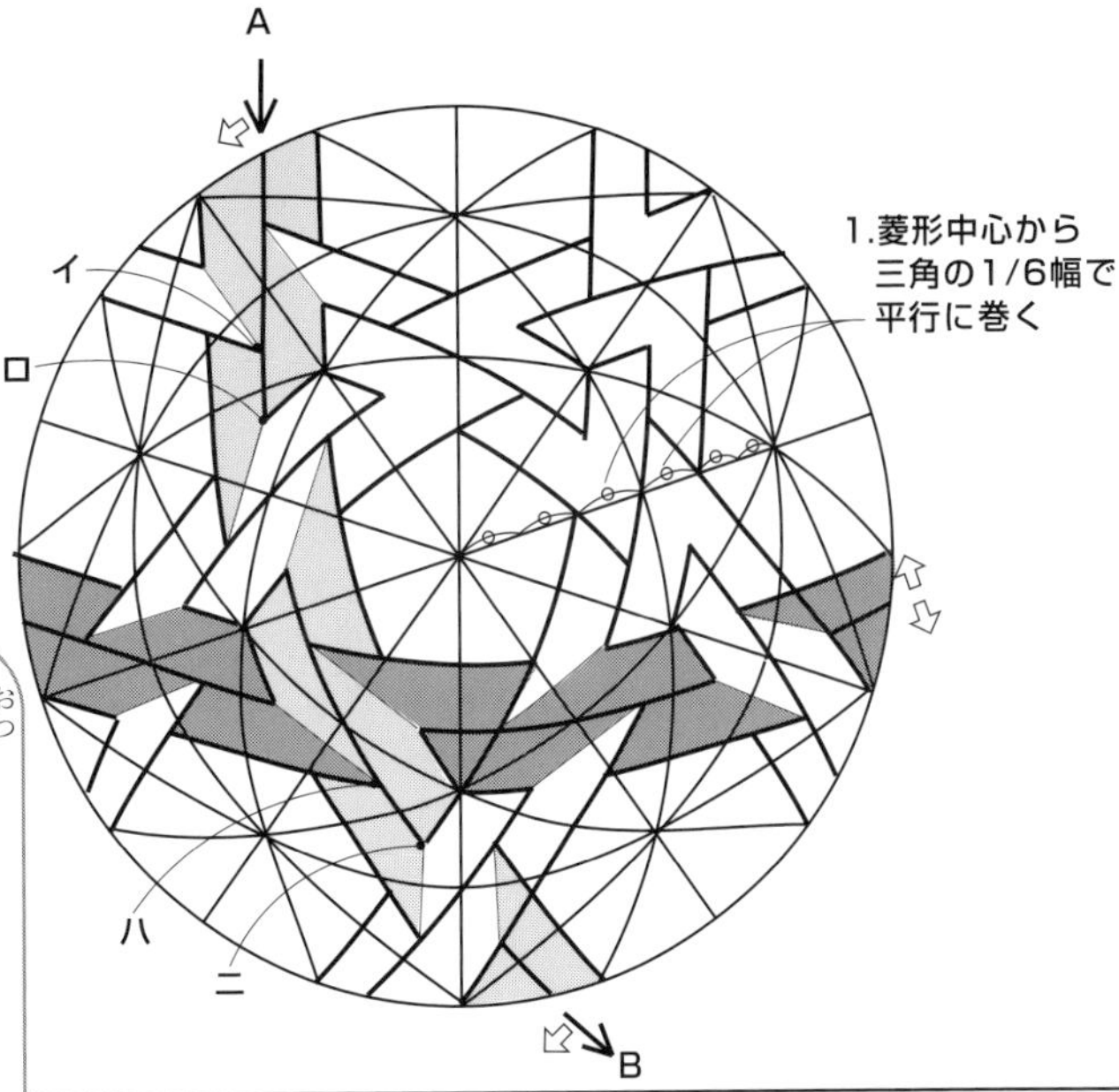
A
イ
ロ
1.菱形中心から
三角の1/6幅で
平行に巻く
ハ
ニ
B

【Ⅰ図】

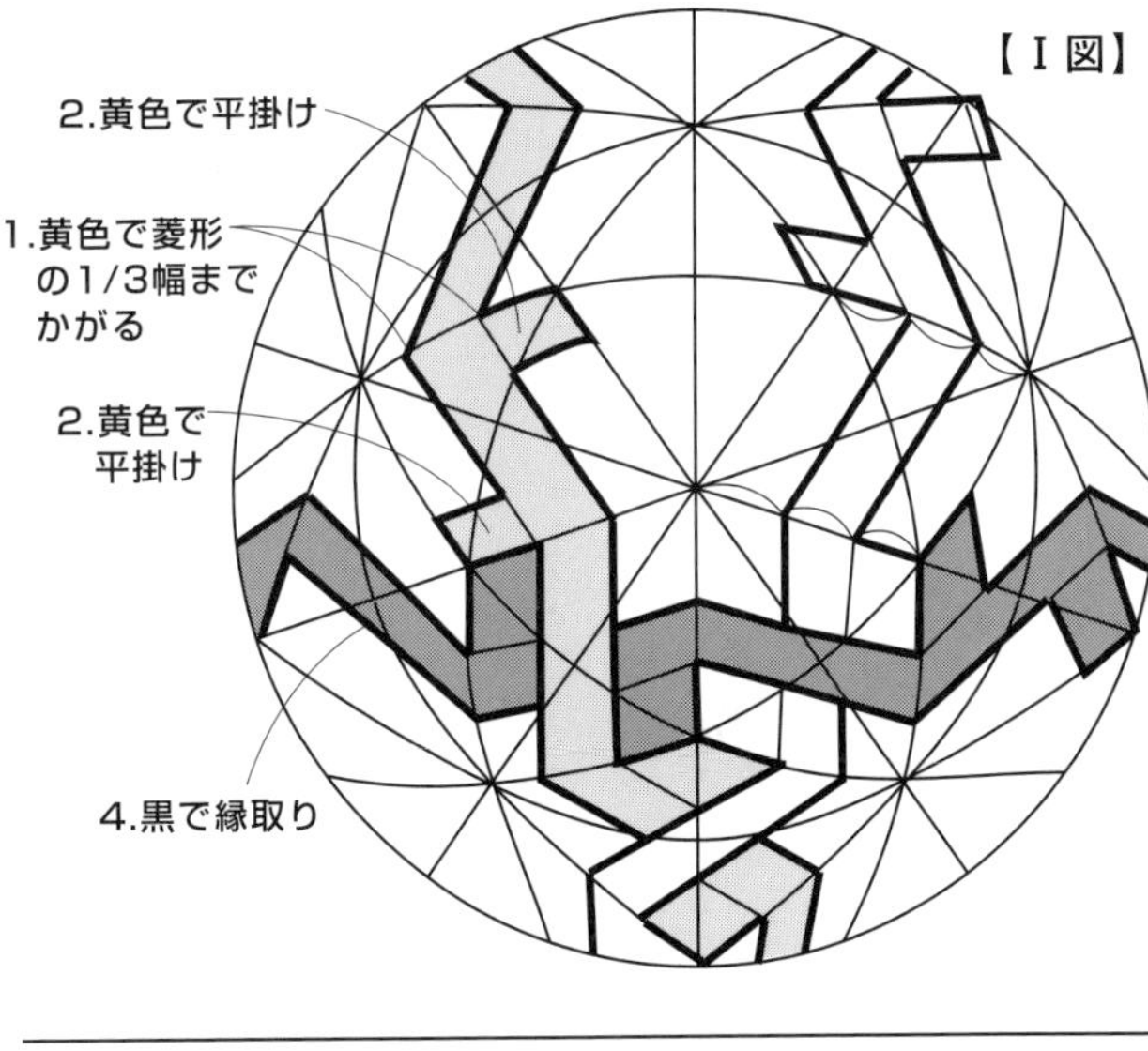
2.黄色で平掛け
1.黄色で菱形
の1/3幅まで
かがる
2.黄色で
平掛け
4.黒で縁取り

乙《おつ》の三つ巴繋ぎ

カラー口絵25ページ

32面体の補助線を入れ、菱形の中心を通り、緑でジグザグに1/3幅に全体をかがります。菱形中心で重なるときはくぐらせます。ジグザグで囲まれた六角を緑でかがり埋め、紺でYの字と縁取りを入れます。

円周30㎝黒土台まり
10等分の組み合わせ
草木風木綿糸1本どり

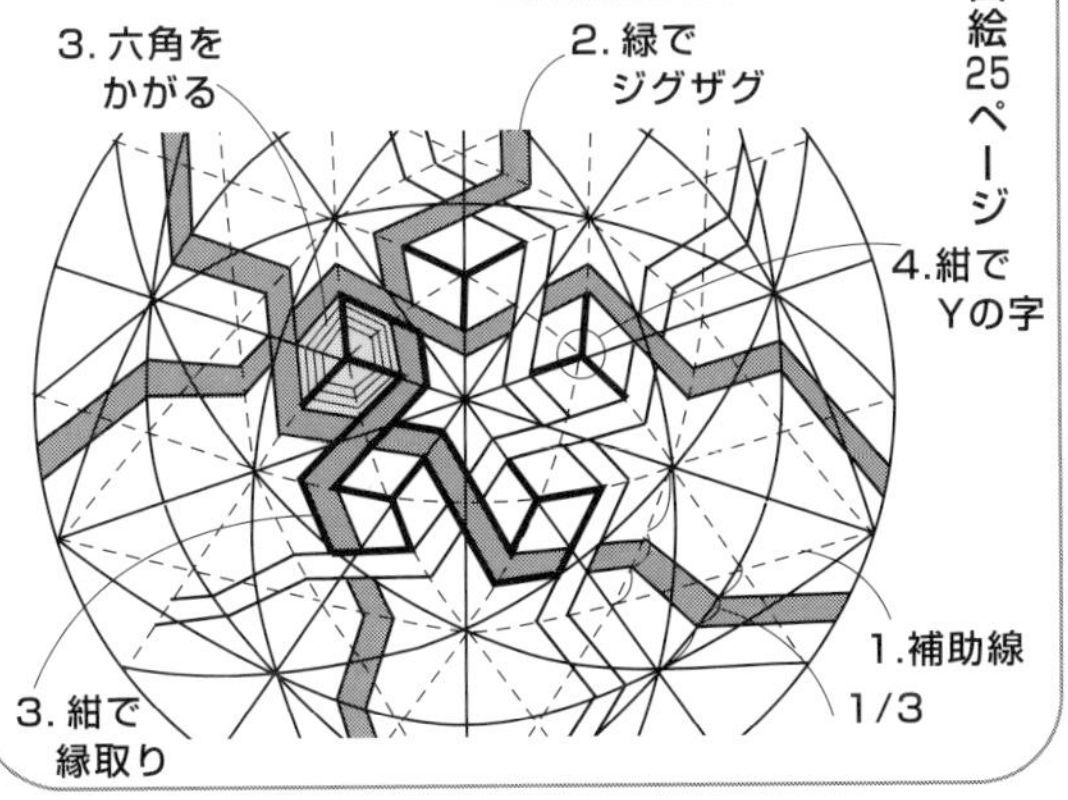
3.六角を
かがる
2.緑で
ジグザグ
4.紺で
Yの字
1.補助線
1/3
3.紺で
縁取り

六色Z《ゼット》の三つ巴繋ぎ

カラー口絵25ページ

32面体の補助線を入れ、補助線でできた菱形に沿って3列平行に、同色でZをかがります。5か所ずつ3周で15か所同色です。6色使って菱形90か所全部にZをかがり、えんじ色で縁取りをします。

円周30㎝黒土台まり
10等分の組み合わせ
草木染風木綿糸1本取り

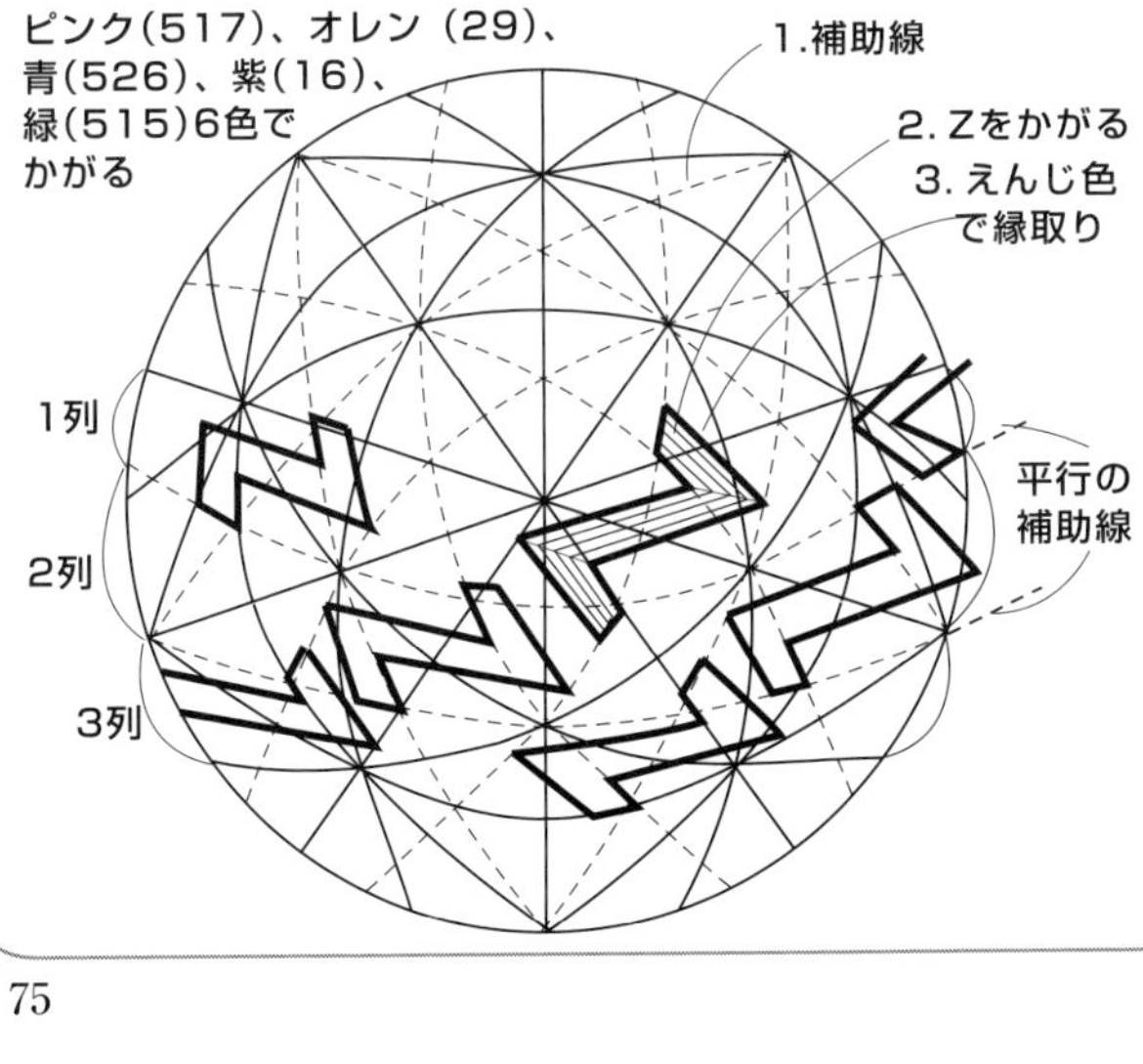
ピンク(517)、オレン（29)、
青(526)、紫(16)、
緑(515)6色で
かがる
1.補助線
2.Zをかがる
3.えんじ色
で縁取り
1列
2列
3列
平行の
補助線

【初級】10等分の組み合わせ

桜

カラー口絵3ページ

◆材料
土台まり／円周36cm　白地巻き糸
地割り糸／金ラメ糸（12）
かがり糸／草木染風木綿糸1本取り…ピンク（4）、緑（516）

◆作り方

1 金ラメ糸で、10等分の組み合わせをします。

2 三角6等分20か所をピンクで8段、0.6cm幅にかがります。両側から埋まる中心にも1本かがります（Ⅰ図）。

3 五角の中心から、緑で五角をかがります。3段かがったら4段目から三角にかがったピンクの下をくぐらせて桜の花弁を形作ります（Ⅱ・Ⅲ図）。

4 緑で五角をかがり埋めます。

（酒井禮子）

【初級】8等分の組み合わせ

三羽鶴

カラー口絵3ページ

◆材料
土台まり／円周36cm　紫地巻き糸
地割り糸／金ラメ糸（14）
かがり糸／京てまり糸1本取り…白(532)黄(523)、緑濃～淡(516・515・531)、赤(23)、黒(2)、茶（14）

◆作り方

1 金ラメ糸で8等分の組み合わせをし、四角8等分の中心を24等分する補助線を入れます（Ⅰ・Ⅱ図）。

2 中心から1/4に胴、2/4に尾、3/4に羽根を入れます。

3 中心から1本おきに1/4まで白でかがります。**イ**と**ロ**から上掛け千鳥で羽根と尾を6段かがり、尾は黒で1段かがります。

4 首を斜めにかがり埋め、くちばし、目、口を入れて、尾の部分から足をかがります。

5 放射状に緑で松をかがり、中心に黄でフレンチナッツを入れます。

6 首が三羽集まる位置の四角3か所にか

【中級】8等分の組み合わせ

篭目に向かい鶴

カラー口絵3ページ

◆材料
土台まり／円周36cm　黒地巻き糸
地割り糸／金ラメ糸（12）
かがり糸／京てまり糸1本取り…茶(13)、緑（33)、白（532)、赤・黄少々

◆作り方

1 金ラメ糸で8等分の組み合わせをし、四角8等分の短い線上に四角の補助線を入れます（Ⅰ図）。

2 四角の補助線の間に、茶2本、緑2本を4か所から組んで巻き、四角の線上3か所をつなぐ連続三角も組みます（Ⅱ図）。

3 四角の補助線の中に白1本取りで3段、上掛け千鳥で鶴をかがります。首をチェーンステッチでかがり、黄でくちばしを入れます（Ⅲ図）。

4 補助線の四角を緑3段、茶1段でかがります。

【Ⅲ図】花弁のくぐらせ方

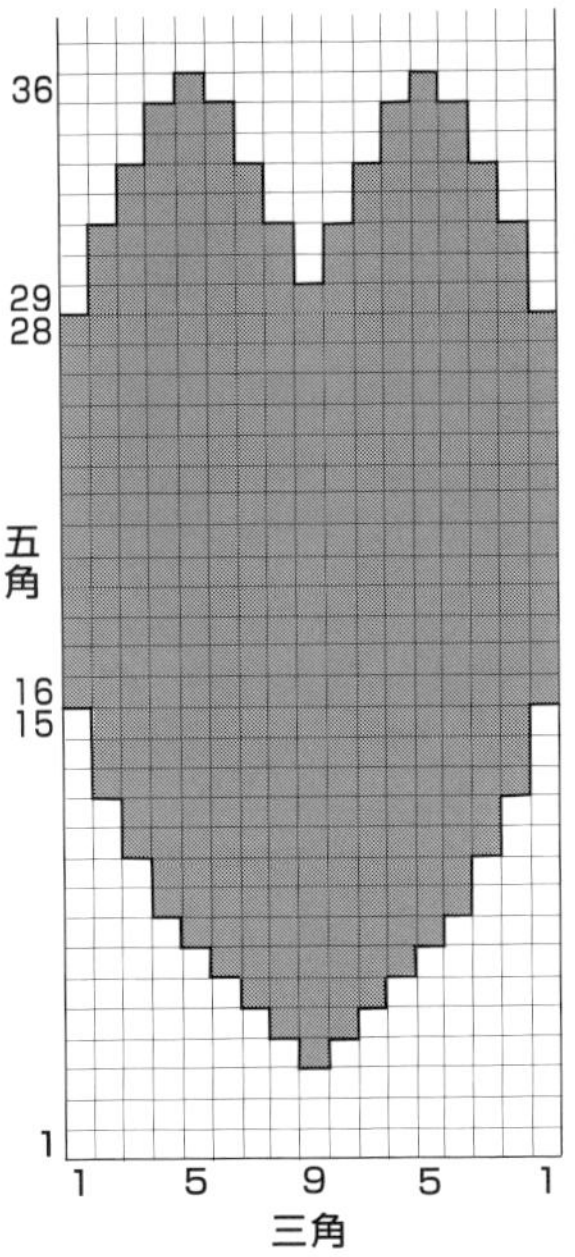
36
29
28
五角
16
15
1
1 5 9 5 1
三角

【Ⅱ図】
五角のかがり方

花弁を形作る
五角を
かがり埋める

【Ⅰ図】

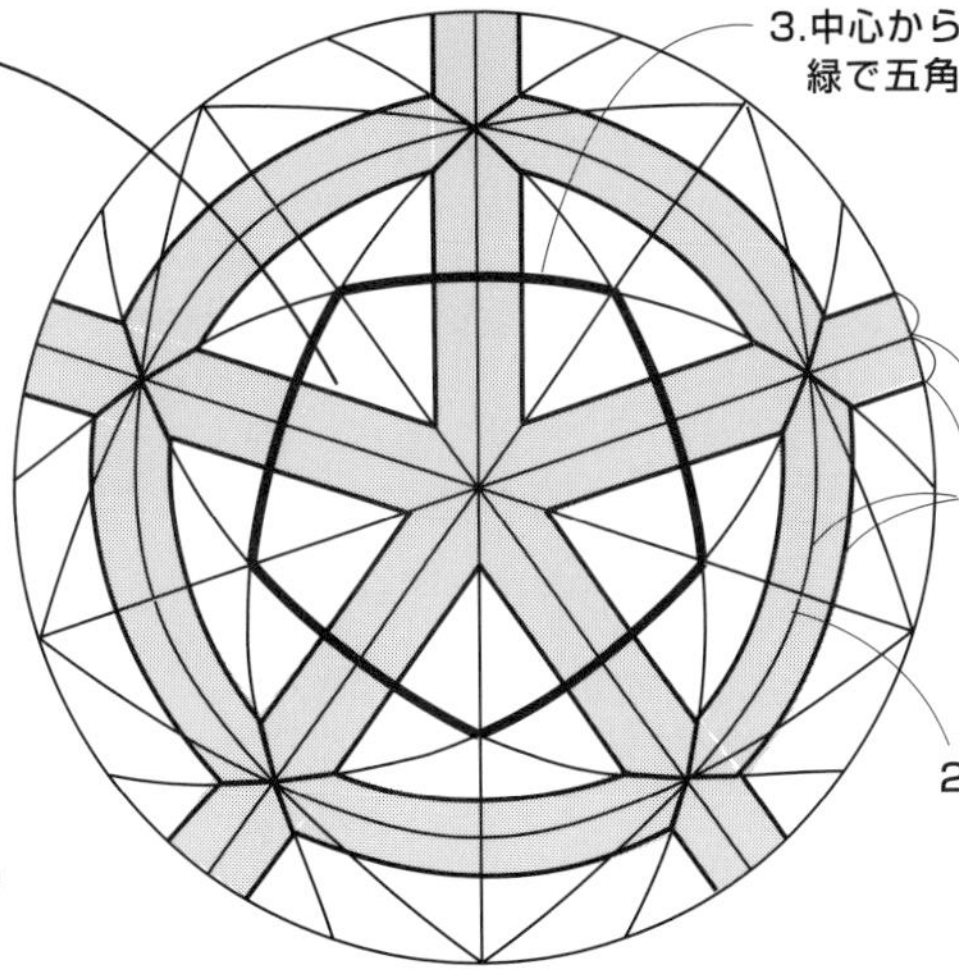
3.中心から
緑で五角
1.ピンクで
8段
0.6cm幅
2.中心に9段目

【Ⅱ図】
四角8等分

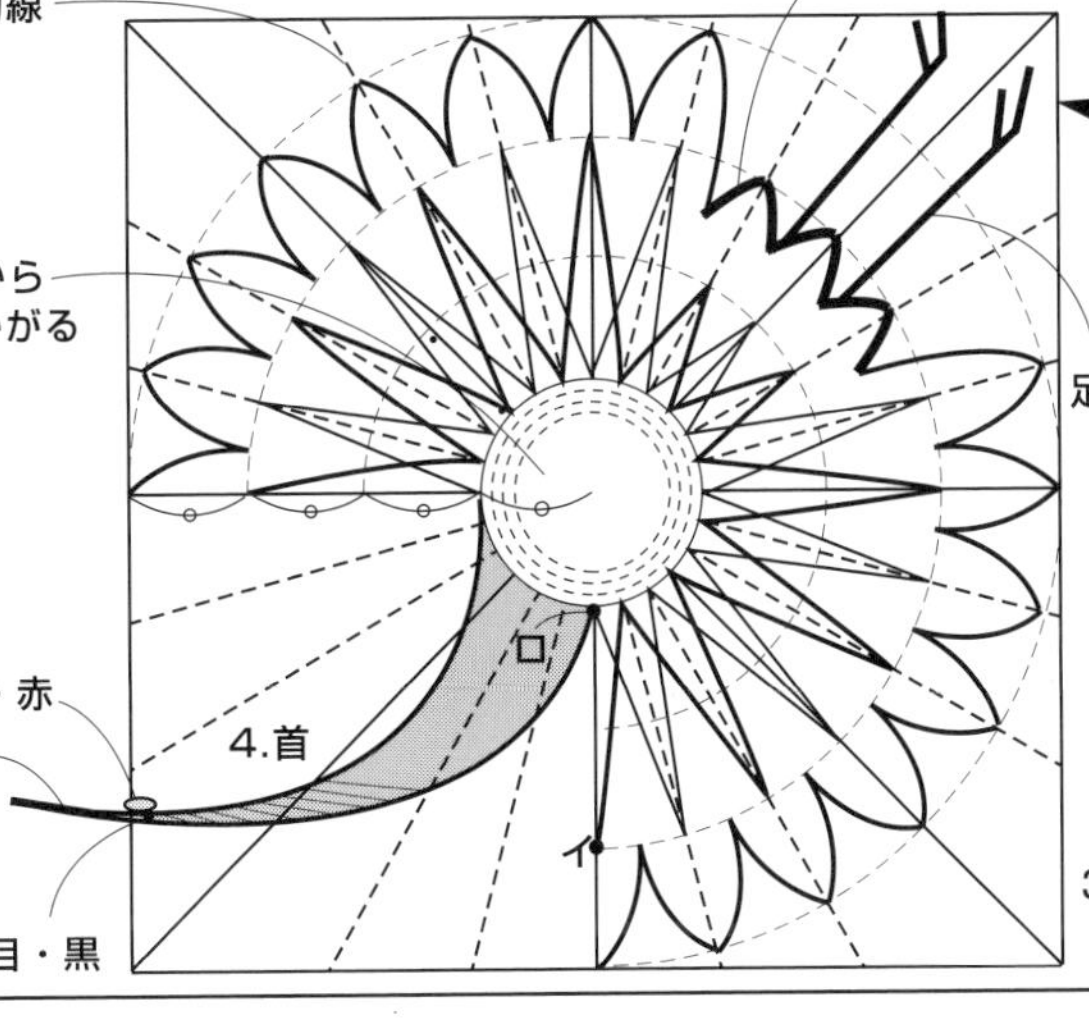
1.補助線
4.尾の最後は
黒で1段
2.中心から
丸くかがる
足・茶
ロ
頭・赤
ロばし・黄
4.首
イ
目・黒
3.イ・ロからスタート
上掛け千鳥で6段・白

【Ⅰ図】
8等分の組み合わせ

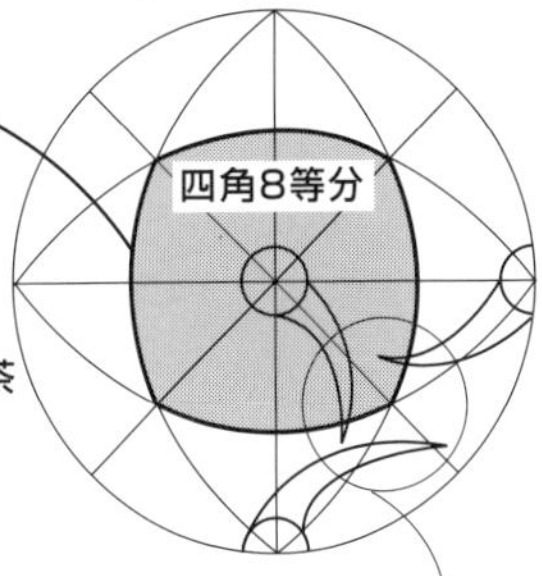
四角8等分
三羽の鶴の頭が
集まる

がり、裏も三羽集まるように入れます。

【Ⅲ図】
四角に鶴をかがる

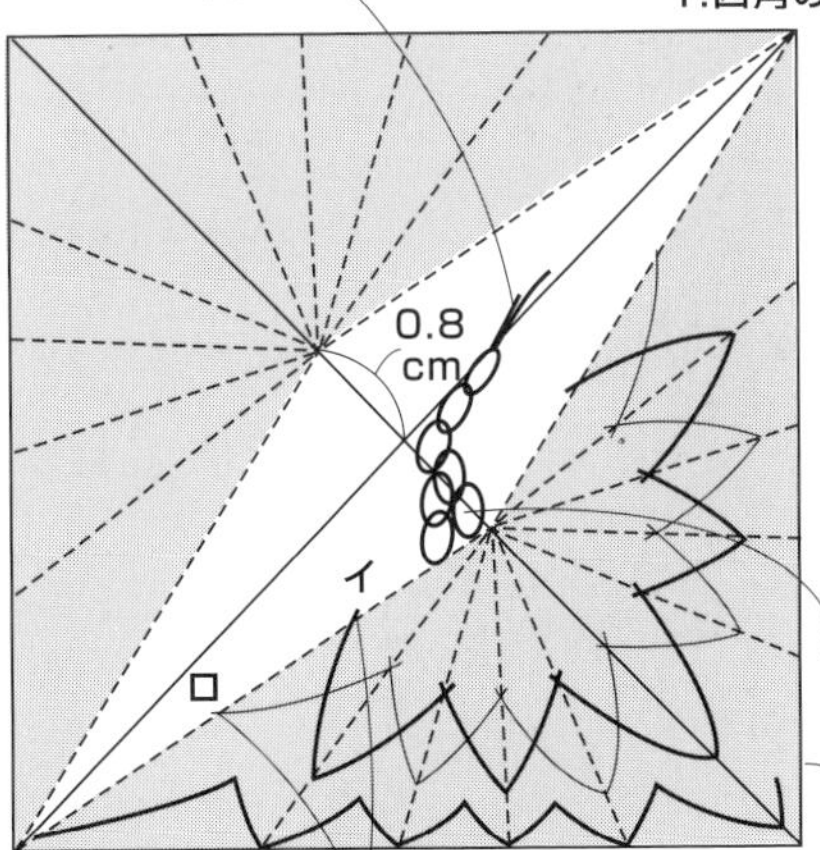
5.くちばし
0.8
cm
イ
ロ
5.首
6.四角の縁取り
4.上掛け千鳥白3段
イ・ロからスタート

【Ⅰ図】

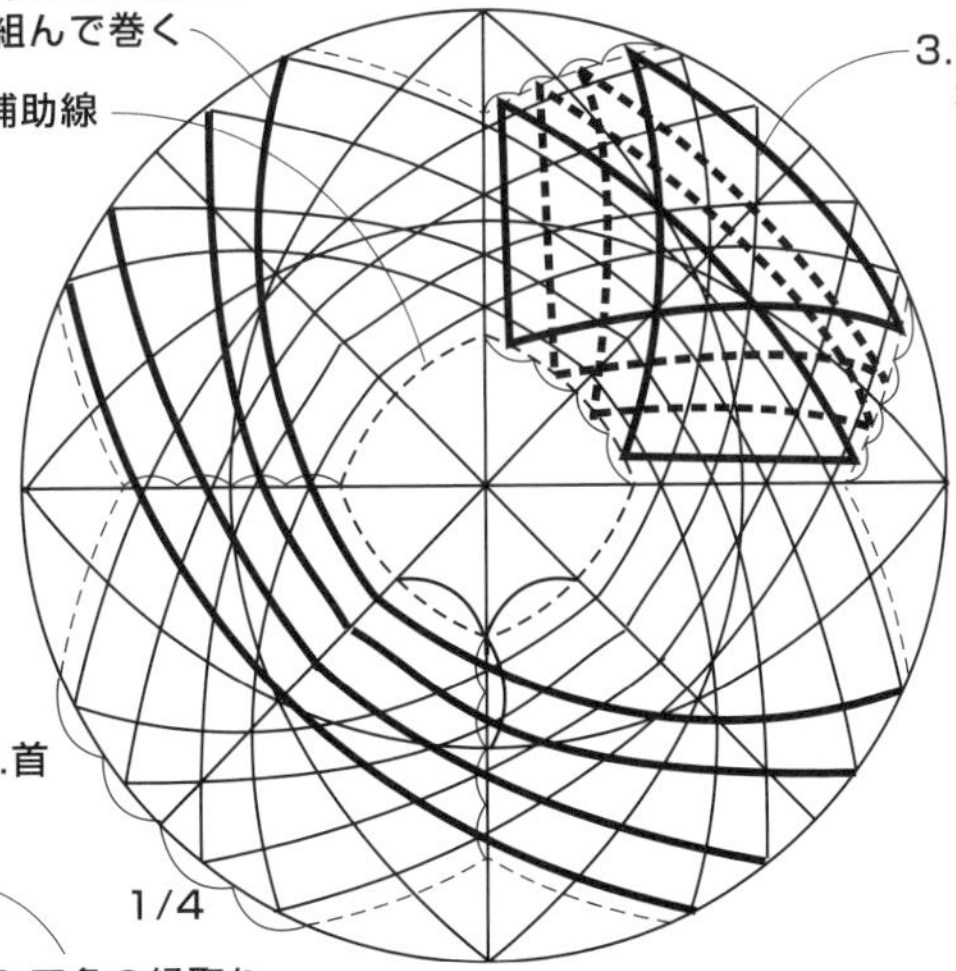
2.茶2本、緑2本
組んで巻く
1.四角の補助線
3.連続三角
を組む
1/4

【Ⅱ図】
三角の組み方

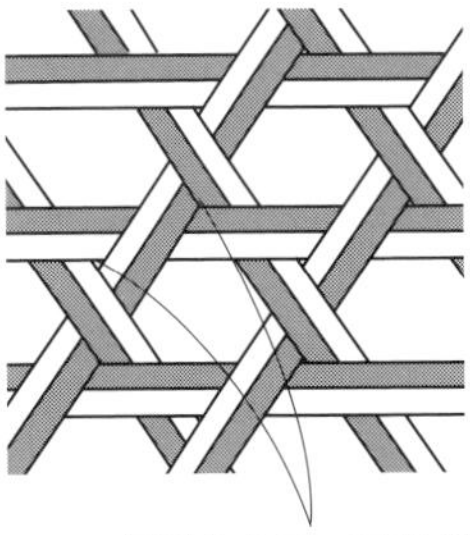
三角中心で、同色が
集まるように組む

【中級】10等分の組み合わせ

さくら草

カラー口絵7ページ

◆材料
土台まり／円周32cm　黒地巻き糸
地割り糸／金ラメ糸（4）
かがり糸／京てまり糸1本取り…ピンク(25)、緑濃～淡（56・32・33・35)、青（6・527)、黒（2）

◆作り方

1 金ラメ糸で、10等分の組み合わせをします。

2 菱形4等分を通る補助線を緑と青計6色で1周ずつ、6か所に巻きます。

3 補助線と同色2本どりで、その両側に1cm幅で巻き、6色を1段ずつ交互に補助線に向かって埋まるまで巻きます。

4 三角20か所を、ピンクで12段かがります。3で巻いた緑と青の糸の下をくぐらせながら、花びらの形になるようにかがります(II図)。

5 五角の線を黒で入れます。

【初級】40等分

花干網 I

カラー口絵26ページ

◆材料
土台まり／円周30cm　黒地巻き糸
地割り糸／紺ラメ糸
かがり糸／京てまり糸1本取り…赤(23)、ピンク（528・4・108)、紫(16)、緑(33)、黄土色（523)、紺ラメ糸、金ラメ糸（1本取り）

◆作り方

1 紺ラメ糸で40等分の地割りをします。

2 紺ラメ糸で細かい千鳥掛けを12段、極の0.5cm下から赤道の1.2cm上までネット状にかがります（網掛け)。

3 赤1本取りで網目の1/2を通って、極から4山の網掛けを左に1山ずつずらして9段かがります。10段目は3山、11段目は2山、12段目は1山にします。

4 5色を4山ずつ左へずらし、2の要領で花型の網掛けをします。

5 赤道に金ラメ糸で千鳥掛けを入れ、1/2にも黄土色の千鳥掛けを入れて、帯状の網目にします。

【上級】8等分の組み合わせ

桜花干網

カラー口絵26ページ

◆材料
土台まり／円周40cm　紺地巻き糸
地割り糸／紺ラメ糸
かがり糸／京てまり糸1本取り … 赤(23)、ピンク(25・107)、虹色ラメ糸

◆作り方

1 紺ラメ糸で8等分の組み合わせの地割りをし、四角8等分の中を48等分にする補助線を入れます。

2 中心から0.5cmの位置から紺ラメ糸で網掛けを9回かがります。四角の角の空いている部分も網掛けで埋めます。

3 赤で2の網目の中間を通して4山ずつ左へずらしながら、網掛けを7回掛けます。8回目は一網抜きで2回掛け、桜の花弁状にします。

4 同様に残りのピンク2色で網掛けの花を掛けます。3色で6弁かがります。

5 花のない残りの角は、虹色ラメ糸の網

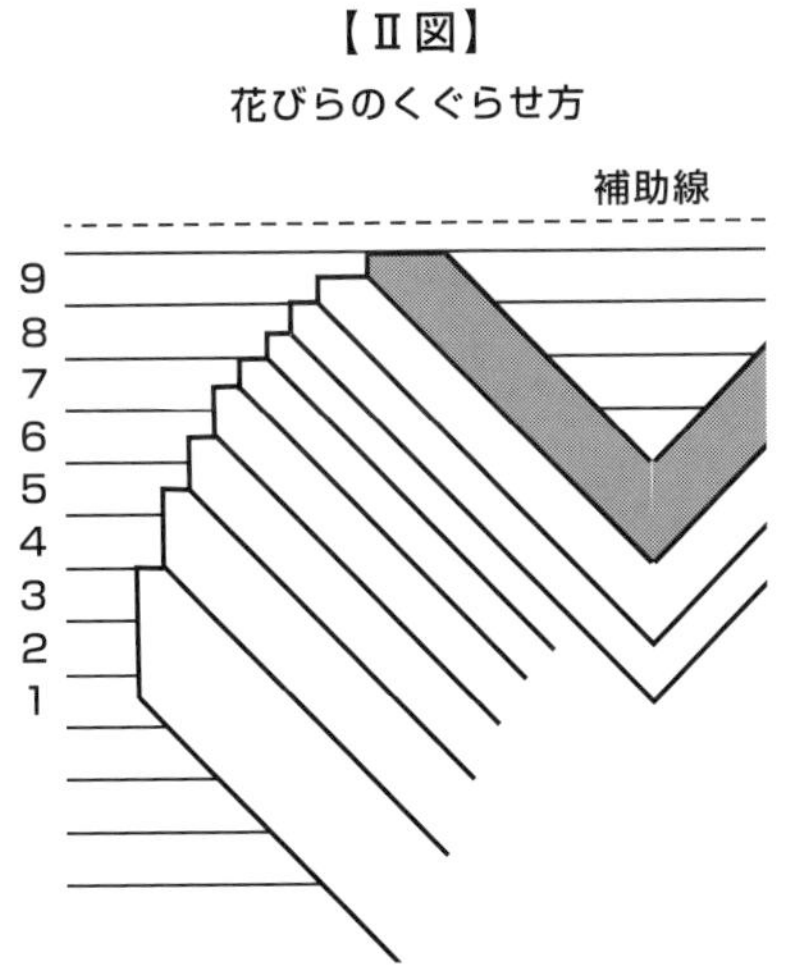
【Ⅱ図】
花びらのくぐらせ方
補助線
9
8
7
6
5
4
3
2
1

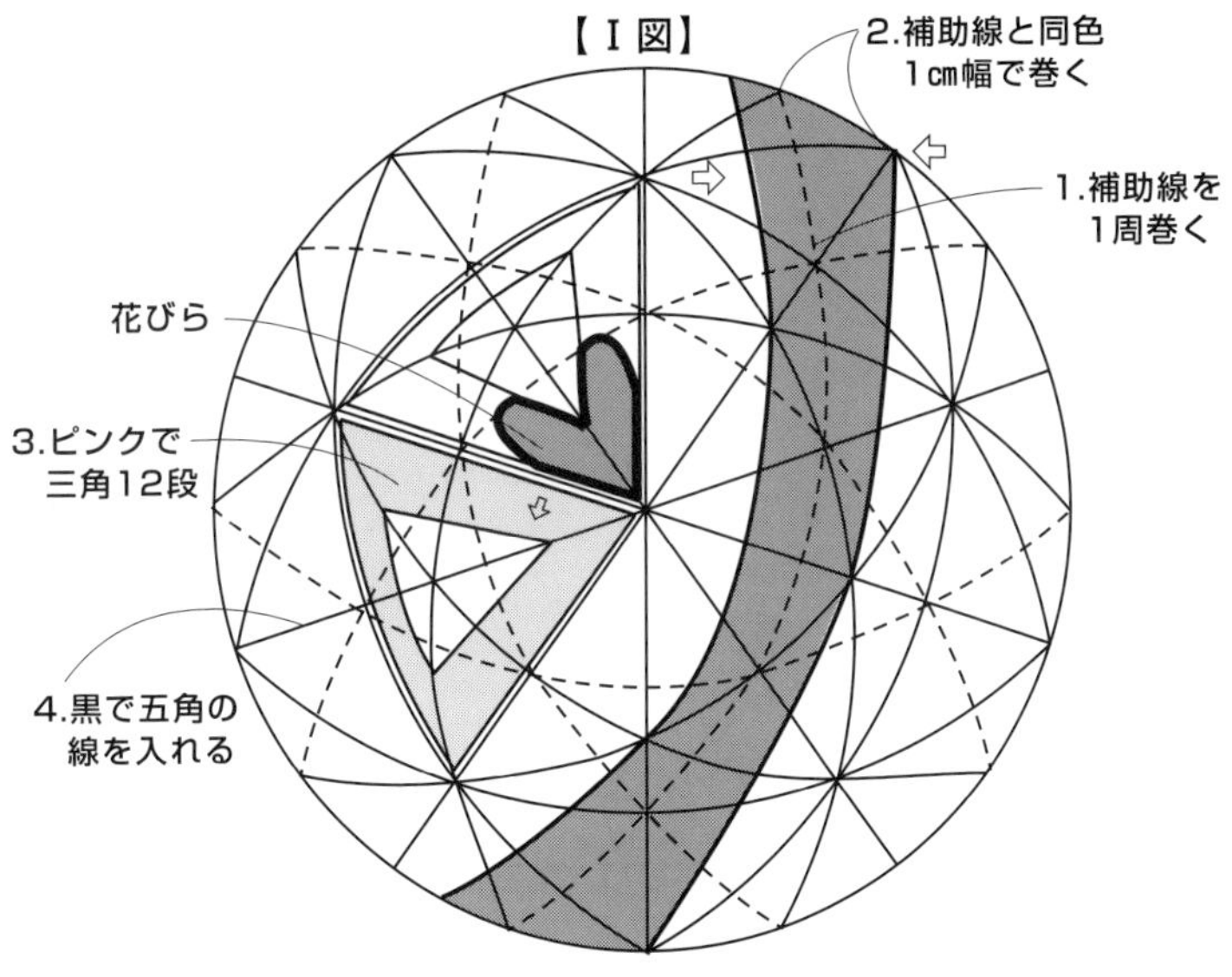
【Ⅰ図】
2.補助線と同色
1cm幅で巻く
1.補助線を
1周巻く
花びら
3.ピンクで
三角12段
4.黒で五角の
線を入れる

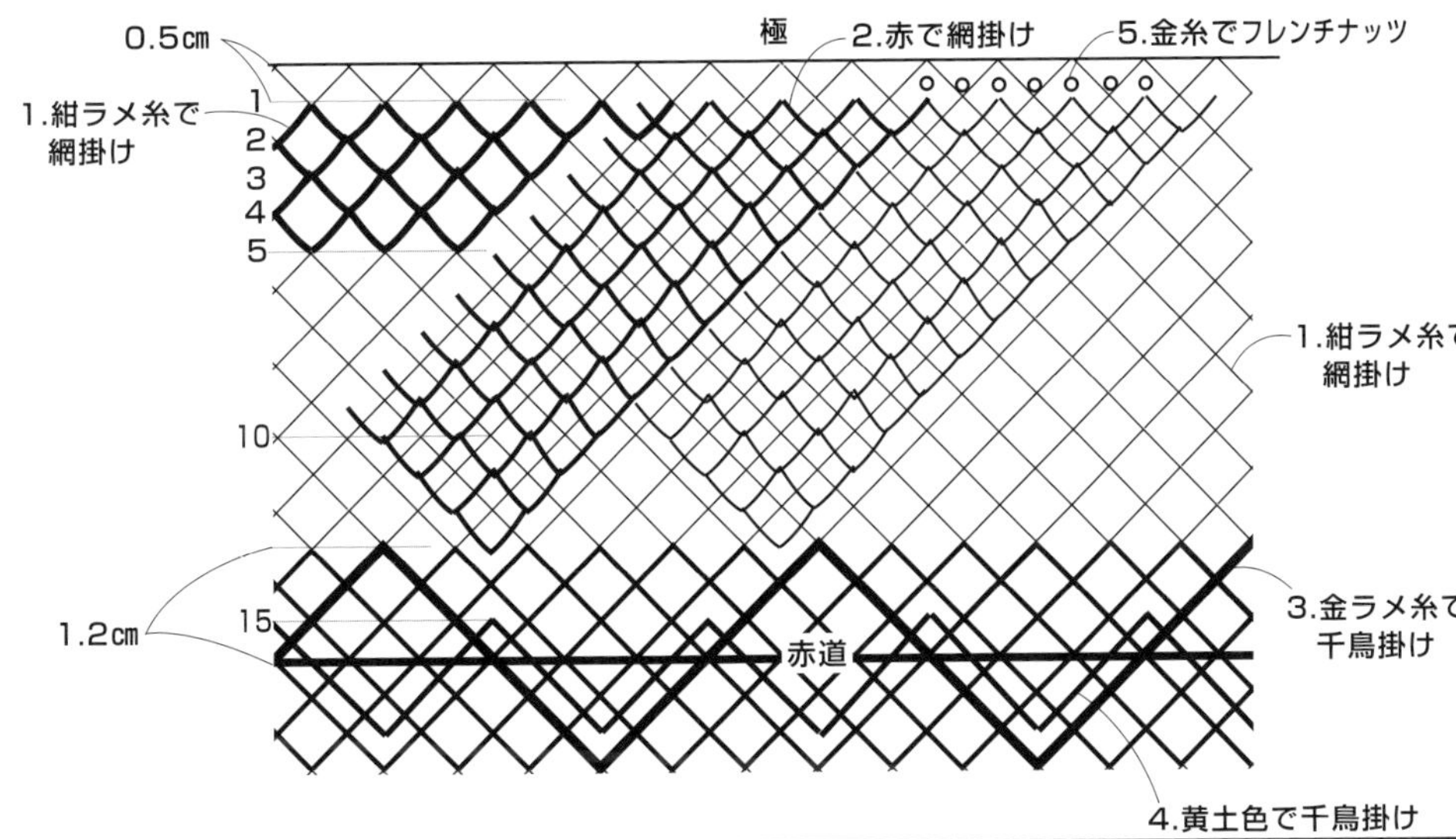
0.5cm
極
2.赤で網掛け
5.金糸でフレンチナッツ
1.紺ラメ糸で
網掛け
1
2
3
4
5
10
15
1.紺ラメ糸で
網掛け
1.2cm
赤道
3.金ラメ糸で
千鳥掛け
4.黄土色で千鳥掛け

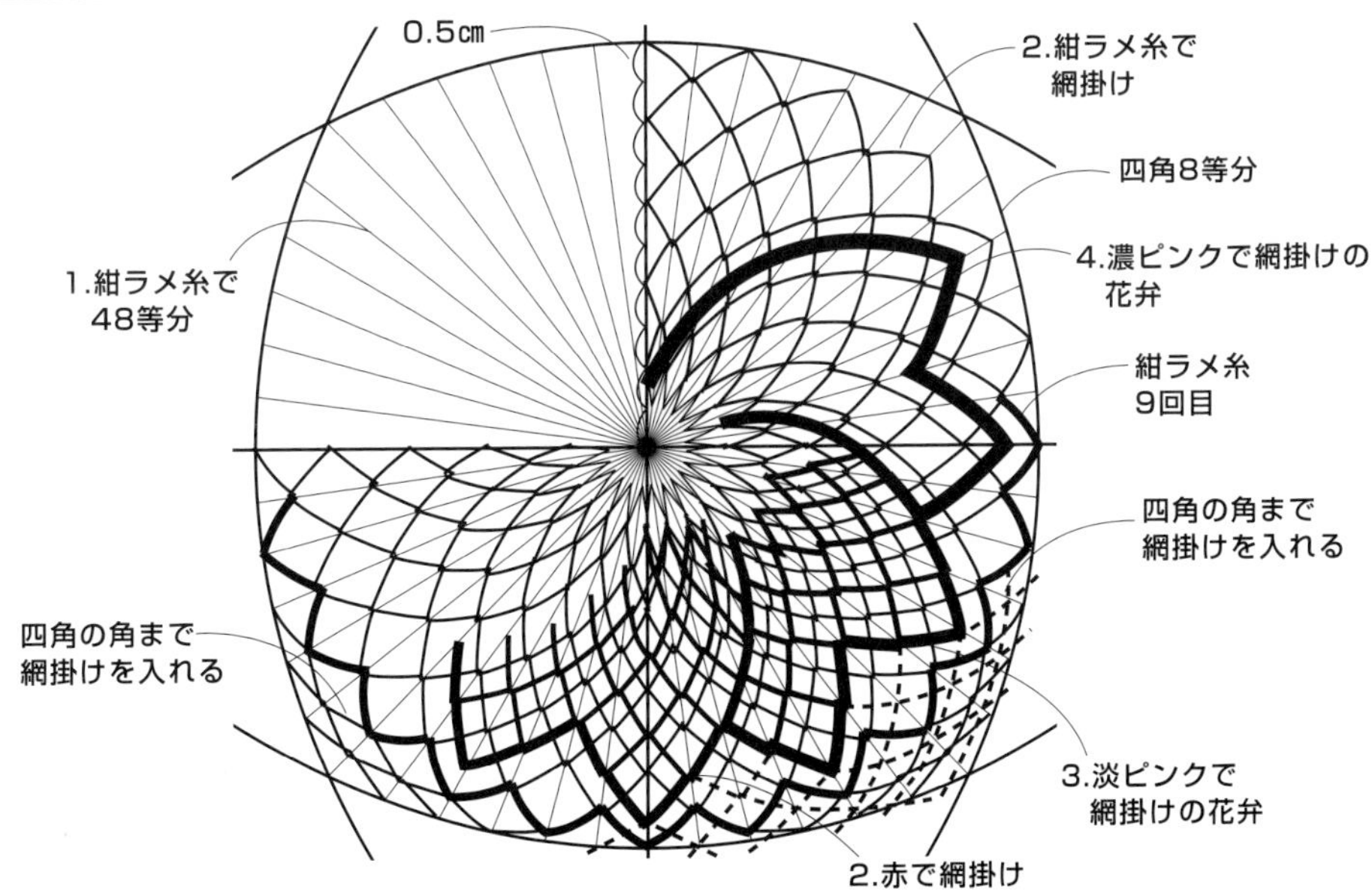
0.5cm
2.紺ラメ糸で
網掛け
四角8等分
1.紺ラメ糸で
48等分
4.濃ピンクで網掛けの
花弁
紺ラメ糸
9回目
四角の角まで
網掛けを入れる
四角の角まで
網掛けを入れる
3.淡ピンクで
網掛けの花弁
2.赤で網掛け

6 花と帯の間に緑の網掛けを入れ、両極に金ラメ糸でフレンチナッツの花芯を入れます。

掛けで埋めます。

【初級】10等分の組み合わせ

菊に麻の葉

カラー口絵3ページ

◆材料
土台まり／円周34㎝　黒地巻き糸
地割り糸／細金ラメ糸（12）
かがり糸／京てまり糸2本取り…赤（23）、ピンク濃淡（108・107）、緑濃淡（35・32）

◆作り方

1 細金ラメ糸で10等分の組み合わせの地割りをします。

2 五角12か所に赤、ピンク濃淡2色、計5段で上掛け交差の花をかがります（配色表）。5段目で五角の線までかがります。

3 三角20か所の線に沿って緑、黄緑、緑計4段かがります。

4 五角の線に沿って緑（35）を2本取りでかがります。

5 かがり残っている黒地糸の三角の中心をつないで緑1本取りで麻の葉掛けを入れます。

（前田範子）

【中級】10等分の組み合わせ

やまぶき

カラー口絵7ページ

◆材料
土台まり／円周36㎝　白地巻き糸
地割り糸／金ラメ糸
かがり糸／京てまり糸2本取り…黄濃淡（8・7）、茶（102）、紫（16）、グレー(40・522)、緑(33)、青（6）

◆作り方

1 金ラメ糸で10等分の組み合わせの地割りをします。

2 菱形30か所に黄濃淡で1㎝幅にかがり埋めます。

3 菱形4等分を通る補助線を茶、紫、グレー、緑、青、計6色で1段ずつ交互に、6か所を巻き埋めます。花とつぼみを形作るようにくぐらせて巻きます。

4 黒で五角の線を入れます。

（佐々木美代子）

【上級】10等分の組み合わせ

桃の花

カラー口絵7ページ

◆材料
土台まり／円周40㎝　白地巻き糸
地割り糸／金ラメ糸（12）
かがり糸／京てまり糸2本取り…赤、ピンク、青、緑系の糸各10色、黒

◆作り方

1 金ラメ糸で10等分の組み合わせの地割りをし、32面体の補助線を入れます。

2 三角20か所に0.4㎝幅で、赤でかがり埋めます。

3 補助線に沿ってピンクで0.4㎝幅で1段ずつ交互に巻き埋めます。

4 32面体でできた菱形4等分を通る線の両側0.8㎝の幅で、緑と青系統各10色を使って10か所に1段ずつ交互に巻き埋めます。花の形のなるように、くぐらせながら巻きます。

5・花の中心に淡黄で松葉掛けを入れます。

6 黒で五角と六角の線を入れます。

◇上掛けの花配色表
(2本取り)

赤(23)………………	2段
濃ピンク(108)…	2段
淡ピンク(107)…	1段
計	5段

◇三角配色表
(2本取り)

濃緑(35)…	1段
淡緑(32)…	2段
濃緑(35)…	1段
計	4段

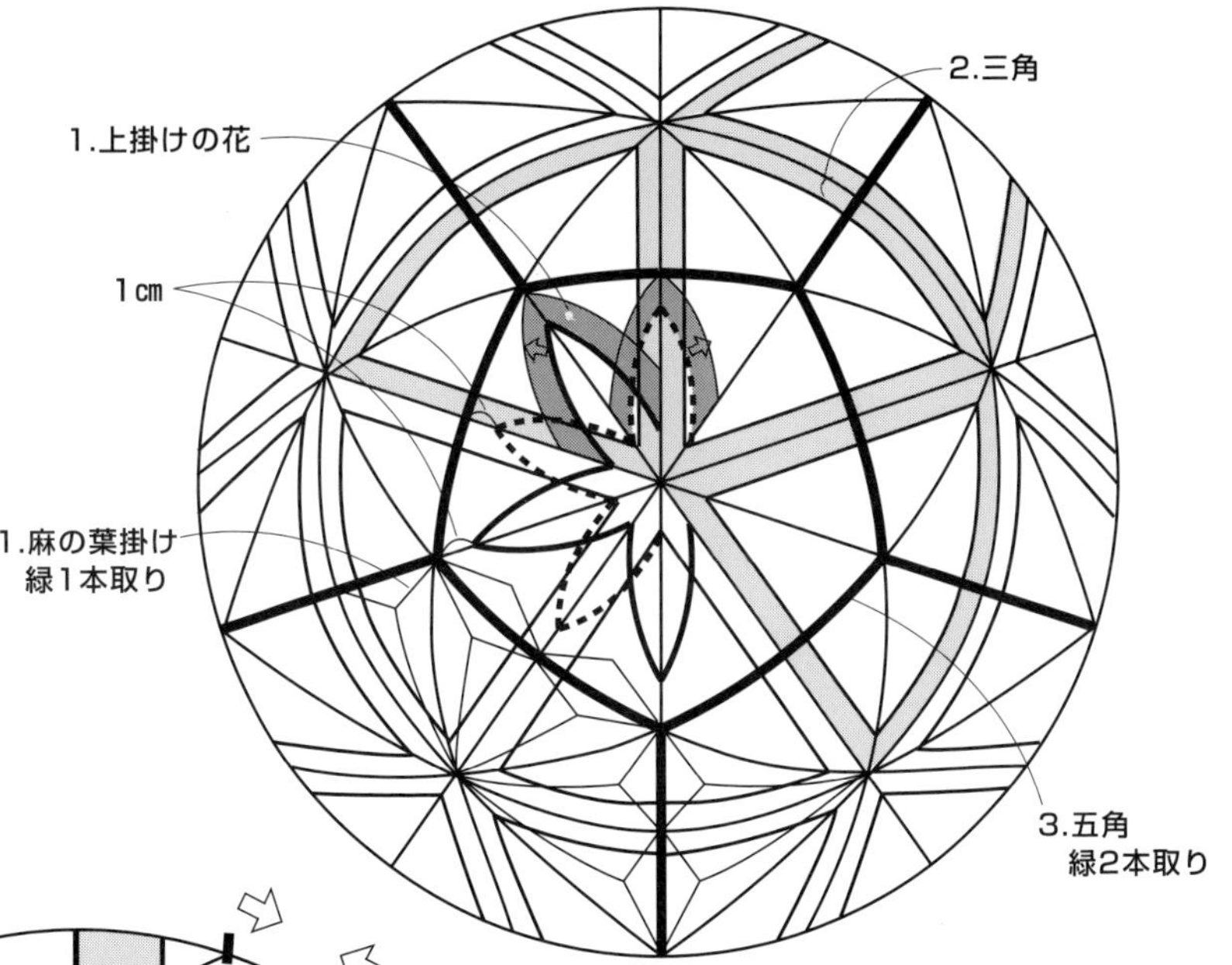

2.三角
1.上掛けの花
1㎝
1.麻の葉掛け
緑1本取り
3.五角
緑2本取り

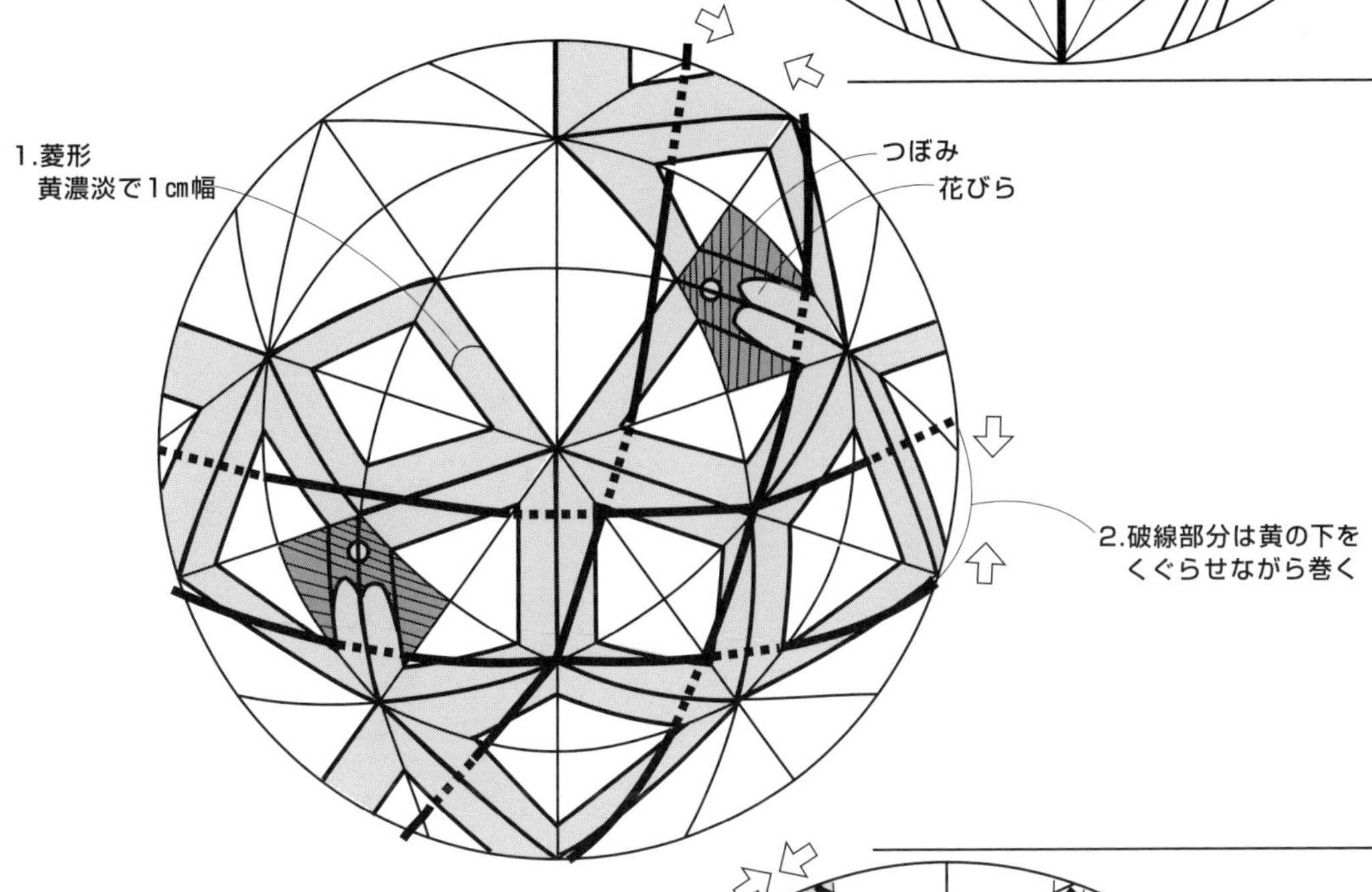

1.菱形
黄濃淡で1㎝幅
つぼみ
花びら
2.破線部分は黄の下を
くぐらせながら巻く

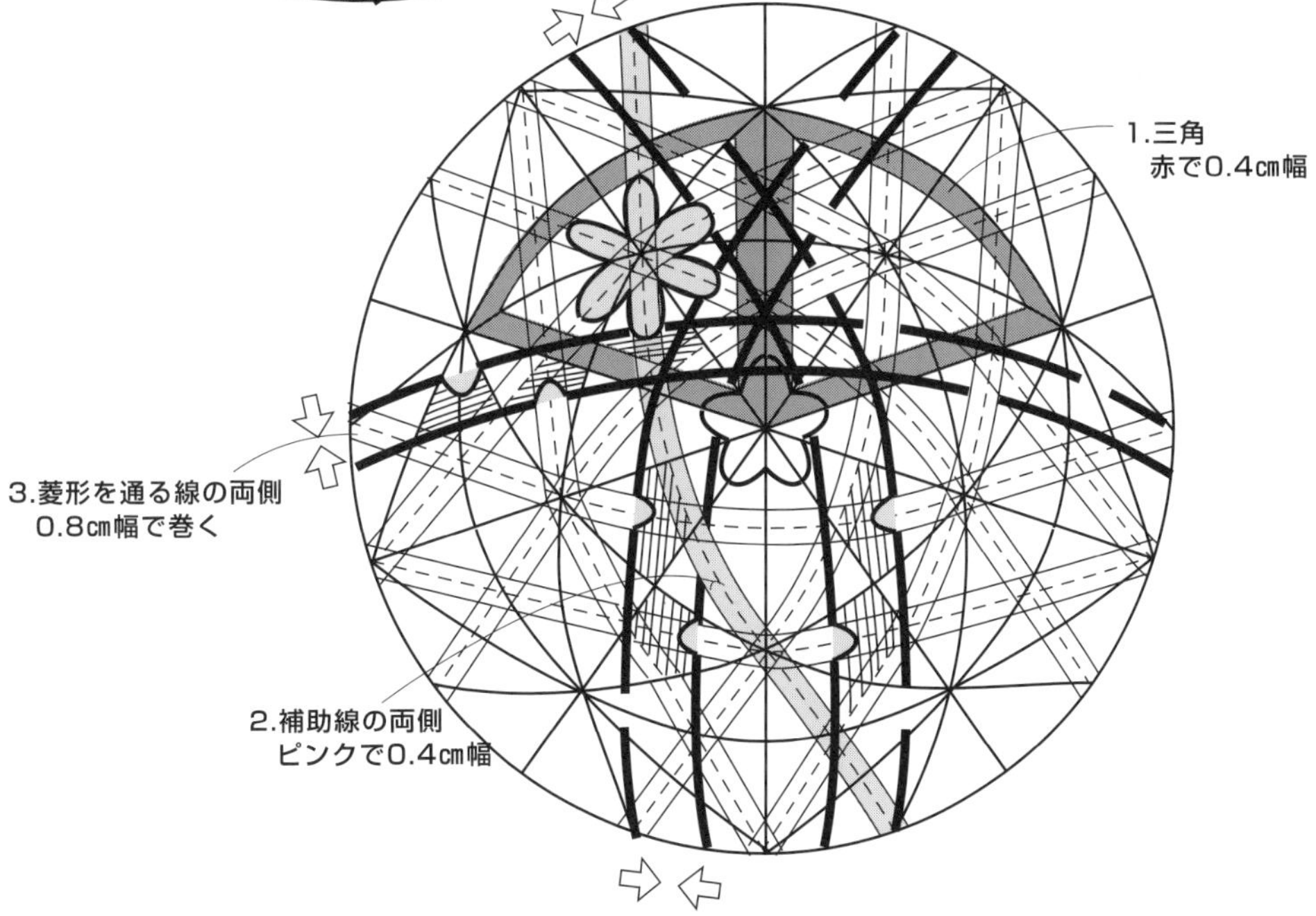

1.三角
赤で0.4㎝幅
3.菱形を通る線の両側
0.8㎝幅で巻く
2.補助線の両側
ピンクで0.4㎝幅

桜（うさぎの雛飾り）

カラー口絵16ページ

円周25㎝のピンク土台まり
金ラメ糸で10等分の組み合わせ
京てまり糸1本取り

◇菱形中心を通る補助線を入れ、外側からピンクで上掛け千鳥をかがります。補助線でできた五角を0.4㎝幅で緑でかがり、1段づつ交互に6段かがります。緑は5段かがります。三角をピンクでかがり埋め、補助線の上に緑を巻きます。

橘（うさぎの雛飾り）

カラー口絵16ページ

円周25㎝の黄土台まり
金ラメ糸で10等分の組み合わせ
京てまり糸1本取り

◇菱形中心を通る補助線を入れ、0.4㎝幅で緑で五角にかがり埋めます。補助線の五角の外側に白1本取りで星型を6段かがります。星型かがりの五角の中心と外側に、柿色1本取りで五角を1段かがります。

七宝麻の葉

カラー口絵4ページ

円周23㎝の黒土台まり
細金ラメ糸で10等分の組み合わせ
京てまり糸2本取り

◇菱形中心を通ってピンクで0.3㎝幅に巻き、10等分の組み合わせの中心に白で0.3㎝幅に巻きます。赤で小三角と10等分の組み合わせの中心に松葉をかがり、松葉を千鳥掛けでつなぎます。

（酒井禮子）

三色麻の葉

カラー口絵4ページ

円周25㎝の白土台まり
金ラメ糸で8等分の組み合わせ
京てまり糸2本取り

◇濃ピンクで三角、淡ピンクで菱形、紺で四角を幅0.8㎝で交互にかがり埋めます。赤1本取りで麻の葉かがりをします。

（大田とし子）

花笹

カラー口絵29ページ

円周27㎝の紺土台まり
細金ラメ糸で6等分
草木風木綿糸2本取り

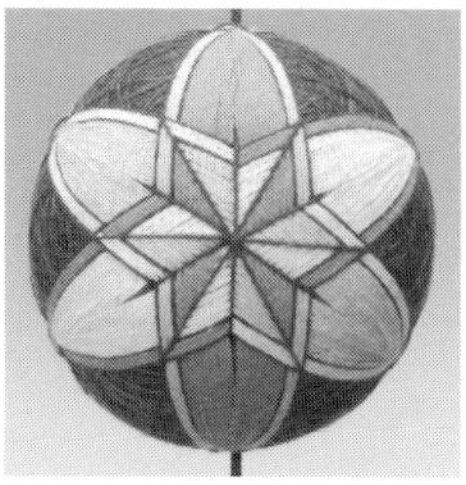

◇生成・水色・青2本取りで赤道から2/3をとって紡錘型をかがります。3本の柱を1段ずつ交互に、2段目からは中心でぐらせて9段目は紺でかがります。3色の配置を替えて2段かがり、12段目は紺、中心に松葉、赤道に青と生成で帯を巻き、千鳥かがりをします。

おもだかに菊

カラー口絵29ページ

円周18.5㎝の生成土台まり
しつけ糸で6等分
草木風木綿糸2本取り

◇極から赤道までの1/2から三つ羽根亀甲をくぐらせてかがります。赤道上の四角3か所に16等分の補助線を入れて、上掛けの花をかがります。

（鳥谷部可也子）

冬　桜

カラー口絵23ページ

円周36㎝の茶土台まり
金ラメ糸で10等分の組み合わせ
草木染風木綿糸1本取り

◇10等分の中心3か所をつなぐ大きい三角をピンクで1段、交互に4段でかがり埋めます。緑と茶の縞で、18本巻きのかご目を組みます。花の糸と直角に交わるときにくぐらせて花弁の形にします。花に金糸で松葉掛けの芯を入れます。

花組篭目

カラー口絵23ページ

円周33㎝の白土台まり
金ラメ糸で10等分の組み合わせ
草木染風木綿糸1本取り

◇10等分の中心3か所をつなぐ大きい三角をベージュ濃淡で1㎝幅の三角網代に組みます。幅1㎝のかご目を10本、花を組んで巻きます。

虹色の毬衣（変わり鱗）

カラー口絵27ページ

円周36㎝の白土台まり
金ラメ糸で10等分の組み合わせ
京てまり糸1本取り

◇10等分の組み合わせの菱形の中に連続して4色でかがり埋めます。6か所からかがり埋め、糸が交差するところはくぐらせて鱗模様にします。五角の中に下掛けの花をくぐらせてかがります。

（福村栄子）

虹色の毬衣（石だたみ）

カラー口絵27ページ

円周48㎝の白土台まり
金ラメ糸で10等分の組み合わせ
京てまり糸1本取り

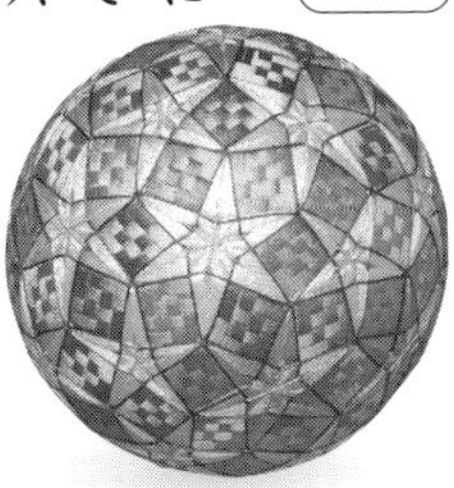

◇32面体の菱形の中に連続して市松に組んでかがります。五角と六角に上掛けの花をかがります。

赤色の舞千鳥

カラー口絵15ページ

円周30㎝のピンク土台まり
金ラメ糸で10等分の組み合わせ
京てまり糸2本取り

◇赤2本取りで五角を6段ずつかがり、12個組みます。1本取りに替えて外側に、重なる部分をくぐらせて5段かがります。紺で縁取りの線を入れます。

（石橋嬉子）

組み千鳥に菊

カラー口絵15ページ

円周32㎝の黒土台まり
金ラメ糸で10等分の組み合わせ
京てまり糸1本取り

◇10等分の組み合わせの菱形6か所を除いて18本巻きのかご目を紺の両側にベージュと水色で組みます。さらに外側に同色を巻いて増やし、同色をくぐらせて巻きます。紺で縁取りの線を入れます。かがり残した菱形に、16等分の菊をかがります。

薄雪草

カラー口絵14ページ

円周35㎝の黒土台まり
しつけ糸で10等分の組みわ合せ
草木染風木綿糸1本取り

◇白い花は五角中心をつなぐ三角と長い線1/2を通して巻き、紫の花は五角中心5か所をつなぐ五角と五角中心の間に6本巻きます。かご目は紫の花の中間に平行に36本巻きを組みます。白い花と直角に交わるときもくぐらせます。

白山小桜

カラー口絵14ページ

円周40㎝の紺土台まり
細ラメ糸で10等分の組みわ合せ
京てまり糸1本取り

◇ピンクの花は五角中心3か所をつなぐ大三角の線と10等分の長い線1/2を通して巻きます。かご目は五角中心の間に6本ずつ巻く線を36本、菱形中心を通して太いかご目を6本巻きます。花の下をくぐらせて巻きます。

二色大文字草

カラー口絵14ページ

円周40㎝の黒土台まり
細ラメ糸で10等分の組みわ合せ
25番刺繍糸

◇赤6本取りで菱形中心と五角中心の1/2を通して巻き、五角中心から五角中心にも掛けます。赤の中心に淡赤を1本通し、赤三角の1/3を通して白4本取りで全体に掛け、グレー、黒、グレー2本ずつでかご目を組みます。五角の長い線上から4本ずつ40本巻きます。（中西アイ子）

大文字草（応用）

カラー口絵14ページ

円周30㎝の薄緑土台まり
金ラメ糸で6等分
草木風木綿糸1本取り

◇6等分の1/2に補助線を入れ、一辺を6等分して六角の中に白、ピンク濃淡で花をかがります。緑、紺、緑計3本で細いかご目、紺と緑計11本での太いかご目を巻きます。かご目を巻くとき、白い花の糸と直角に交わるときは下をくぐらせます。（本文64ページ・二面篭目に大文字草参照）

三色毘沙門亀甲に菊

カラー口絵24ページ

円周30㎝の濃紫土台まり
金ラメ糸で4等分の組み合わせ
京てまり糸1本取り

◇三角8か所の表裏2か所を除く6か所に6等分する補助線を入れ水色を0.7㎝幅で平行に、三角6か所に同色がつながるようにかがり、緑、ベージュも同様にかがります。重なる部分は1段ずつくぐらせ、三角2か所に緑とピンク濃淡で上掛けの花をかがり、紺で縁取りします。

重ね毘沙門亀甲

カラー口絵24ページ

円周30㎝の白土台まり
細ラメ糸で10等分の組み合わせ
草木風木綿糸1本取り

◇32面体でできる六角を黒、ピンク、黒でかがり、椿をかがる菱形6か所を残して隣接する六角全部をかがります。ピンクの六角に重ねて青、残りの6角を黄で組みます。二重目の六角を、ピンクには青、青には黄、黄にはピンクを2段ずつ外側に組み、菱形に椿をかがります。

（本文72ページ・三つ巴毘沙門亀甲参照）

ねじり麻の葉

カラー口絵12ページ

円周36㎝の白土台まり
金ラメ糸で10等分の組み合わせ
草木染風木綿糸1本どり

◇122面体の補助線でできる菱形6個をつなぐ六角を黄、赤紫で3段ずつ組み掛けをします。小さい菱形の空間を埋める六角を緑で組みます。10等分の組み合わせの菱形6か所はかがり残しておき、白と紺の花絣でかがり埋めます。

群れ千鳥

カラー口絵15ページ

円周30㎝の白土台まり
金ラメ糸で10等分の組み合わせ
京てまり糸1本どり

◇92面体でできた小さい菱形の1/2、3個をかがり埋めて千鳥の形にします。同色で5羽で五角、6羽で六角につないで、11色でかがり埋めます。黒で縁取りの線を入れます。

(本文68ページ・色分け千鳥参照)

Zの三つ巴繋ぎV

カラー口絵25ページ

円周36㎝の白土台まり
金ラメ糸で10等分の組み合わせ
草木染風木綿糸1本どり

◇92面体の補助線でできる小さな菱形にZの字を緑、ピンク、黄土色の3色でかがります。10等分の組み合わせでできる菱形4等分の6か所には青、紫、ピンクでかがります。茶で縁取りの線を入れます。

(本文74ページ・Zの三つ巴繋ぎ参照)

Vの三つ巴繋ぎ

カラー口絵25ページ

円周30㎝のえんじ色土台まり
金ラメ糸で10等分の組み合わせ
京てまり糸1本どり

◇五角の長い線の1/3の幅に紺、ベージュ、赤ラメ糸計13本で10か所に巻きます。五角の中の三角で三つ巴になるように3か所からの巻いた糸が交差するところでくぐらせて巻きます。空間の六角に金ラメ糸で松葉を入れます。

(本文74ページ・三つ巴篭目参照)

あじさいII

カラー口絵13ページ

円周33㎝の白土台まり
金ラメ糸で8等分の組み合わせ
京てまり糸2本どり

◇菱形4等分を、4等分する補助線を入れます。補助線2か所に沿って青で0.5㎝幅で巻きかがります。中心の補助線と大きい三角をピンクで0.5㎝幅でかがります。1段ずつ交互にかがり埋め、花の中心に十字の花芯を入れます。

花千網II

カラー口絵26ページ

円周36㎝の黒土台まり
紺ラメ糸で6等分の組み合わせ
京てまり糸1本どり

◇紺ラメ糸で三角6等分の4か所に48等分の補助線を入れます。紺ラメ糸で0.5㎝の網掛けを入れます。4山ずつの花弁を6色でかがり、花弁のない部分も色ラメ糸でかがり埋めます。

(本文78ページ・花千網I参照)

篭毬《かごまり》クラフト

タイの蹴まり・セパタクローは、日本のてまりにとてもよく似ています。クラフトバンドを使って、てまりのかご目かがりや網代を組むのと同じ手法で篭毬を作ってみましょう。和紙を貼って、ランプシェードとして楽しむこともできます。

カラー口絵22・23ページ

クラフトバンド（荷造り用紙バンド）

〈特徴〉

◆クラフトバンドは12～13本のこより状の紙紐を帯状に接着してあり、手芸用バンドとして15色市販されています。

◆作品に合わせて、1本から好みの本数に分けて使うことができます。

◆紙製品ですので、絵の具やクラフト用染料を筆で塗るだけで、簡単に染められます。

◆完成品にペーパークラフト用コート液やニスを塗るとつやが出て竹製品のように美しく仕上がります。

◆材料
1.カラーバンド
2.カラーバンドをこより状に裂いたもの
3.荷造り用紙バンド
4.ビニールの荷造りバンド
5.絵の具筆
6.アクリル絵の具
7.木工用ボンド
8.コート液（ニス）
9.電球　10.スタンド
11.紙ハサミ
（篭を編むとき止めたりノリづけしたところを押さえておく）

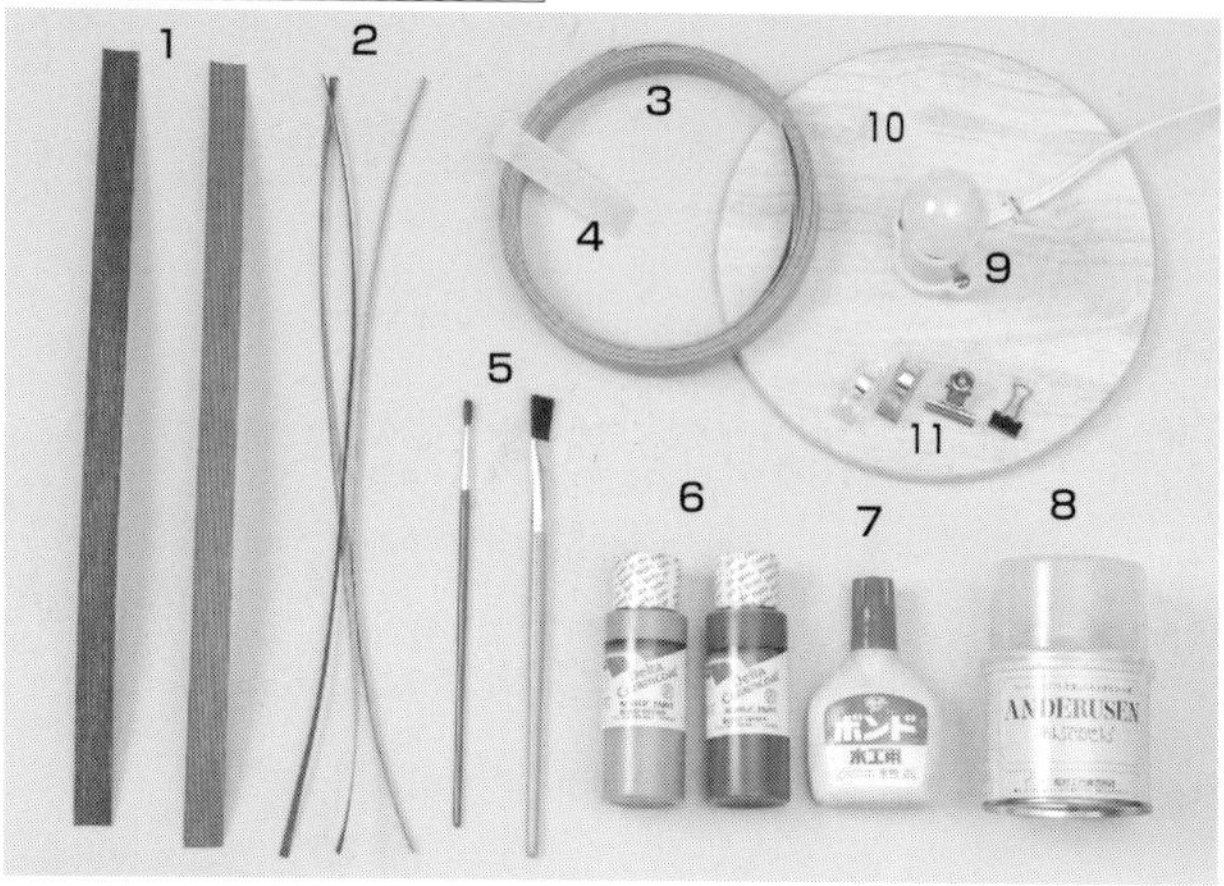
1
2
3
4
5
6
7
8
9
10
11
ボンド
木工用
ANDERUSEN

荷造り用紙バンド、手芸用電気スタンドのソケットは手芸店、ホームセンターにあります。

こよりの分け方

ナイフではよく切れ過ぎるので固いビニールの荷造りバンドをナイフの代りに使う。ハサミで切り込みを入れてから、バンドの継ぎ目を裂きながらを割る

篭　毬（6本巻き）

幅1.2cm、長さ31cmのバンドを6本巻いて、円周30cmの球にします。

◆作り方

1　クラフトバンド5本を五角の巴に組みます。

2　五角に組んだ1から5のバンドを丸く曲げて持ち上げ6のバンドと三つ巴になるように組みます。6のバンドの端を輪にしてボンドで止めます。

3　1から5のバンドを五つ巴と三つ巴になるように組んで止め、球にします。

篭　毬（10本巻き）

幅1cmのクラフトバンド10本で円周30cmの篭毬を作ります。てまりのかご目10本巻きを参考にして編みます。

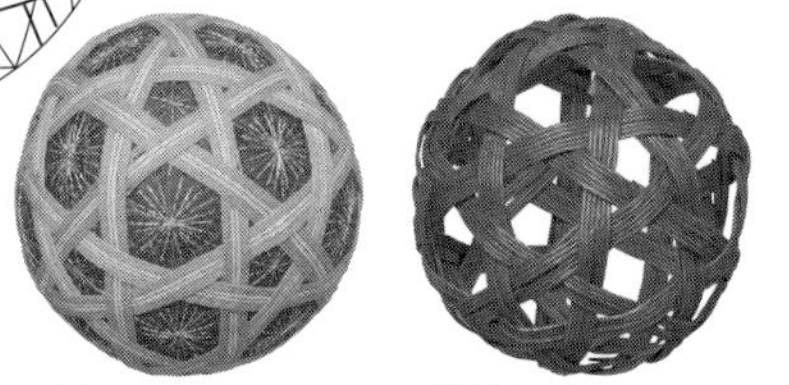

てまり／篭目10本巻き　　篭毬セパタクロー 10本巻き

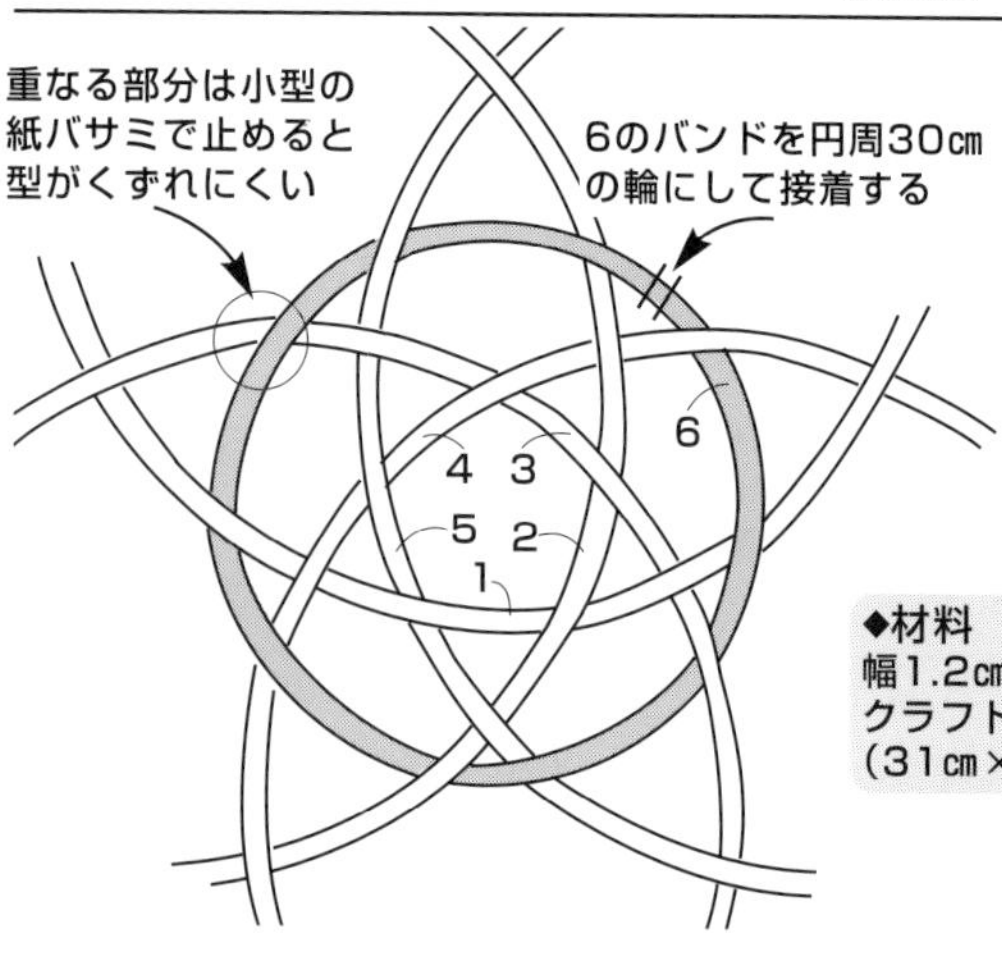
重なる部分は小型の紙バサミで止めると型がくずれにくい
6のバンドを円周30cmの輪にして接着する
1
2
3
4
5
6

◆材料
幅1.2cm
クラフトバンド
（31cm×6本）

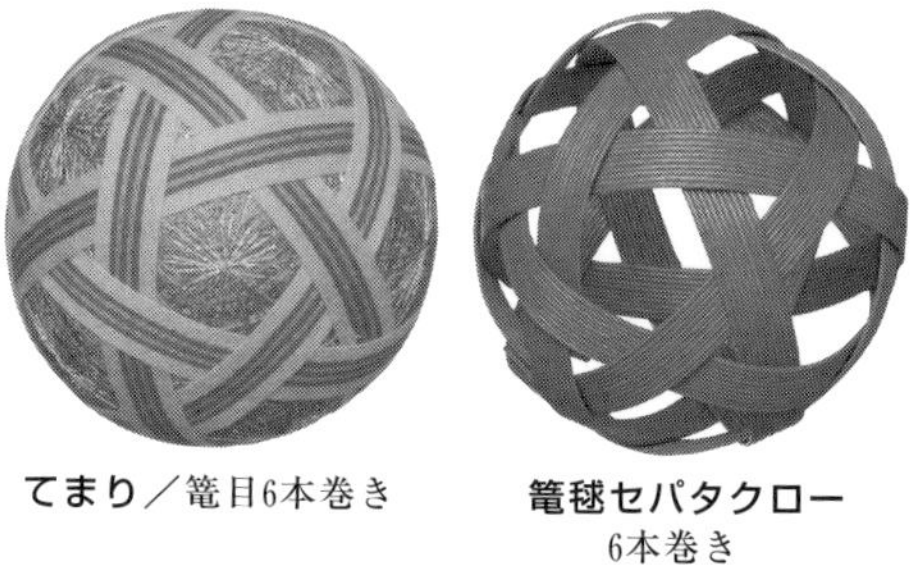

てまり／篭目6本巻き　　篭毬セパタクロー 6本巻き

篭毬セパタクロー（18本巻き）

幅1.2㎝のバンドで18本巻きにします。幅1.2㎝のテープで巻くと美しい球形にならないので、3本に分けて幅0.4㎝にしてから編み、全体が編めてから2本沿わせて幅1.2㎝にします。

◆作り方

1 クラフトバンド3本を一組として18本使い、6本巻きの篭毬を作ります。円周30㎝の毬にします（篭毬セパタクロー・6本巻き参照）。

2 幅0.4㎝のバンド12本を使って五角の中にさらに五角の巴になるように編み込みます。三角中心も6本の巴になります。

3 さらに2本沿わせて編み、残りの24本を使って幅1.2㎝に仕上げます。継ぎ目は編み目の下に差し込みます。

◆材料

幅0.4㎝クラフトバンド（こより3本）（31㎝×54本）

てまり／篭目18本巻き

篭毬セパタクロー
18本巻き

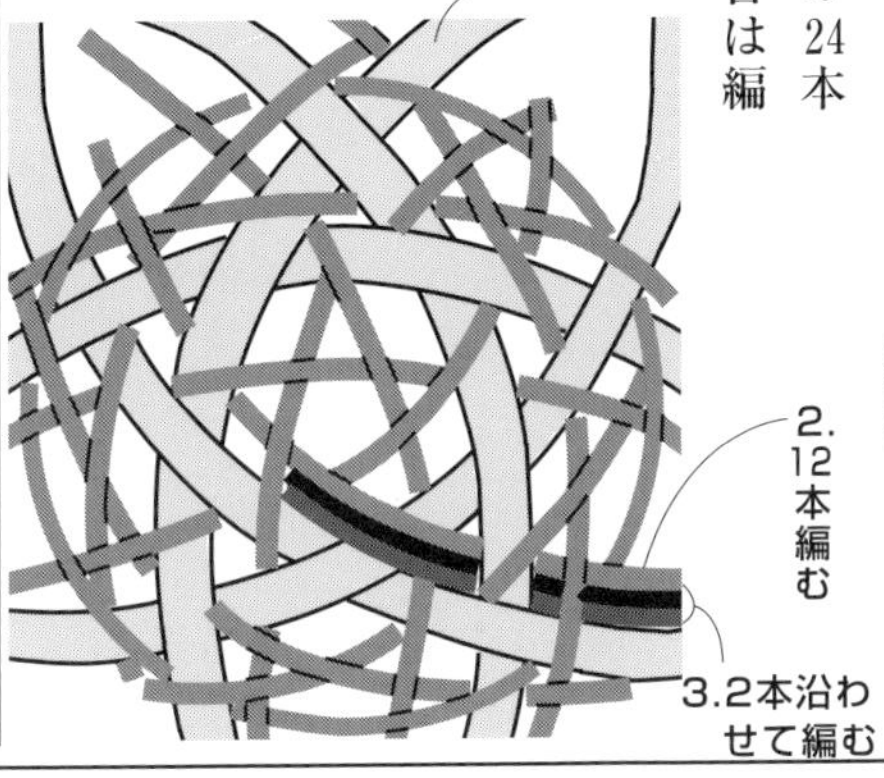
1.6本巻き篭毬を組む
2.12本編む
3.2本沿わせて編む

〈セパタクロー・タイの蹴まり〉

〈6本巻き〉

〈18本巻き〉

花編みセパタクロー

緑とピンクのクラフトバンドで18本巻きと同様に編み、つやをだして仕上げる。

◆材料
クラフトバンド
幅0.4㎝（こより3本）
緑……18本
ピンク……36本
（31㎝×54本）

花編みセパタクロー
18本巻き

てまり／篭目18本巻き

ランプシェード（30本巻き）

◆材料
クラフトバンド（長さ72㎝）
幅0.5㎝×6本（こより4本分）
幅0.25㎝×48本（こより2本分）
幅1.2㎝（全幅）43㎝×2本〈台用〉
和紙　コード付きソケット〈小型電球用〉
20w小型電球

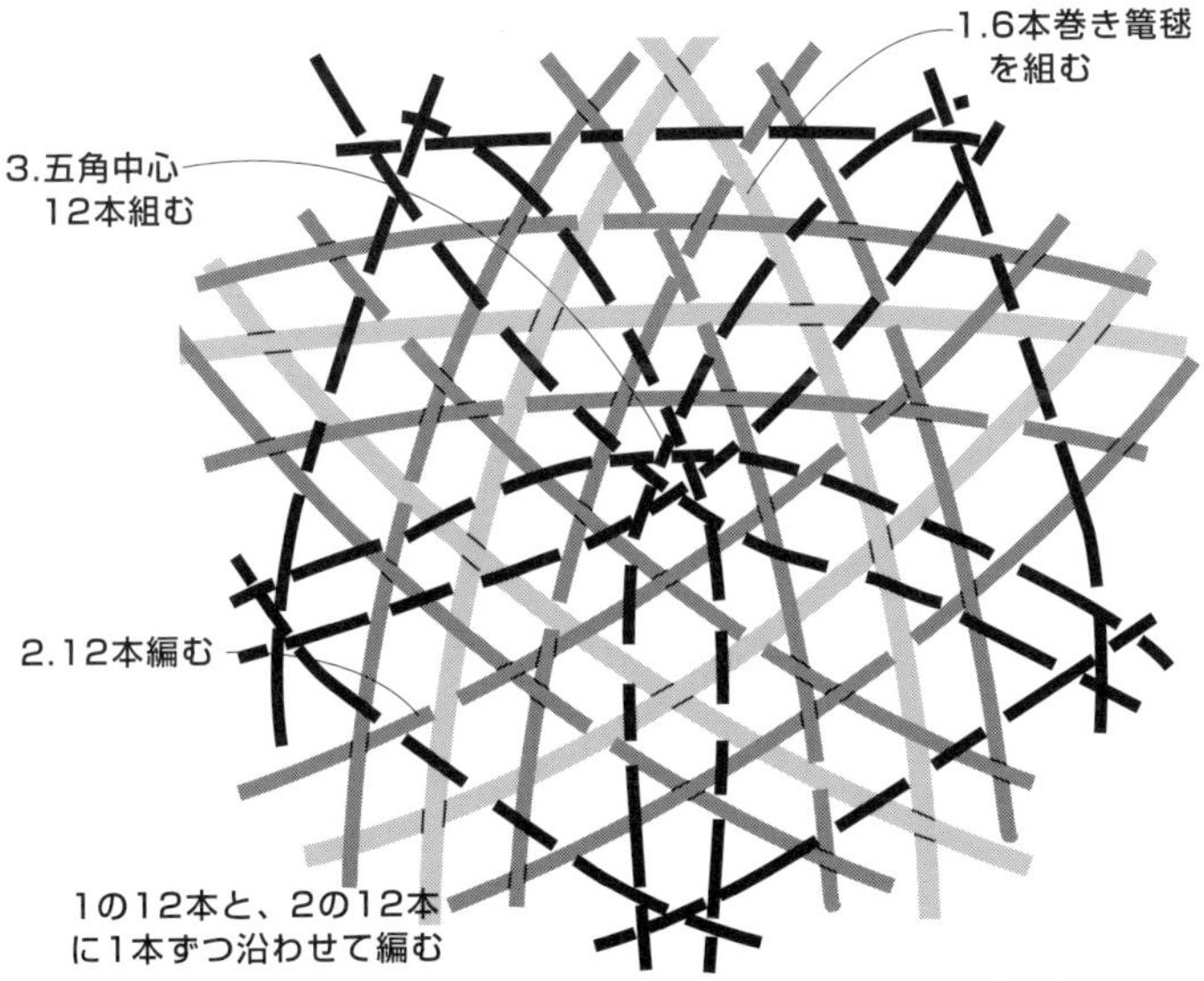
1.6本巻き篭毬を組む
3.五角中心12本組む
2.12本編む
1の12本と、2の12本に1本ずつ沿わせて編む

◆作り方

〈ランプシェード〉

1 幅0.5㎝に裂いたクラフトバンド6本で円周70㎝の篭毬を作り、その両側に幅0.25㎝のバンド12本を巻きます。

2 五角の中心にもう一度12本を組みます。

3 1と2に幅0.25㎝のバンドを沿わせて編み、幅0.5㎝にします。

〈台〉

1 幅1.2㎝のバンドで周囲40㎝の輪を作り、ランプシェード1の五角に輪を当て、中の編み目をほどきます。

2 輪の外側の周囲にノリづけします。もう一度全幅のバンドを巻き、ノリづけします。

〈仕上げ〉

和紙をちぎり、水で薄めたノリで内側から貼ります。

◆著者紹介◆

高原曄子

（たかはら・ようこ）


結婚後、義母とてまり作りを始める。金沢に残る古いてまりの復元や、刺繍てまり、多面体てまりを研究し、制作と普及活動を続けている。

秋田県本荘市主催御殿まりコンクール入賞多数。金沢市や日本てまりの会の海外への日本の伝統文化紹介、交流事業に多数参加する。

・加賀花てまりの会主宰
・著書　加賀花てまり、花てまり入門、加賀の指ぬきと花てまり帖、創作手まりづくし(共著)/マコー社刊、舞てまり
・〒920-0965　金沢市笠舞3-18-7
・ http://www015.upp.sonet.ne.jp/hanatemari/

あとがき

てまり作りは、生活に安らぎを与える趣味として末長く楽しむ方々が多いようです。一方、てまりで遊ぶという風景は全く見られなくなりました。義母は近くのお寺に集まって、てまりを自慢しあい、ついて遊んだ話をしておりました。

てまりはその丸い姿から心なごむ和風の飾りものとして利用されるようになってきました。作りためたてまりを飾る方法として房を付けたり、紐に連ねて吊るしたりすると、一段と趣が良くなります。和布の小物なども作って手作りの可愛い宝物を寄せて、どのようにつなぐか考えるのも増々楽しみが広がります。

この本をヒントにいろいろな飾り方をお楽しみくだされば幸いです。

加賀の つるし手まり

著　者　高《たか》原《はら》曄《よう》子《こ》

発行者　田波清治

発行所　株式会社 マコー社

〒113－0033　東京都文京区本郷4－13－7
TEL 東京（03）3813－8331
FAX 東京（03）3813－8333
郵便振替/00190－9－78826

平成24年4月23日再版発行

印刷所　大日本印刷株式会社

定価はカバーに表示してあります。落丁・乱丁その他不良の品は弊社でお取替えいたします。ISBN978－4－8377－0105－7